미국상속법

AMERICAN WILLS AND TRUSTS

김 상 훈 저

세창출판사

이 도서의 국립중앙도서관 출판시도서목록(CIP)은 e-CIP홈페이지
(http://www.nl.go.kr/ecip)와 국가자료공동목록시스템(http://www.
nl.go.kr/kolisnet)에서 이용하실 수 있습니다.
(CIP제어번호: CIP2013000085)

저자는 회사(법무법인 바른)의 지원과 배려로 2011-2012년도에 미국 로스쿨에서 공부할 수 있는 소중한 기회를 얻었다. 저자의 대학원 석사논문과 박사논문의 주제가 모두 상속법에 관한 것이었기 때문에, 유학기간 동안에도 저자의 주된 관심 대상은 미국의 상속법이었다. 미국에서는 「상속법(Inheritance Law 또는 Succession Law)」이라는 제목의 책이나 강의를 찾아보기 어렵다. 대신 「유언법과 신탁법(Wills and Trusts)」이라는 제목으로 상속법 강의가 이루어지고 있고, 미국의 모든 변호사시험에서도 Wills and Trusts가 필수과목으로 되어 있다. 미국에서는 신탁제도가 상속제도와 워낙 밀접하게 연관되어 있어서 신탁법을 상속법과 함께 다루는 것으로 보인다. 저자가 유학했던 서던캘리포니아대학교(USC) 로스쿨에서도 「Gifts, Wills and Trusts」라는 제목의 강의가 개설되어 있었다. 저자는 이 강의를 듣고 공부하면서 미국의 상속법과 신탁법에 관해 많은 것을 배웠다. 그러면서 저자가 배운 내용을 정리하고 관련 판례를 보충해서 미국의 상속법에 관한 개론서를 써보면 어떨까 하는 욕심이 생겼다.

이 책을 쓰면서 가장 심혈을 기울인 부분은 바로 판례였다. 단순히 법령과 이론을 평면적으로 소개하는 데 그치지 않고, 그 이론이 쟁점이 되었던 대표적인 케이스를 뽑아서 소개하고자 노력했다. 실제 사례를 보아야만 이론의 의미와 그 적용방식을 입체적으로 이해할 수 있기 때문에, 어떤 이론이나 제도를 설명하고 난 후에는 가급적 그에 관한 판례를 소개하고자 최선을 다했다. 판례는 해당 법령이나 이론 부분에 초점을 맞춰 사실관계와 판시사항을 요약했다. 이 책에 소개되어 있는 판례들은 이 책을 쓰면서 주로 참고했던 미국 교과서들과 로스쿨 강의에서 공통적으로 자주 언급되고 있는 판례들이다. 한마디로 미국 판례법 (Case Law)의 근간이 되는 리딩케이스들이라고 할 수 있다. 저자는 이 판례들을 단순히 인용하는 데 그치지 않고, 미국의 판례·법령 검색사이트인 Westlaw와 LexisNexis를 통해 판결원문을 찾아 검토하여 최대한 정확하게 사실관계와 판시사항을 정리하고자 노력했다. 그럼에도 불구하고 미국법과 미국문화 전반에 관한 지식이 빈약한 탓에 판례를 잘못 이해하고 서술한 부분이 있지 않을까 두려운 마음이 앞선다.

이 책을 쓰는 내내 여러 가지 어려움이 많았지만, 그 중에서도 미국 고유의 제도나 용어를 어떻게 우리말로 적당히 번역할 것인지의 문제가 처음부터 끝까지 저자를 괴롭혔다. 번역과 관련하여 저자가 세운 기본적인 원칙은, 먼저 그 단어를 직역했을 때 그 의미를 이해하는 데 큰 무리가 없다고 생각되는 경우에는 가급적 직역하는 방식을 택했고, 직역만으로는 도저히 그 의미를 이해하기 어렵거나 오해의 소지가 있는 경우에는 그 원래의 의미를 살려서 의역하는 방식을 택했다. 한편 우리나라에 그와 유사한 제도가 있더라도 다른 나라의 제도를 소개함에 있어서 그 나라 고유의 표현을 무시해서는 안 된다는 생각에 따라 최대한 원래의 표현을 존중하여 번역했다. 예컨대 피상속인이 유언을 남기지 않고 사망한 경우의 상속관계를 규율하는 제도(법)를 우리나라에서는 '법정상속'이라고 하지만, 미국의 전통적인 표현인 'Intestate Succession'의 뜻을 살려서 이를 '무(無)유언상속'이라고 번역했다.[1]

이 책은 재산의 무상이전(Gratuitous Transfers)에 관한 미국의 법과 제도를 그 주요 내용으로 하고 있다. 즉 무유언상속법(Intestate Succession), 유언법(Wills), 그리고 신탁법(Trusts)을 다룬다. 미국에서 신탁제도는 유언의 효율적인 대체수단으로 사용되고 있다. 현재 미국에서는 재산의 무상이전이 이루어지는 방식이 유언이나 무유언상속법

---

1) 신영호, 공동상속론, 나남, 1987, 92면 이하 참조.

에 따르기보다는 신탁, 그 중에서도 특히 철회가능신탁(Revocable Trust)에 의해 이루어지는 경우가 훨씬 많다. 그래서 이러한 신탁을 "유언법에 따르지 않는 유언"으로 인정해야 한다는 주장이 유력하게 제기되어 왔다.[2] 결론적으로 미국에서 신탁은 상속의 중요한 수단 중 하나이며, 신탁법은 상속법의 일부라고도 말할 수 있다. 그래서 이 책의 제목을 「미국상속법(American Wills and Trusts)」이라고 정하게 되었다. 우리나라에서도 2011년 신탁법 전면개정을 통해 상속의 대체수단으로서 '유언대용신탁'과 '수익자연속신탁'이 도입되었다. 이들 제도는 일응 미국의 발전된 신탁제도의 일부를 받아들인 것이라고 볼 수 있다. 앞으로 우리 신탁법도 점차 미국의 신탁법과 같이 다채롭고 융통성 있는 방향으로 나아가게 될 것이고, 그로 인해 우리 상속의 모습도 많이 변화하게 될 것으로 예상된다.

이 책은, 국내의 학자나 실무가를 비롯하여 미국의 상속법을 알고자 하는 분들에게 이를 알기 쉽게 소개할 목적으로 만들어졌다. 그리고 미국 변호사시험에 도전하고자 하는 한국학생들이 Wills and Trusts의 어려운 개념들과 복잡한 이론들을 보다 쉽게 이해하여 에세이 시험에 효율적으로 대비할 수 있도록 하고자 하는 목적도 있었다. 이러한 저자의 의도가 이 책에 제대로 반영되어 있는지는 모르겠지만, 미국의 상속법을 전반적으로 다룬 마땅한 국문서적이 없는 현실 속에서 이 책이 조그만 도움이라도 될 수 있다면, 저자로서는 그 이상의 보람이 없을 것이다.

이 작은 책을 내면서, 저자의 인생에 지대한 영향을 끼친 두 분의 은사님께 감사의 인사를 드리지 않을 수 없다. 한 분은 신영호 선생님 (고려대학교 법학전문대학원 교수)이시고, 다른 한 분은 정인진 변호사님 (법무법인 바른 대표변호사)이시다. 저자는 두 분으로부터 법학이론과

---

2) John H. Langbein, "The Nonprobate Revolution and the Future of the Law of Succession," 97 *Harvard Law Review* 1108, 1129 (1984).

법률실무만 배운 것이 아니라, 법률가가 어떻게 생각하고 어떻게 행동해야 하는지, 나아가 사람이 어떻게 살아가야 하는지에 관한 애정어린 가르침도 받았다. 이처럼 지금까지 저자가 두 분으로부터 받은 은혜는 평생 잊을 수 없을 것이다. 특히 신 선생님께서는 바쁘신 와중에도 이 책의 원고를 전체적으로 검토하시고 여러 가지 조언을 해주셨을 뿐만 아니라 책의 출판과 관련해서도 많은 도움을 주셨다. 이 자리를 빌려 신 선생님께 다시 한 번 머리 숙여 감사드린다.

한편 이종혁 변호사님(법무법인 율촌)과 한동영 변호사님(법무법인 화우), 그리고 고건영 법무관님(공군 법무실) 세 분께서는 각자 파트를 나누어 이 책을 면밀히 검토해 주셨다. 이 분들은 모두 저자와 함께 USC 로스쿨에서 동문수학했던 사이로서, 한국 변호사 자격뿐 아니라 미국(뉴욕주) 변호사 자격까지 획득할 정도로 한국법과 미국법 모두를 잘 아는 분들이다. 이렇게 훌륭한 분들의 도움을 받을 수 있었던 것은 저자의 행운이자 인복이 아닐 수 없다. 바쁜 시간을 쪼개어 검토작업을 완수해 준 세 분께 감사의 뜻을 표한다.

그리고 이 책을 내기까지 권현영 판사(인천지방법원 부천지원)의 도움이 매우 컸음을 고백하지 않을 수 없다. 저자가 복잡한 판례를 분석하고 이해하기 위해 토론을 요청할 때마다 언제나 흔쾌히 이에 응해주었고, 적당한 번역방식을 찾지 못해 괴로워할 때에도 역시 항상 신선한 아이디어를 제공해 주었다. 뿐만 아니라 이 책의 교정까지 보아 주었다. 유학기간 동안 그녀의 헌신적인 내조와 전폭적인 성원이 없었더라면 이 책은 세상에 빛을 보기 어려웠을 것이다. 사랑과 감사의 마음을 그녀에게 전한다.

2012년 12월

김 상 훈

Chapter 1 | 서 론

Chapter 2 | 무유언상속법(Intestate Succession)

Chapter 5 | 신 탁 법(Trusts)

Chapter 6 ㅣ 상속재산과 신탁의 관리(Estates and Trusts Administration)

x

〈 참고문헌 〉

Ascher, Mark L., "The 1990 Uniform Probate Code: Older and Better, or More Like the Internal Revenue Code?," 77 *Minnesota Law Review* 639 (1993).

Atkinson, Thomas E., *HANDBOOK OF THE LAW OF WILLS* (Second Edition), WEST PUBLISHING CO. (1953).

Boxx, Karren E., "The Durable Power of Attorney's Place in the Family of Fiduciary Relationships," 36 *Georgia Law Review* 1-62 (2001).

Brown, Gordon / Scott Myers, *ADMINISTRATION OF WILLS, TRUSTS AND ESTATES* (Fourth Edition), DELMAR (2009).

Cary, William L. / Craig B. Bright, "The Delegation of Investment Responsibility for Endowment Funds," 74 *Columbia Law Review* 207 (1974).

Casner, A. James, "Class Gifts: Effect of Failure of Class Member to Survive the Testator," 60 *Harvard Law Review* 373 (1947).

Chester, Ronald, "Inheritance in American Legal Thought," *INHERITANCE AND WEALTH IN AMERICA*(Robert K. Miller Jr. / Stephen J. McNamee eds.), PLENUM PRESS (1998).

Chester, Ronald, "Posthumously Conceived Heirs under a Revised Uniform Probate Code," 38 *Real Property, Probate and Trust Law Journal* 727 (2004).

Clark, Elias / Louis Lusky / Arthur W. Murphy / Mark L. Ascher / Grayson M. P. McCouch, *GRATUITOUS TRANSFERS* (Fifth Edition), THOMSON WEST (2007).

Dukeminier, Jesse / Stanley M. Johanson / James Lindgren / Robert H. Sitkoff, *WILLS, TRUSTS AND ESTATES* (Seventh Edition), ASPEN (2005).

Fellows, Mary L., "Travelling the Road of Probate Reform: Finding the Way to Your Will (A Response to Professor Ascher)," 77 *Minnesota Law Review* 659 (1993).

Gilman, Sheldon G., "Trustee Selection: Corporate vs. Individual," *Trusts and Estates* 29 (June/1984).

Gordon, Jeffrey N., "The Puzzling Persistence of The Constrained Prudent Rule Man," 62 *New York University Law Review* 52 (1987).

Graham, Kathy T., "The Uniform Marital Property Act: A Solution for Common Law Property Systems?," 48 *South Dakota Law Review* 455 (2003).

Gulliver, Ashbel G. / Catherine J. Tilson, "Classification of Gratuitous Transfers," 51 *Yale Law Journal* 2-10 (1941).

Halbach, Edward C., Jr. / Lawrence W. Waggoner, "The UPC's New Survivorship and Antilapse Provisions," 55 *Albany Law Review* 1091 (1992).

Hansmann, Henry / Reinier Kraakman, "The Essential Role of Organizational Law," 110 *Yale Law Journal* 387, 416 (2000).

Hower, Dennis R. / Peter T. Kahn, *WILLS, TRUSTS, AND ESTATE ADMINISTRATION* (Sixth Edition), DELMAR (2008).

Langbein, John H., "Substantial Compliance with the Wills Act," 88 *Harvard Law Review* 524-526 (1975).

Langbein, John H., "Excusing Harmless Errors in the Execution of Wills," 87 *Columbia Law Review* 1, 53 (1987).

Langbein, John H., "The Uniform Prudent Investor Act and The Future of Trust Investing," 81 *Iowa Law Review* 641, 650 (1996).

Langbein, John H., "The Uniform Prudent Investor Act and The Future of Trust Investing," 81 *Iowa Law Review* 663-665 (1996).

Langbein, John H., "Mandatory Rules in The Law of Trusts," 98 *Northwestern University Law Review* 1105 (2004).

Langbein, John H., "Questioning the trust law duty of loyalty: sole interest or best interest?," 114 *Yale Law Journal* 929 (2005).

Langbein, John H. / Lawrence W. Waggoner, "Reforming the Law of Gratuitous Transfers: The New Uniform Probate Code," 55 *Albany Law Review* 871 (1992).

Lovas, Sol, "When Is a Family Not a Family—Inheritance and the Taxation of Inheritance within the Non-Traditional Family," 24 *Idaho Law Review* 353 (1987).

McGovern, William M., "Trust, Custodianships, and Durable Powers of Attorney," 27 *Real Property, Probate & Trust Journal* 1-47 (1992).

McGovern, William M., Jr. / Sheldon F. Kurtz, *WILLS, TURSTS AND ESTATES* (Third Edition), THOMSON WEST (2004).

Paulus, John C., "Special and General Legacies of Securities—Whither Testator's Intent," 43 *Iowa Law Review* 467 (1958).

Preble, Robin L., "Family Violence and Family Property: A Proposal Reform," 13 *Law & Inequality Journal* 401 (1995).

Scott, Austin W., "*The Law of Trusts* (Fratcher / Ascher eds., Fourth Edition), LITTLE BROWN & CO. (1987).

Sitkoff, Robert H., "An Agency Costs Theory of Trust Law," 89 *Cornell Law Review* 621, 654 (2004).

Sussman, Marvin B. / Judith N. Cates / David T. Smith, *THE FAMILY AND INHERITANCE*, RUSSELL SAGE FOUNDATION (1970).

Waggoner, Lawrence W. / Gregory S. Alexander / Mary Louise Fellows, *FAMILY PROPERTY LAW* (Fourth Edition), FOUNDATION PRESS (2006).

Warren, Joseph, "Dependent Relative Revocation," 33 *Harvard Law Review* 337 (1920).

Wellman, Richard V., "Punitive Surcharges Against Disloyal Fiduciaries— Is Rothko Right?," 77 *Michigan Law Review* 95 (1978).

Whitman, Robert, "Revocation and Revival: An Analysis of the 1990 Revision of the Uniform Probate Code and Suggestions for the Future," 55 *Albany Law Review* 1035 (1992).

Whitman, Robert, "Exoneration Clauses in Wills and Trust Instruments," 4 *Hofstra Property Law Journal* 123 (1992).

Chapter 1

서 론

A. 유언의 자유와 제한

1. 유언의 자유

미국에서는 상속과 관련하여 실체법과 별도로 매우 정교한 절차법이 존재하는데, 이들 실체법과 절차법은 하나의 기본적인 전제에 근거하고 있다. 그것은 바로 사유재산제도를 근간으로 하는 자본주의 사회에서, 재산의 소유자는 원칙적으로 자신의 재산을 자신의 뜻대로 처분할 수 있는 자유를 가진다는 것이다. '처분의 자유(freedom of disposition)' 또는 '증여의 자유(donative freedom)'에는, 자신의 재산을 자신이 생존한 동안에 처분할 권리, 사망한 후 재산을 이전시킬 권리, 누구에게 이전시킬 것인지를 선택할 권리, 어떤 방식으로 이전시킬 것인지를 선택할 권리 등이 포함된다. 증여의 자유는 영미법계에서 강력한 문화적 전통을 가지고 있다.[1] 상속에 관한 피상속인의 처분의 자유는 곧 유언의 자유를 의미한다. 상속을 해줄 것인지 말 것인지, 준다면 누구에게 얼마나, 어떻게 줄 것인지는 기본적으로 피상속인의 의사에 달린 문제라는 관념은 영미법의 자유주의와 개인주의 전통의 소산이다.

　이러한 전통에 따라 대부분의 경우에 미국의 상속관련 법령과 판

---

1) Lawrence W. Waggoner / Gregory S. Alexander / Mary Louise Fellows, *FAMILY PROPERTY LAW* (Fourth Edition), FOUNDATION PRESS, 1-6 (2006).

례는 재산 소유자의 진정한 의도를 발견하고 그 의도에 효력을 부여하는 데 그 목적을 두고 있다. 상속전문변호사의 제일 중요한 임무 역시 의뢰인(유언자)의 의도를 효과적으로 완성시키는 것이다. 상속은 가업과 생존 가족들의 생계를 유지시켜주고, 피상속인이 사망에 임박하여 재산을 낭비하는 것을 자제시켜주며, 추정상속인들로 하여금 피상속인을 부양하도록 독려한다. 상속에 대한 기대 또는 상속으로부터 배제될 수 있다는 두려움은 가족구성원들의 행동과 서로의 관계를 통제한다. 사랑, 증오, 질투, 탐욕 등 인간 감정의 모든 것이 상속과 관련하여 분출된다. 불공평하다고 생각되는 상속재산의 분배는, 법률세계에 알려진 가장 처절하고 파괴적인 싸움에 불을 붙인다.[2]

2. 유언의 자유에 대한 제한

a. 유언의 자유와 상속권에 대한 제한의 허용

유언의 자유가 강력한 문화적 전통을 가지고 있다 하더라도, 그에 대한 모든 형태의 간섭이나 제한이 허용되지 않는 것은 아니다. 즉 유언의 자유는 천부인권적인 자연권이 아니라 실정법에 의해 만들어진 권리로 이해된다. 이것은 입법자가 유언의 자유에 대하여 제한을 가할 수 있음을 의미한다.[3]

Irving Trust Co. v. Day 사건[4]에서 연방대법원은, 상속재산에서 생존배우자에게 '유류분(Elective Share)'을 허여하는 것은 수정헌법에

---

[2] Elias Clark / Louis Lusky / Arthur W. Murphy / Mark L. Ascher / Grayson M. P. McCouch, *GRATUITOUS TRANSFERS* (Fifth Edition), THOMSON WEST, 1-2 (2007).

[3] Ronald Chester, "Inheritance in American Legal Thought," *INHERITANCE AND WEALTH IN AMERICA* (Robert K. Miller Jr. / Stephen J. McNamee eds.), PLENUM PRESS, 23-25 (1998).

[4] Supreme Court of the United States, 314 U.S. 556 (1942).

위반되지 않는다고 판시하면서 다음과 같이 유언의 자유에 대한 제한
이 가능함을 선언했다.

"피상속인의 재산을 상속받을 권리는, 그것이 유언에 의한 것이든 아니
면 무유언상속법에 의한 것이든, 모두 법적 창조물이다. 연방헌법은 주
의회가 유언에 의한 처분권한을 제한하거나 조건을 부가하거나 폐지하
는 것을 금지하지 않는다."

b. 공익에 반하는 유언 조건

일반적으로 법원은, 특정 행위를 권장하거나 억제하려는 유언자
의 의사에 따라 설계된 유언의 조건 내지 제한을 유지시키려고 한다.
그러나 유언의 조건이나 제한이 법령 또는 공익에 반하는 경우까지 유
언을 집행할 의무는 없다.

예컨대, In re Liberman 사건[5]에서, 유언자인 Issac Liberman은
두 아들(Herman, Harry)과 딸(Etta)이 있었다. 유언자는 자녀들을 수익
자로 하는 유언신탁을 설정하면서 Herman과 Etta를 유언집행인이자
수탁자로 지명했다(이하 '수탁자들'이라 칭한다). 유언자는 매우 완고한
유태인이었는데 Harry는 과거에 다른 종교를 가진 여자와 혼인을 했
었고 이때 유언자는 이 혼인을 강하게 반대했었다. 그래서 유언자는
Harry가 수익자로서 신탁으로부터 이익을 얻기 위해서는 Harry가 재
혼을 할 때 수탁자들의 동의를 얻어야 한다는 조건을 걸었다. 그런데
Harry는 Margaret이라는 여자와 혼인을 하고자 했고, 수탁자들은 이에
동의하지 않았다. 이에 대해 법원은, 수익자에게 육체적 순결을 강요
하거나 간통을 유도하는 이와 같은 제한은 혼인의 자유에 대한 부당한

---

5) Court of Appeals of New York, 18 N.E.2d 658 (1939). 참고로 뉴욕주의 경우
에는 최고법원의 명칭으로 Supreme Court가 아니라 Court of Appeals를 사용
하고 있다. 뉴욕주의 1심은 Supreme Court가, 항소심은 Supreme Court
Appellate Division이 담당하고 있다.

제약으로서 공익에 반하여 무효라고 판결했다. 구체적인 판시사항은
다음과 같다.

> "유언자가 원하는 방식으로 수익자가 혼인하도록 유도하기 위해 계산
> 된 유언(신탁) 조건은 공익질서에 반하지 않는다. 그러나 수익자가 독
> 신으로 살거나 간통을 하도록 유도하는 조건은 공익질서에 반한다. 혼
> 인을 부분적으로만 합리적으로 제한하는 조건은 공익질서에 반하지 않
> 지만, 혼인을 일반적으로 제한하는 조건은 공익질서에 반하여 무효이
> 다."

c. 영구구속금지원칙(Rule Against Perpetuities)

유언의 자유에 대한 중요한 제한이 '영구구속금지원칙(Rule Against
Perpetuities)'이다. 이 원칙은 영국에서 기원한 것으로서 "수익자에게
완전한 법적 권리를 부여하지 않는다면 어떠한 이익도 좋은 것이 아니
다"라는 법언과, 재산(특히 토지)이 영구히 소수의 사람에게만 축적되
고 집중되는 것은 사회경제적으로 바람직하지 않다는 사상에 따라, 피
상속인이 유언신탁을 통해 자신이 사망한 후에도 영원히 또는 지나치
게 장기간 신탁재산의 소유권을 제한하는 것을 금지했다.

이 원칙은 '사익신탁(Private Noncharitable Trust)'이 얼마나 오래 존
속할 수 있는지에 관해 기간을 설정한다. '미래의 수익자(future bene-
ficiaries)'는, 신탁이 설정될 당시 생존해 있던 어떤 사람—이 사람을 '생
존자(life in being)'라고 한다—이 사망한 후 21년이 지나면 그 재산에
대한 무제한의 완전한 소유권을 가져야 한다는 것이 이 원칙의 골자
이다.

예컨대 자녀가 없는 사람은 자신의 손자녀를 위한 유언신탁을 설
정할 수 없다. 신탁이 설정될 당시에 '생존자(life in being)'가 존재하지
않아서 신탁의 존속기간을 측정할 수 없기 때문이다. 이러한 신탁은
영구구속금지원칙에 위반되어 무효이다. 반면 현재 생존해 있는 자신

의 딸을 위해 유언신탁을 설정하면서 그 딸이 사망하면 그 딸의 자녀 (즉, 유언자의 손자녀)가 신탁의 수익자가 되도록 유언을 했다면, 이 신탁은 그 딸의 여명에 의해 신탁의 존속기간을 측정할 수 있기 때문에 적법하게 될 수 있다. 즉 이 신탁은 그 딸이 사망한 후 21년이 지나면 소멸하고 그 딸의 자녀가 신탁재산을 가지게 된다. 만약 그 딸이 자녀를 남기지 않고 사망한다면, 신탁재산은 그 즉시 위탁자에게 되돌아가거나 위탁자의 상속인에게 귀속되게 된다.[6]

B. 미국의 상속법과 Uniform Probate Code

1. 미국의 상속법 체계

미국에서 '상속법(Wills and Trusts)'이라는 범주 안에서 논의되는 주제는 크게 '무유언상속법(Intestate Succession)', '유언법(Wills)', '신탁법(Trusts)' 등 세 가지이다.[7] 무유언상속법은 피상속인의 유언이 없는 경우에 법정상속에 따라 상속절차를 진행하는 것이고, 유언법은 피상속인이 유언을 남긴 경우에 그 유언에 따라 상속절차를 진행하는 것이며, 신탁법은 상속과 증여의 일환 내지 수단으로 주로 이용되는 신탁제도에 관한 것이다. 미국에서는 상속(또는 증여)이라는 큰 틀 안에서 유언과 신탁이 상호 밀접한 관계를 가지기 때문에 로스쿨에서도 이 두

---

6) Dennis R. Hower / Peter T. Kahn, *WILLS, TRUSTS, AND ESTATE ADMINISTRATION* (Sixth Edition), DELMAR, 275-276 (2008).

7) 그 밖에 '미래이익(Future Interests)'과 '상속계획 및 상속세(Estate Planning and Estate Tax)'도 광의의 상속법의 범주 안에서 논의되고는 있으나, 미래이익은 상속법 분야에만 한정된 것이 아니라 오히려 물권법 등 재산법 전반에 걸쳐서 논의되는 내용이고, 상속계획 및 상속세의 문제는 또 다른 전문분야로서 미국 로스쿨에서도 이 분야만을 다루는 별도의 강좌가 개설되어 있다. 따라서 이 책에서는 이 부분들까지 논의를 확대시키지는 않았다.

주제를 함께 다루는 것이 일반적이다.

　　미국의 모든 주는 각자 유언, 무유언상속, 상속재산관리 등의 문제를 다루는 상속관계법령을 가지고 있다. 즉 상속법은 기본적으로 '연방법(federal law)'이 아닌 '주법(state law)'이기 때문에 각 주마다 각기 다른 내용의 상속법을 가지고 있다. 일반적으로 피상속인이 사망당시 거주하던 주의 법이 동산의 처분에 적용되고, 피상속인의 부동산이 소재하고 있는 주의 법이 부동산의 처분에 적용된다. 따라서 특정 주의 법령을 살펴보지 않고 상속에 관한 문제(예를 들면, 어떤 경우에 누가 재산을 얼마나 상속하게 되는지 등)를 해결하는 것은 불가능하다. 그리하여 다른 주로 이사한 사람들에게 혼동을 초래하고 심지어 변호사들조차도 실수를 범하는 일이 종종 일어난다(이것은 결국 치명적인 malpractice의 문제로 이어진다).

2. Uniform Probate Code

　　각 주법에 산재해 있는 구시대적이고 불합리한 요소들을 제거하고 상속법의 통일화를 가져오기 위해 미국 '통일법위원회(Uniform Law Commission)'가 만든 통일법전이 Uniform Probate Code이다.[8] 'probate'이라는 용어는 우리말로 '유언검인' 내지 '유언검인절차'라고 번역할 수 있다. 따라서 'Uniform Probate Code'를 문자 그대로 번역하면, '통일유언검인절차법'이라고 할 수 있을 것이다. 그러나 이 법은 단순히 유언검인의 절차에 관해서만 다루는 것이 아니라 유언, 무유

---

8) 통일법위원회의 정식 명칭은 The National Conference of Commissioners on Uniform State Laws이다. 통일법위원회는 주정부의 지원을 받는 비영리단체로서 각 주에서 지명된 법률가들로 이루어져 있는데, 현재 약 300명이 위원으로 활동하고 있다. 통일법위원회가 만든 모델법전 중 최고의 성공작은 '미국법률가협회(American Law Institute)'와 함께 만든 '통일상법전(Uniform Commercial Code, 일명 UCC)'이다(Wikipedia).

언, 증여, 후견, 상속재산과 신탁의 관리 등에 관한 실체법과 절차법을
아우르는 종합적인 법률이다. 따라서 이 법률의 이름을 '유언검인절차
법'이라고 부르는 것은 별로 적절하지 않다고 생각된다. 그리하여 이
책에서 이 법률을 인용할 때에는 원어의 앞 글자만을 따서 'UPC'라고
하였다. 실제 미국의 거의 모든 논문이나 책에서도 이 법률을 'UPC'라
고 약칭하고 있다.

　　UPC는 1969년에 처음 공포되었는데, 이것은 상속재산과 유언검
인에 관한 포괄적인 성문화 작업으로는 최초의 시도였으며, 그 후 미
국상속법에 지대한 영향을 끼쳤다.9) 이하에서 특별히 최초의 UPC를
언급할 때에는 '1969년 UPC'라고 칭하기로 한다. UPC의 개정과정 중
가장 중요한 것이 1990년의 개정이다.10) 1990년의 개정으로 인해
UPC의 핵심인 제2장(무유언상속, 유언, 배우자 유류분) 부분에 많은 변화
가 생겼다. 이 개정 UPC의 근본적인 정책 목표 네 가지는, ① 미국 가
족의 변화에 대응하는 것, ② 이혼법으로 인식되고 있는 부부재산법을
상속으로부터 배제된 생존배우자를 보호하는 법으로 바꾸기 위해 조
합이론을 확대시키는 것, ③ 검인대상재산의 이전과 비검인대상재산
의 이전을 단일화시키는 것, ④ 피상속인의 의사의 실현을 방해하는
형식적인 장애물들을 제거하는 것이다.11) 이하에서 특별히 1990년 개
정 UPC를 언급할 때에는 '1990년 UPC'라고 칭하기로 한다. 1990년
UPC도 여러 주에서 전체적으로 또는 부분적으로 채택했다. UPC는 다
음과 같은 내용으로 이루어져 있다.

---

9) 당시 미시간대학교(University of Michigan)의 Richard V. Wellman 교수가 수
　　석리포터(chief reporter)로 활동했다.
10) 이 당시 수석리포터는 미시간대학교의 Lawrence W. Waggoner 교수였다.
11) Lawrence W. Waggoner, supra 1-23. UPC의 개정과정과 그 의미에 관한 상세
　　한 설명으로는, John H. Langbein / Lawrence W. Waggoner, "Reforming the
　　Law of Gratuitous Transfers: The New Uniform Probate Code," 55 *Albany
　　Law Review* 871 (1992).

제1장 일반조항, 정의, 유언검인법원
제2장 무유언상속, 유언, 증여
제3장 유언검인, 관리
제4장 다른 주에서 임명된 인격대표자, 보조적 관리권
제5장 무능력자와 그들 재산의 보호
제6장 비검인대상재산의 이전
제7장 신탁관리
제8장 효력발생일과 법률의 폐지

1969년 UPC를 전체적으로 채택한 주는 16개였다.[12] 현재까지 UPC를 채택한 주는 위 16개 주와 뉴저지, 펜실베이니아, 위스콘신주를 포함한 19개 주이다.[13] 다른 주들은 UPC의 조항들을 부분적으로만 채택하고 있다. 그러나 UPC를 채택한 주 사이에서도 다양한 변형이 존재한다. 따라서 어떤 주가 UPC를 채택했다 하더라도 그 주의 상속 문제를 해결하기 위해서는 UPC의 조항에만 의존해서는 안 되고 실제 그 주의 법령을 반드시 살펴보아야만 한다.

예컨대 Payne v. Stalley 사건[14]에서, 미시간주의 변호사는 플로리다주가 UPC를 채택했다는 사실만 믿고 UPC 조항만 확인한 채 플로리다주의 법령은 검토하지 않았다. 결과적으로 그 변호사는 370만불짜리 소송의 제소기간을 도과하는 실수를 저지르게 되었다. 이에 대해 플로리다주 항소법원은 "UPC에 익숙한 미시간주 변호사의 요구에 부응하기 위해 우리가 플로리다주 상속법을 다시 만들 수는 없다"라고 하면서 해당 주법을 제대로 검토하지 않은 변호사를 꾸짖었다.

---

12) 알래스카, 애리조나, 콜로라도, 플로리다, 하와이, 아이다호, 메인, 미시간, 미네소타, 몬태나, 네브래스카, 뉴멕시코, 노스다코타, 사우스다코타, 사우스캐롤라이나, 유타(Wikipedia).
13) Dennis R. Hower, supra 90.
14) District Court of Appeal of Florida, 672 So.2d 822 (1995).

C. 유언검인시스템(Probate System)

1. 주요 개념

a. 유언자(testator)와 무유언자(intestate)

사망하기 전에 유효한 유언을 한 사람을 '유언자(남자인 경우 testator, 여자인 경우 testatrix)'라고 한다. 유언검인이 승인되면, 유언자의 재산은 유언에 따라 처리된다. 유효한 유언을 하지 않은 것을 '무유언 (intestate)'이라고 하고, 유효한 유언을 남기지 않고 사망한 사람을 '무유언자'라고 한다(intestate). 피상속인이 유언을 남기지 않은 경우에는 적용 가능한 무유언상속법에 따라 상속인이 결정되고 상속재산을 분배받는다. '무유언상속인(intestate successors)'15)이 없는 경우에는 상속재산은 주에 귀속된다. 이것을 '몰수 또는 귀속(escheat)'이라고 한다.

b. 유 증(devise)

전통적으로 유언의 목적물이 무엇이냐에 따라 유증을 의미하는 용어가 달랐다. 즉 부동산, 특히 토지를 유증하는 경우에는 'devise'라는 용어를, 동산을 유증하는 경우에는 'bequest' 또는 'legacy'라는 용어를 사용했다. 그러나 현대에 있어서는 이들을 구별할 필요가 거의 없기 때문에 동산과 부동산을 합하여 유증이라고 말할 때는 'devise'라는 용어가 일반적으로 사용되고 있으며, 특히 UPC를 채택한 주에서는 이 용어만을 사용한다. UPC에 따르면, 명사로서의 devise는 '유언에 따른 동산과 부동산의 처분'을 의미하고, 동사로서의 devise는 '유언에 따라 동산과 부동산을 처분하는 것'을 의미한다[§1-201(10)].

---

15) 피상속인이 유언을 남기지 않아서 무유언상속법에 따라 상속을 받게 되는 자를 '무유언상속인(intestate successors)'이라고 하지만, 실무에서는 '법정상속인 (heirs at law)'이라는 표현을 더 많이 사용하는 것 같다.

c. 인격대표자(personal representative)

상속재산의 관리는 원칙적으로 '인격대표자(personal representative)'가 유언검인법원의 감독을 받으며 수행한다. 이처럼 피상속인의 재산을 관리하도록 임무를 부여받은 자연인 또는 법인—일반적으로 은행이나 신탁회사이다—을 인격대표자라고 한다. 특히 유언에 의해 인격대표자로 지명되어 유언에 따라 상속재산을 관리하는 사람을 '유언집행인(남자인 경우에는 executor, 여자인 경우에는 executrix)'이라고 부르고, 유언이 아닌 법원에 의해 지명되어 무유언상속법에 따라 상속재산을 관리하는 사람을 '상속재산관리인(남자인 경우에는 administrator, 여자인 경우에는 administratrix)'이라고 부른다. 그러나 현재 많은 주에서 유언집행인이나 상속재산관리인처럼 남녀를 구별하는 명칭 대신 인격대표자라는 중립적인 명칭을 사용하고 있다.

인격대표자의 가장 중요한 임무는, 상속재산을 인도받고(colleting), 상속채무, 세금, 비용 등을 지불하며(paying), 남은 상속재산을 상속인들에게 분배하는 것이다(distributing). 그 밖에도 상속재산을 처분하거나 투자하고, 피상속인의 사업을 지속시키는 등의 행위를 할 수 있다(UPC §3-715). 한편 유언검인법원은 상속재산목록과 그 재산에 대한 가치 평가, 상속채무의 변제, '가족수당(family allowance)' 등을 승인한다. 인격대표자의 행위에 대한 법원의 승인이 있으면 인격대표자는 책임으로부터 면제된다.[16)

그런데 UPC는 법원의 '감독을 받는 관리(supervised administration)' 뿐만 아니라 법원의 '감독을 받지 않는 관리(unsupervised administration)'에 대해서도 정당성을 부여하고 있다. 즉 이해관계인이 '감독을 받는 관리'를 요구하면 법원은 인격대표자의 관리행위를 감독하지만, 이해관계인이 이것을 요구하지 않으면 인격대표자는 법원으로부터 독

---

16) Jesse Dukeminier / Stanley M. Johanson / James Lindgren / Robert H. Sitkoff, *WILLS, TRUSTS AND ESTATES* (Seventh Edition), ASPEN, 36-37 (2005).

립하여 상속재산을 관리할 수 있게 된다(이른바 '독립적 관리'). 인격대
표자가 독립적 관리를 하고 있더라도 그러한 관리행위에 불만을 가진
이해관계인은 언제라도 법원의 감독을 요구할 수 있다(UPC §3-502).

d. 검인대상재산(probate property)과 비검인대상재산(nonprobate property)

모든 피상속인의 재산은 '검인대상재산(probate property)'과 '비검
인대상재산(nonprobate property)'으로 구분된다. 검인대상재산은 피상
속인의 유언 또는 무유언상속법에 따라 승계되는 재산이고, 비검인대
상재산은 유언 이외의 수단에 의해 승계되는 재산이다. 복잡하고 시간
과 비용이 많이 소요되는 유언검인절차를 피하기 위해 현재 대부분의
상속은 유언검인절차가 아닌, 비검인대상재산의 이전을 통해 유언검
인절차 밖에서 이루어진다. 따라서 오늘날 비검인대상재산의 이전은
'유언의 대용물(will substitutes)'로 인식되고 있다. 비검인대상재산 중
대표적인 것으로는, '조인트테넌시(Joint Tenancy),'[17] '생명보험(Life
Insurance)', 'POD계좌(Payable-On-Death Accounts)', '신탁수익(interests in
trust)' 등이 있다.

조인트테넌시는 분할되지 않는 재산권을 두 사람 이상이 동등하
게 소유하는 것으로서, 조인트테넌시의 가장 독특하고 중요한 특징은
바로 '생존권(right of survivorship)'이다. 예컨대 부부가 어떤 재산을 조
인트테넌시로 소유하고 있었는데 남편이 먼저 사망한 경우 그 재산에
대한 피상속인(남편)의 이익은 그의 사망과 함께 소멸하고 생존자(아
내)가 모든 재산을 취득하게 된다.[18] 조인트테넌시의 목적물이 부동산

---

17) Joint Tenancy를 우리말로 '합유' 또는 '합유재산'이라고 번역하기도 하지만, 우
   리 법상의 합유와는 다른 개념으로 이해되기 때문에, 이것을 '합유'라고 번역하
   는 것은 오해의 소지가 크다고 생각되어, 원어 그대로 '조인트테넌시'라고 하기
   로 한다.
18) Dennis R. Hower, supra 34.

인 경우 생존자가 전체 부동산을 취득하기 위해서 해야 할 일은 피상속인의 사망증명서를 제출하는 것뿐이다. 주로 부부 사이에서 부동산, 예금계좌, 뮤추얼펀드계좌 등을 조인트테넌시로 소유한다.

피상속인의 사망으로 인한 생명보험금은, 보험회사가 보험계약에서 보험수익자로 지정된 자에게 지급한다. 보험금을 받기 위해 보험수익자는 보험회사에게 피상속인의 사망증명서를 제출하기만 하면 된다.

POD계좌라 함은, 예금주가 사망한 경우에 예금주가 지정한 제3자에게 계좌에 있는 예금이 지급되도록 하는 특별한 계좌이다. 예금주가 사망한 경우에만 예금이 이전되도록 한다는 것이 특징이다. 이 경우 유언검인절차를 거치지 않고 재산이 이전되기 때문에, 유언서를 작성하지 않고 단순히 POD계좌를 개설하여 상속을 할 수 있게 된다. 리스테이트먼트도 이러한 계좌의 유효성을 인정하고 있다[Restatement (Third) of Property §7.1 comment g].

재산이 신탁으로 이전되면 수탁자는 지정된 수익자들을 위해 신탁재산을 소유한다. 수탁자는 신탁문서의 조건에 부합하게 신탁재산을 수익자들에게 분배한다. 신탁은 피상속인이 생전에 설정할 수도 있고, 유언으로 피상속인 사후에 설정될 수도 있다. 피상속인이 생전에 신탁을 설정한 경우, 그 신탁은 철회가 가능할 수도 있고 불가능할 수도 있다. 피상속인이 생전에 설정한 신탁 중 철회가 가능한 것을 '철회가능신탁(Revocable Trust)'이라고 한다. 철회가능신탁이든 철회불능신탁이든 위탁자의 생전에 설정된 경우에는 모두 유언검인의 대상이 아니라는 점은 동일하다.[19] 그러나 철회가능신탁은 위탁자가 살아 있는 동안 언제든지 철회 또는 변경할 수 있는 융통성이 있으며, 위탁자가 신탁재산의 처분과 관리를 자신의 기호에 맞게 상세히 설계할 수 있다. 그리고 거의 아무런 형식도 요구하지 않기 때문에 이용하기가 매우 편리하다. 이러한 이유들로 인해 철회가능신탁은 모든 유언의 대용

---

19) Dennis R. Hower, supra 242-243.

물들 중에서도 현재 가장 각광받고 있으며, 상속에 관한 가장 일반적
인 수단이 되고 있다.

e. 종신물권(Life Estate)

'종신물권(Life Estate)'[20]은, '종신물권자(life tenant)'가 자기 자신
또는 다른 사람의 일생동안 어떤 부동산(특히 토지)에 대한 이익을 향
유할 수 있는 권리이다. 종신물권은 종신물권을 설정한 사람, 즉 재산
의 원래 소유자가 생존한 동안 존속시킬 수도 있고, 종신물권자가 생
존한 동안 존속시킬 수도 있으며, 제3자가 생존한 동안 존속시킬 수도
있다. 종신물권은 유언으로 설정할 수는 있지만 유언으로 이전시킬 수
는 없다. 예컨대 갑은 유언으로 자기 소유의 토지를 을(종신물권자)에
게 을의 일생동안 소유하도록 할 수는 있지만, 을은 유언으로 자신의
종신물권을 제3자인 병에게 이전시킬 수는 없다. 그러나 을은 자신이
생존한 동안에는 자신의 종신물권을 병에게 매매하거나 증여할 수는
있다. 이렇게 되면 병은 새로운 종신물권자가 되어 '을의 일생동안' 토
지로부터 이익을 누릴 수 있게 된다.[21]

종신물권자가 사망하면 종신물권은 소멸하고 유언이나 무유언상
속법에 따라 이전시킬 어떠한 이익도 남지 않게 된다. 따라서 이 재산
에 대한 유언검인절차는 개시되지 않으며, 종신물권자의 채권자는 그
재산에 대하여 청구권을 행사할 수 없다. 결국 종신물권자가 사망하면
그 재산은 종신물권을 설정한 원래의 소유자에게로 복귀하거나 그 소
유자가 지정한 제3자, 즉 '잔여권자(remainderman)'에게 귀속된다.

---

20) 이것을 '생애권'이라고 번역하기도 하지만, '생존권(right of survivorship)'과의
   혼동을 피하기 위해 '종신물권'이라고 번역하기로 한다.
21) Dennis R. Hower, supra 60-61.

2. 유언검인(Probate)

a. 의 의

'유언검인(probate)'이란, 협의로는 피상속인의 유언의 유효성을 결정하는 사법절차를 의미하고, 광의로는 상속재산을 관리하고 감독하는 절차까지 포함하는 개념이다. 따라서 유언검인법원은 유언검인(협의의 probate) 및 상속재산의 관리 감독과 분배(광의의 probate) 문제를 처리하는 특별법원이라고 할 수 있다. 즉 이 법원은 유언의 유효성을 심사하고, 유효한 유언을 집행하며, 유언집행인과 상속재산관리인의 부정행위를 감시하고, 유언 없이 사망한 사람의 상속재산을 무유언상속법에 따라 공정하게 분배하는 역할을 수행한다.

유언은 '자기집행력(self-executing)'이 없고, 유언검인법원에 의해 검인이 승인되어야만 그 효력을 발휘한다. 유언장에 법정 형식요건이 결여되어 있거나 유언자가 유언능력을 결하고 있을 때에는 검인이 승인되지 않는다. 유언장이 존재하더라도 그 유언장이 유언검인법원에 제출되지 않거나 제출되었더라도 검인이 승인되지 않으면, 유언자의 재산은 무유언상속법에 따라 분배된다.

b. 간이한 유언검인(common form probate)과 엄격한 유언검인(solemn form probate)

과거 영국에서는 유언집행인이 '간이한 유언검인(common form probate)'과 '엄격한 유언검인(solemn form probate)' 중 어떤 절차에 따를 것인지를 선택할 수 있었다. 간이한 유언검인절차는 누구에게 어떠한 '통지(notice)'도 하지 않는 일방적인 절차였다. 유언장이 적절하게 작성되었는지 여부는 주로 유언집행인의 '선서(oath)'에 의해서만 증명되었다. 일단 유언장에 대한 검인이 승인되면 '유언집행장(letters testamentary)'이 허용되었고, 유언집행인은 상속재산에 대한 관리를 개시했다. 그러나 그 후 몇 년 이내에 이해관계인이 엄격한 유언검인절

차를 따를 것을 요구할 수 있었다. 엄격한 유언검인절차에서는, 이해
관계인들에게 통지가 행해졌고, 유언장이 적절하게 작성되었는지 여
부는 증인들의 '법정증언(testimony)'에 의해서 증명되었으며, 상속재산
의 관리에 대해서는 보다 넓은 법원의 관여가 이루어졌다.[22]

그러나 오늘날 미국의 대다수의 주에서는 간이한 유언검인을 허
용하지 않는다. 그리하여 인격대표자의 지명 또는 유언검인 이전에 미
리 이해관계인들에게 통지할 것을 요구한다. 유언집행장을 요구하는
사람은 법령에 의한 통지요건이 충족되었음을 확인해주는 '선서진술
서(affidavit)'를 제출해야 한다. 그리고 유언검인이 승인되기 위해서는,
유언검인판사의 면전에서 이루어지는 심문절차에서 증인들의 법정증
언이나 선서진술서에 의해 유언장이 적법하게 작성되었음이 증명되어
야 한다.

그런데 UPC는 간이한 유언검인과 엄격한 유언검인을 모두 규정
하고 있다. 다만 그 명칭에 있어서는 전자를 '약식유언검인(informal
probate)'이라고 부르고, 후자를 '정식유언검인(formal probate)'이라고
부르고 있다.

3. 유언검인절차(Probate Proceeding)

'유언검인절차(probate proceeding)'는 주마다 매우 다양하여 일관
성 있게 설명하기가 어렵다. 그러나 향후 이 책에서 다룰 주제들에 대
한 이해를 돕기 위해 유언검인절차의 기본적인 내용을 설명할 필요가
있다. UPC는 유언검인절차를 정식절차와 약식절차로 구분하고 있다.
정식유언검인은 이해관계인들에게 통지를 한 이후의 사법적 결정이
다. 이해관계인은 누구라도 정식유언검인을 요구할 수 있다. 정식유언
검인절차는 유언장을 검인하고, 약식절차를 차단하며, 무유언상속에

---

22) Jesse Dukeminier, supra 34-35.

관한 판결을 획득하기 위해 사용될 수 있다. 정식유언검인에 관한 법원의 결정은 당사자들이 항소하지 않는 한 종국적이다. UPC의 규정을 중심으로 일반적인 유언검인절차를 설명하면 다음과 같다.

a. 검인신청서의 제출(Petition for Probate)

유언에 의한 상속재산의 관리절차를 개시하기 위해서는 먼저 유언검인법원에 유언장과 유언검인을 위한 신청서를 제출해야 한다. 이 유언검인신청서의 신청취지는 결국 유언장이 유효함을 승인해 달라는 것이다. 통상적으로는 유언장에 의해 유언집행인으로 지명된 사람이 이러한 신청서를 제출하게 되지만, 반드시 유언집행인만 이것을 할 수 있는 것은 아니고 이해관계인은 누구라도 이러한 신청을 할 수 있다. 그리고 유언장을 소지하고 있는 사람은 그 유언장을 제출해야 할 의무가 있다. 인격대표자로 지명해달라는 신청과 함께 유언검인신청을 하는 것이 전형적인 형태이다. 유언장에 대한 승인은, 그 유언장이 하자 없이 적법하게 작성되었고 유언의사에 관한 최후의 공식적인 표현임을 확인해 준다.

무유언상속절차도 유언에 의한 상속절차와 유사하다. 법원이 유언검인결정을 하는 대신에 적용해야 할 무유언상속법을 발견하는 작업을 하는 것이 다를 뿐이다. 즉 무유언상속절차를 개시하기 위해서도 먼저 유언검인법원에 신청서를 제출해야 한다.

b. 통 지(Notice)

상속 및 유언과 관련된 모든 이해관계인들(상속인, 수증자, 유언집행인, 수탁자, 후견인, 채권자 등)은 유언검인절차에 관하여 통지를 받을 권리가 있다. 유언이 공익신탁을 포함할 경우에는 주(州) 법무부장관에게도 통지를 해야 한다(UPC §3-403). 통지시기나 방법에 관해서는 주마다 다를 수 있지만, UPC에 따르면 통지는 늦어도 심리가 개시되기 14일 전에 우편 또는 인편으로 이루어져야 하며, 이해관계인을 알 수 없거나 주소를 알지 못할 경우에는 일반에 보급된 신문을 통해서 3주 동안 매주 한 번 이상 게시되어야 한다(§1-401).

c. 유언검인법원의 심리(Probate Hearing)

유언검인법원은 원칙적으로 유언장이 법정 형식요건 등의 하자 없이 적법하게 작성되었는지 여부만을 심사할 뿐 그 유언장의 내용에 관해서는 심사하지 않는다. 따라서 '유언검인절차(probate proceeding)' 에서는 당해 유언장이 당사자들 사이의 유언에 관한 계약에 위반하여 작성되었는지 또는 유언장의 내용이 모호한지 여부는 따지지 않는다. 유언장의 의미에 관한 탐구는 검인절차 이후의 '해석절차(construction proceeding)'에서 이루어지게 된다.[23]

유언장에 대한 검인은 상속인의 권리를 창설하는 것이 아니고, 단지 그 권리의 존재를 증명할 뿐이다. 즉 유언검인절차를 거쳐야만 실체법적 권리가 발생하는 것은 아니다. 상속인의 실체법적 권리는 피상속인이 사망하면 곧바로 발생한다. 예컨대 Hausen v. Dahlquist 사건[24]에서, 원고는 피상속인인 아버지의 유언에 따른 소유권을 주장하며 상속재산인 토지의 분할소송을 제기했다. 그런데 그 때까지 유언장에 대한 검인은 승인되지 않았다. 그러자 피고는 "유언장에 대한 검인이 승인될 때까지 유언은 효력이 없는 것이므로 원고는 토지분할소송 당시 그 토지에 대한 소유권을 가지지 않았다"라고 반박했다. 그러나 아이오와주 대법원은 "상속재산에 관한 원고의 소유권은 피상속인의 사망으로 인해 발생하는 것이고, 유언검인절차는 단지 그러한 권리를 증명해줄 뿐이다"라고 판시했다.

d. 유언에 관한 조정

이해관계인들 사이에 유언에 관하여 분쟁이 발생한 경우에 모든

---

23) Elias Clark, supra 642.
24) Supreme Court of Iowa, 5 N.W. 2d 321 (1942).

이해관계인들은 타협하고 절충하여 유언에 관한 조정을 할 수 있다. 이때 유언장의 내용과 다른 방식의 처분계획도 가능하다. 현재 거의 모든 주에서 유언에 관한 조정을 허용하고 있다. UPC도 이러한 조정을 권장하고 있으며, 법원이 승인하게 되면 그 조정은 아직 태어나지 않았거나 확인되지 않은 사람들을 포함하여 모든 당사자들을 구속한다(§3-1101).

e. 검인의 승인과 상속재산의 처분

검인이 승인되면 유언검인법원은 유언집행인에게는 '유언집행장(letters testamentary)'을, 상속재산관리인에게는 '상속재산관리장(letters of administration)'을 발부한다. 검인이 승인된 이후에 상속인이나 수증자가 상속재산을 처분한 경우에는 '선의의 원칙(Bona-Fide Theory)'에 따라 그 처분행위는 유효하게 된다.

예컨대 토지를 소유한 피상속인이 유언을 남기지 않고 사망하여 무유언상속절차에 따라 상속인들이 토지를 상속받았고 그 토지를 제3자에게 매도하였는데 그 후 그 토지를 특정 상속인에게만 유증한다는 취지의 유언장이 발견된 경우, 매수인은 유언에 관한 어떠한 통지도 받지 못했기 때문에 '선의의 매수인(bona-fide purchaser)'으로서 그 토지를 적법하게 소유할 수 있다(Eckland v. Jankowski[25]).

---

25) Supreme Court of Illinois, 95 N.E. 2d 342 (1950). 이것은 피상속인이 사망하고 무유언상속절차에 따라 상속이 이루어지고 난 후 유언장이 발견된 사건이다. 검인절차를 통해 무유언상속법에 따라 상속을 받은 상속인이 상속재산을 이미 처분하였는데, 그 후 발견된 유언장에 기하여 수증자가 이미 매도된 부동산에 대한 권리를 주장하자, 법원은 매수인이 '선의의 매수인'으로서 매매의 효력을 부인할 수 없다고 판시했다. 사실 이 사건의 수증자로서는 이미 매도된 부동산에 대한 권리를 주장하기보다는 유언에 기해서 상속인을 상대로 소를 제기하는 것이 바람직했을 것이다. 아마도 상속인이 처분대가를 이미 모두 소비해 버려서 상속인을 상대로 한 소송은 실익이 없었던 것이 아닐까 추측된다.

4. 약식유언검인절차(Informal Probate)

유언검인법원의 감독하에 상속재산을 관리하는 것은, 절차가 지나치게 복잡하고 비용과 시간이 불필요하게 많이 소요된다는 비판을 받아왔다. 이러한 정식의 상속재산관리는 단지 이해관계인들 사이에 분쟁이 발생한 경우에만 유용한 기능을 수행한다는 것이다. 그리하여 UPC는 유언검인절차에 대한 개혁이 필요하다는 전제에서 출발하고 있다. UPC는 당사자들의 선택에 따라 분쟁 대상이 아닌 재산에 관하여는 법원의 통제 없이 상속재산관리를 할 수 있도록 하고 있다. UPC의 약식유언검인절차는 다음과 같다(§3-301).

① 인격대표자로 임명되기 위한 '대리인신청서(representative petition)'가 제출되어야 한다. 이 신청서에는 피상속인과 상속인들, 그리고 수증자들(피상속인이 유증을 한 경우)에 관한 정보가 포함되어 있어야 한다.

② 유언장 원본이 신청서와 함께 제출되어야 한다.

③ 유언집행인은 유언장이 유효하게 작성되었음을 선서해야 한다. 다만 증인에 의한 증명이 요구되지는 않는다.

④ 유언장 원본에 법령이 요구하는 서명이 기재되어 있고 '신서조항(attestation clause)'26)이 포함되어 있으면 추가적인 증거가 없더라도 '등기관(registrar)'27)에 의해 유언검인은 승인된다(§3-303).

⑤ 인격대표자는 임명된 후 30일 이내에 모든 이해관계인들(여기에는 유언에 의해 상속으로부터 배제된 것이 분명한 상속들도 포함된

---

26) 유언장의 선서조항은, 유언과 관련하여 요구되는 모든 절차가 실제로 행하여졌음을 보증하고 유언장이 적법하게 작성되었음을 추정할 수 있게 해준다. 이에 관해서는 뒤에서 자세히 설명한다.

27) '등기관(registrar)'은 유언검인법원을 대신하여 권한을 행사하고 기록을 보존하는 임무를 담당하는 유언검인법원 소속 공무원이다. 판사가 등기관이 될 수도 있지만, 판사가 지명하는 다른 공무원이 등기관이 되는 것이 일반적이다. Dennis R. Hower, supra 79.

다)에게 통지할 의무가 있다(§3-705).

정식절차나 약식절차 모두 피상속인이 사망한 후 3년이 지나면 개시될 수 없다(UPC §3-108). 이 기간 내에 유언장에 대한 검인절차가 진행되지 않으면, 무유언의 추정은 확정적이 된다.

D. 관 할 권(Jurisdiction)

1. 유언검인법원(Probate Court)

유언과 상속재산관리 문제를 전문적으로 다루는 특별법원을 '유언검인법원(Probate Court)'이라고 부른다. 주에 따라서는 이것을 'Surrogate Court(뉴욕, 뉴저지)', 'Orphans Court(메릴랜드, 펜실베이니아)', 또는 'Chancery Court(델라웨어, 미시시피)'라고 부르기도 한다.

유언검인법원의 기능은, 인격대표자가 적절하게 상속재산을 관리하고 있는지를 감독함으로써 ① 주거수당, 면제재산, 가족수당 등 법정수당의 허용, ② 상속채권자들에 대한 변제, ③ 세금의 납부, ④ '잔여재산(residuary)'의 공정한 분배, ⑤ 상속재산의 관리 과정에서 발생하는 분쟁의 해결 등을 가능하게 하는 것이다.

사물관할로서의 유언검인법원과 관련해서는 세 가지 시스템이 존재한다. 첫째는 일반관할법원이 일반소송절차와 유언검인절차를 모두 담당하는 시스템이다. 캘리포니아주가 여기에 속한다. 둘째는 일반관할법원과는 별개의 유언검인법원을 두고 일반관할법원과 대등한 지위를 인정하는 시스템이다. 뉴욕주가 여기에 속한다. 셋째는 일반관할법원에 비해서 열등한 지위에 있는 별개의 유언검인법원을 두는 시스템이다. 대부분의 주가 이러한 시스템을 따르고 있다.[28]

---

28) Elias Clark, supra 641.

유언검인과 상속재산관리에 있어서의 토지관할은 피상속인의 사망당시 주소지를 관할하는 '카운티(county)'의 법원에서 담당한다. 만약 피상속인이 어떤 주에서 주소지를 가지지 않은 채 사망했지만 그 주에 상속재산이 소재한 경우에는, 상속재산이 소재한 카운티의 법원이 관할권을 가진다(UPC §3-201).

2. 주소지 관리권(Domiciliary Administration)

a. 의 의

사람은 생존한 동안 여러 지역을 돌아다닐 수 있고 여러 지역에 재산을 남길 수 있다. 그러다가 그 사람이 사망하게 되면, 그 사람의 유언과 상속재산을 어떤 주의 법에 따라 처리해야 할 것인지의 문제가 발생한다. 이 경우 다른 주에 소재한 부동산을 제외하고는 피상속인의 주소지 관할법원이 원칙적으로 상속재산에 관하여 제1차적인 관할권을 가진다. 이를 '주소지 관리권(Domiciliary Administration)' 또는 '주된 관리권(Primary Administration)'이라고 부른다.

'주소지(Domicile)'는 '일시적인 거주지(residence)'가 아닌 '항구적인 주거지(permanent home)'로 정해진 곳으로서, 현재 그 곳에 있지 않을지라도 결국 그 곳으로 돌아가고자 하는 곳을 말한다. 주소지는 피상속인의 말과 행동 기타 모든 제반 사정을 고려하여 결정한다 (Application of Winkler[29]). 증인의 증언뿐 아니라 피상속인의 투표기록, 여권, 혼인신고서, 운전면허증 등과 같은 서류들도 주소지에 관한 피상속인의 의도를 입증하기 위해 사용될 수 있다. 그럼에도 불구하고 피상속인의 주소지가 불확실한 경우에는 상속재산 소재지 관할법원이 2차적 관할권을 행사하게 된다.[30]

---

29) Supreme Court of New York, Appellate Division, 567 N.Y.S.2d 53 (1991).
30) Dennis R. Hower, supra 82.

b. 리스테이트먼트(Restatement)의 규정

'리스테이트먼트(Restatement)'는 '미국법률가협회(American Law Institute)'가 발행하는 모델법전 내지는 일반 법원칙이다. 미국법률가협회는 1923년에 설립되어 현재 4000여 명의 변호사, 판사, 로스쿨 교수 등 법률가들로 구성된 독립 단체로서, 법률을 명확히하고 현대화하여 발전시키기 위한 학문적 작업을 수행한다. 미국법률가협회의 가장 중요한 업무는 리스테이트먼트를 제정하거나 수정하여 간행하는 것이다. 리스테이트먼트는 그 자체로는 법적 구속력을 가지지 않지만, 상당한 설득력과 권위가 있기 때문에 사실상의 구속력을 가진다고도 할 수 있다. 그리하여 이것은 비단 학계뿐 아니라 법원과 의회에도 강력한 영향력을 발휘한다. 1923년과 1944년 사이에 계약, 대리, 재산, 불법행위, 배상, 신탁, 유가증권, 재판, 국제사법에 관한 제1차 리스테이트먼트가 간행되었다. 현재 제3차 리스테이트먼트 개정 작업이 진행 중이다. 리스테이트먼트마다 그 분야 최고의 전문가가 '리포터(reporter)'로 지명되는데, 리포터는 리스테이트먼트의 초안을 작성하고 주석을 달아서 미국법률가협회의 전문 조언자 단체에 보내는 임무를 수행한다.[31)]

'제2차 국제사법 리스테이트먼트[Restatement(Second) of Conflict of Laws]'에 의할 경우, 유언장에 대한 검인과 유언집행인의 지명은, 피상속인이 사망당시 거주하던 주 또는 피상속인의 사망당시 상속재산이 소재하던 주가 관할권을 가진다. 그리고 무유언상속의 경우에 상속재산관리인의 지명은, 만약 유효한 유언장이 존재하였더라면 그 검인이 승인되었을 주가 관할권을 가진다(§§314, 315). 즉 어떤 주의 법원에 유언검인절차와 인격대표자의 지명을 신청하기 위해서는 피상속인이 사

---

31) http://www.ali.org; Lawrence W. Waggoner, supra 1-21, 22. 참고로 제3차 재산법 리스테이트먼트[Restatement(Third) of Property(Wills and Other Donative Transfers)]에서는 Lawrence W. Waggoner 교수가 리포터로, John H. Langbein 교수가 부리포터(associate reporter)로 활동하고 있다.

망당시 그 주에 거주했다거나 상속재산이 그 주에 소재한다는 점이 증명되어야 한다(Matter of Estate of Marcos[32]).

c. 주소지에 관한 분쟁

그런데 복수의 이해관계인들이 서로 다른 주가 피상속인의 주소지라고 주장하면서 각자 다른 주에 유언검인과 인격대표자지명신청을 하는 경우가 있다. 이른바 '복수 주소지(multiple domicile)' 문제이다. 그리고 실제로 신청을 받은 법원들이 서로 자기 법원에 관할이 있다고 판단하여 신청에 대한 결정을 하는 경우도 있다.

예컨대 Riley v. New York Trust Co. 사건[33]에서, 조지아주 법원이 먼저 조지아주에 주소지가 있다고 판단했고, 그 후 뉴욕주 법원이 뉴욕주에 주소지가 있다고 판단했다. 그리하여 두 주 법원이 각자 인격대표자를 지명했고 이들이 모두 피상속인의 코카콜라 주식에 대한 권리를 주장했다. 코카콜라 주식회사가 설립된 델라웨어주 법원은 피상속인이 뉴욕주에서 거주하다가 사망했다는 사실을 발견했고, 뉴욕주 인격대표자의 손을 들어주었다. 복수의 주의 상반된 결정으로 인한 분쟁은 결국 연방대법원으로 이어졌고, 연방대법원은 "조지아주 법원의 결정은 뉴욕주 상속재산관리인을 구속하지 않는다. 따라서 델라웨어주 법원은 코카콜라 주식의 소유권을 결정하기 위하여 조지아주 법원의 결정에 구애되지 않고 스스로 주소지에 관한 판단을 할 수 있다"라고 판시하여 델라웨어주 법원의 판결을 지지했다. 이처럼 서로 충돌하는 신청과 그에 대한 법원의 결정이 가능한 이유는, 연방헌법이 주

---

32) Supreme Court of Hawaii, 963 P.2d 1124 (1998). 이 사건은 필리핀의 전 대통령인 마르코스의 상속재산에 관한 사건이었다. 마르코스의 상속재산에 관한 유언검인절차의 개시 및 상속재산관리인의 지명신청에 대하여, 하와이주 대법원은, 마르코스가 하와이에 거주했다는 사실 또는 마르코스가 하와이에 재산을 소유했다는 사실에 관한 입증이 없다고 하여 신청을 기각했다.

33) Supreme Court of the United States, 315 U.S. 343 (1942).

소지 문제에 관하여 '모순되지 않고 조화로운(consistent)' 관할을 요구하지 않고 단지 '공정한(fair)' 관할을 요구하기 때문이다.

주 입장에서는 관할권을 인정함으로써 상속세 등의 '세수(tax revenue)'가 발생하기 때문에 주소지 인정에 적극적이다. 이러한 문제가 발생하는 것을 원천적으로 봉쇄하기 위하여 UPC는 먼저 관할권을 인정한 주의 법원에서 주소지에 관한 결정을 할 책임을 부여하고 있다 (§3-202). 이른바 선착순의 원리가 적용되는 것이다("First State Wins"). 이러한 UPC 규정을 채택한 주 사이에서는 피상속인의 주소지에 관하여 모순되는 복수의 결정이 생길 수 없다(Cuevas v. Kelly[34]).

3. 보조적 관리권(Ancillary Administration)

a. 의 의

피상속인의 사망당시 주소지와 피상속인의 부동산 소재지가 다른 경우 주소지 관할법원은 그 부동산에 관해서는 관할권을 가지지 못하고, 이 경우에는 그 부동산 소재지 관할법원이 관할권을 가진다. 그리고 피상속인의 주소지를 알 수 없는 경우에도 상속재산의 소재지 관할법원이 관할권을 가지게 된다. 이것을 '보조적 관리권(Ancillary

---

34) District Court of Appeal of Florida, 873 So.2d 367 (2004). 이 사건에서 유언집행인은 미시시피주에서 유언장에 대한 검인을 신청했고, 미시시피주 법원은 검인을 승인했다. 그 후 유언자의 형이 플로리다주에서 무유언상속절차의 개시를 신청했다. 플로리다주 지방법원은 이 신청을 받아들였으나, 항소법원은 원심을 취소하고 다음과 같이 판결했다. "미시시피주 법원의 결정은 연방헌법상의 '완전한 신뢰와 신용(Full Faith and Credit)' 조항에 따른 권리를 가진다. 미시시피주 법원은 유언자의 유언장에 대한 검인을 승인할 수 있는 관할권이 있다. 어느 한 관할법원에서 적절하게 거주지에 관한 결정을 했다면, 이러한 결정은 당사자들을 구속하기 때문에 당사자들은 또 다른 관할법원으로부터 이와 모순되는 결정을 구할 수 없다." 이 판결에서 말하는 '완전한 신뢰와 신용' 조항이란, 각 주는 다른 주의 법령이나 재판절차를 승인하고 따라야 한다는 미국 연방헌법상의 의무에 관한 조항을 말한다.

Administration)' 또는 '2차적 관리권(Secondary Administration)'이라고 부른다.[35] 주된 관리권으로서의 주소지 관리권에 대비한 용어라고 이해된다. 이것은 피상속인의 주소지 관할법원에서 임명된 인격대표자는 그 관할권을 넘어 다른 주에 소재한 상속재산에 대해서까지 권한을 행사할 수 없다는 관념의 소산이자(Matter of Stern[36]), '지역 채권자(local creditor)'와 '지역 상속인(local successor)'을 보호하기 위한 조치이다.[37]

예컨대 Toledo Society for Crippled Children v. Hickok 사건[38]에서, 피상속인은 사망 직전에 오하이오주에 거주하면서 오하이오주를 비롯한 여러 주에 소재하는 자신의 부동산과 동산으로 구성된 유언신탁을 설정했다. 유언장에 따르면, 신탁수입을 생존한 아내와 자녀들에게 25년간 지급해야 하고, 그 후 잔여재산은 원고인 Toledo Society for Crippled Children을 비롯한 5개의 공익단체들에게 기증하도록 되어 있었다. 그런데 이러한 유증은 오하이오주법에 따르면 효력이 없었다. 당시 오하이오주법은 사망하기 1년 전에 행한 증여는 무효로 하고 있었기 때문이었다(이 법률에 대해서는 나중에 위헌판결이 선고되었다). 장애아동을 위한 공익단체인 원고는, 텍사스주에 소재한 토지에 관하여 유언장에 따른 권리를 얻기 위해 텍사스주에서 이 사건 소를 제기했다. 텍사스주에는 오하이오주와 같은 법령이 없었고, 텍사스주법의 적용을 받아 텍사스주에 소재한 토지에 관한 증여는 유효가 되었다.

b. 주식과 채권의 경우

주식의 경우에는 그 주식회사의 주된 사무소 소재지가 관할이라는 것이 통설이다(Albuquerque National Bank v. Citizens National Bank

---

35) Dennis R. Hower, supra 84-85.
36) Court of Appeals of New York, 696 N.E.2d 984 (1998). "뉴욕주의 유언검인법원은 뉴욕주 밖에 있는 상속재산에 대한 관할권을 가지지 않는다."
37) Elias Clark, supra 633.
38) Supreme Court of Texas, 261 S.W.2d 692 (1953).

In Abilene[39]). 피상속인의 채권의 경우에는 통상적으로 채무자의 주소지가 관할이다. 그러나 채무자가 연방정부인 경우에는 채권자의 주소지가 관할이다. 따라서 연방소득세 환급분은 피상속인의 주소지에서 지급된다(Diehl v. U.S.[40]).

c. 복수의 보조적 관리권 문제

이처럼 피상속인의 재산이 여러 주에 흩어져 있는 경우 각 재산이 소재한 주마다 관할권이 있기 때문에 각 주는 그 주에 소재한 상속재산에 대하여 각자 별개의 관리권을 획득할 수 있고, 검인절차를 진행할 수 있다. 보조적 관리권을 인정함으로써 '한 사람(피상속인)'의 상속과 관련하여 복수의 관할권이 발생하는 것이 비록 위에서 살펴본 '복수 주소지(multiple domicile)' 문제보다는 복잡하지 않지만, 여전히 낭비적인 것만은 사실이다. 또한 통일된 상속재산관리도 불가능해진다. 그리하여 많은 주에서는 "인격대표자는 자신이 지명된 관할권 밖에서는 권한이 없다"는 전통적인 원칙을 수정하는 법령을 시행하고 있다.[41]

이에 관한 대표적인 법령이 UPC이다. 즉 피상속인의 재산이 소재한 A주에서 'A주의 보조적 관리권(local administration)'이 이미 발생했거나 그것을 위한 신청이 제기된 상태가 아니라면, '피상속인의 주소지인 B주 관할법원에서 임명된 인격대표자(domiciliary foreign personal representative)'는 A주에 소재한 상속재산에 관하여 'A주의 인격대표자(local personal representative)'가 행사할 수 있는 모든 권한을 행사할 수 있고 A주에서 재판절차를 진행할 수 있다(§§4-204, 4-205). 따라서 모든 보조적 관할들이 UPC를 채택했거나 이와 유사한 입법을 했다면 피상속인의 사망당시 주소지가 아닌 다른 주에서 상속재산에 대한 관리가

---

39) United States Court of Appeals, Fifth Circuit, 212 F.2d 943 (1954).
40) United States Court of Appeals, Fifth Circuit, 438 F.2d 705 (1971).
41) Elias Clark, supra 633-635.

행해지는 것을 막을 수 있다.

E. 지속적 대리권(Durable Power of Attorney)

전통적인 대리권은 본인(의뢰인)에 의해 언제라도 자유롭게 철회될 수 있으며, 본인이 사망하거나 무능력한 상태가 되면 자동적으로 소멸된다. 이러한 대리권은 통상적으로 특정 물건을 사거나 파는 것 또는 일정한 기간 동안 특정 문제를 처리하는 것과 같이 어떤 제한된 목적을 달성하기 위해 수여된다.

그런데 현대의학의 발전으로 인해 본인이 사망에 임박하여 무능력한 상태로 생존하는 기간이 길어졌다. 이처럼 본인은 무능력해지고 대리권은 소멸함으로써 법적 공백이 장기화되는 것은 어느 모로 보나 바람직하지 않다. 본인이 무능력해진 경우에 이러한 문제를 해결하기 위해 과거에는 법원이 본인을 위해 '후견인(guardian)'이나 '재산관리인(conservator)'을 임명하는 것 외에는 달리 방법이 없었다. 그러나 이러한 방법은 시간과 비용이 많이 소요된다는 문제가 있었다. 그리하여 오늘날 거의 모든 주에서는 본인이 무능력해진 경우에도 소멸하지 않는 이른바 '지속적 대리권(Durable Power of Attorney)'을 인정하고 있으며, 이에 관한 통일법도 제정되었는데, 그것이 바로 「통일지속적대리권법(Uniform Durable Power of Attorney Act of 2006)」이다. 이 법률은 현재 대부분의 주에서 시행되고 있다.42)

지속적 대리권이 인정되는 경우 대리인의 권한은 본인이 사망하거나 대리권을 철회할 때까지 지속된다[통일지속적대리권법 §110(a), (b)]. 지속적 대리권이 인정되기 위해서는 이에 관한 본인의 의사를 명

---

42) Gordon Brown / Scott Myers, *ADMINISTRATION OF WILLS, TRUSTS AND ESTATES* (Fourth Edition), DELMAR, 264, 385 (2009).

시한 서면이 있어야 한다. 즉 그 서면에는 본인이 무능력해진 경우에
도 기존에 수여된 대리인의 권한이 효력을 유지하도록 하려는 본인의
의사가 명시되어 있어야 한다(통일지속적대리권법 §104). 그리고 일부
주에서는 그 서면이 증인에 의해 '인증(witness)'되거나 '공증(notarize)'
될 것을 요구한다.

　UPC도 지속적 대리권에 관한 규정을 두고 있다. 이에 따르면, 본
인이 무능력한 동안 지속적 대리권을 가진 대리인—이를 '지속적 대리
인(Durable Agent)'이라고 부른다—이 본인을 대리하여 한 행위는 본
인이 행위능력이 있는 때와 마찬가지로 효력을 가진다(§5-502). 본인
의 주소지 관할법원이 본인의 업무처리를 위해 후견인이나 재산관리
인을 임명한 경우, 지속적 대리인은 본인에 대해서 뿐 아니라 그 후견
인이나 재산관리인에 대해서도 책임이 있으며, 후견인이나 재산관리
인은 대리권을 철회하거나 수정할 수 있다[§5-503(a)].

　한편 아무리 지속적 대리인이라 하더라도 스스로 유언장을 만들
거나 기존 유언을 철회할 수는 없다. 이것은 본질적으로 본인만이 할
수 있는 행위로서 대리인이 할 수 있는 행위가 아니기 때문이다.[43]

---

43) 지속적 대리권과 무능력자의 재산관리에 관한 보다 자세한 내용은 William M.
　McGovern, "Trust, Custodianships, and Durable Powers of Attorney," 27 *Real
　Property, Probate & Trust Journal* 1-47 (1992); Karren E. Boxx, "The Durable
　Power of Attorney's Place in the Family of Fiduciary Relationships," 36
　Georgia Law Review 1-62 (2001) 참조.

Chapter 2

무유언상속법
(Intestate Succession)*

A. 일 반 론

　유언에 의해 처분되지 않은 재산이 있을 때, 그 재산은 무유언상속법에 따라 처리된다[UPC §2-101(a)]. 무유언상속이 일어나는 상황은 주로 ① 피상속인이 유언장을 작성하는 번거로움을 피하고자 할 때 ② 피상속인이 정신적, 육체적인 어려움으로 인해 유언장을 작성할 수 없을 때 ③ 유언장이 분실되거나 파괴되었을 때 ④ 형식적 하자 등을 이유로 유언장에 대한 유언검인이 거절되었을 때 ⑤ 피상속인이 전혀 유언에 관해 생각하지 않을 때 등이다.

　무유언상속법은 명확하고 이해하기 쉽게 규정되어야 한다. 그래야만 피상속인은 무유언상속법에 의존할 것인지 아니면 유언장을 작성할 것인지를 결정할 수 있다. 무유언상속에 관하여 각 주마다 세부적으로 매우 다양한 법령을 가지고 있지만, 전체적인 측면에서는 상당한 유사성을 띠고 있다. 미국의 무유언상속법은 가족구성원의 신분(자격)에 따라 고정된 지분을 허여한다. 대부분의 유언자들은 자신의 재산을 배우자와 가까운 혈족에게 남기기 때문에, 무유언상속법 역시 이러한 경향에 따른다. 즉 무유언상속은 일반적으로 피상속인의 배우자와 혈족으로 제한된다(이에 대한 예외가 양자이다). 전통적으로는 상속

---

* 국내 문헌 중에는 이를 '비(非)유언상속법'이라고 번역한 예도 있으나, 엄밀히 말해서 이것은 "유언이 아닌(non-testamentary)" 것이 아니라 "유언이 없는 (intestate)" 것이므로, '무유언상속법'이라고 하는 것이 보다 적합한 표현이라고 생각된다.

재산 중 일정 부분을 생존배우자를 위해 먼저 떼어 놓은 후 남는 부분을 피상속인의 자녀 또는 다른 혈족에게 우선순위에 따라 분배한다.[1] 뒤에서 설명할 UPC의 생존배우자에 관한 규정도 이와 같다.

혈족의 배우자와 배우자의 혈족은 상속에서 배제된다. 그러므로 사위나 며느리는 무유언상속을 받을 수 없다. 처남, 매부, 형수, 처제도 마찬가지이다. 입양되지 않은 의붓자식도 계부모로부터 무유언상속을 받을 수 없다(In re McLaughlin's Estate[2]). 혈족은 직계혈족(직계비속, 직계존속)과 방계혈족으로 구분된다. 피상속인과 그의 방계혈족은 서로 공통된 직계존속을 가지고 있어야 한다. 일반적으로 최근친 상속인이 선순위 상속인으로서 피상속인의 재산을 모두 상속하고, 그보다 먼 혈족은 후순위 상속인으로서 상속에서 배제된다.

무유언상속에 의한 재산의 이전은 피상속인이 사망했을 때 일어난다. 상속에 참가하기 위해서는 상속이 개시되었을 때 생존해 있어야 한다. 상속개시 전에 이미 사망한 사람에 의한, 또는 그 사람을 대신한 상속권의 주장은 허용되지 않는다. UPC에 따르면, 피상속인보다 120시간 이상 오래 살지 못한 사람은 상속에 있어서 피상속인보다 먼저 사망한 것으로 간주된다. 120시간 이상 오래 살았다는 점에 관한 명확한 증거가 없을 경우에는 120시간 이상 오래 살지 못한 것으로 간주된다(§2-104).

이와 같은 무유언상속법은 피상속인의 명시적인 유언에 의해 배제되거나 제한될 수 있다[UPC §2-101(b)].

---

1) Elias Clark, supra 55.
2) Court of Appeals of Washington, 523 P.2d 437 (1974). 그러나 일부 주의 무유언상속법은, 국고귀속을 피할 수 있는 '최후에 의지할 수 있는 자(a last resort)'로서 의붓자식에 의한 상속을 허용한다[Connecticut General Statute §45a-439 (a)(4); Ohio Revised Code §2105.06(J)].

B. 생존배우자(Surviving Spouse)

1. 무유언상속분(Intestate Share)

UPC 하에서 생존배우자는 최우선 상속인이다. 피상속인이 유효한 유언을 남기지 않고 사망한 경우 생존배우자의 무유언상속분은 다음과 같이 구분된다(§2-102).

① 피상속인에게 자녀도 없고 부모도 없는 경우, 또는 생존배우자가 피상속인과의 사이에서 낳은 자녀를 두고 있고 그 밖의 다른 자녀(피상속인의 의붓자식)는 없는 경우 : 생존배우자가 피상속인의 모든 재산을 상속받는다.[3]

② 피상속인에게 부모가 있고 자녀는 없는 경우 : 생존배우자가 상속재산으로부터 먼저 20만불을 상속받은 후 잔여재산의 3/4을 상속받는다. 나머지 1/4은 피상속인의 부모가 상속받는다.

③ 피상속인에게 생존배우자와의 사이에서 낳은 자녀가 있고 생존배우자가 피상속인의 자녀가 아닌 자녀(피상속인의 의붓자식)를 가진 경우 : 생존배우자가 상속재산으로부터 먼저 15만불을 상속받은 후 잔여재산의 1/2을 상속받는다. 나머지 1/2은 피상속인의 자녀가 상속받는다.

④ 피상속인이 생존배우자가 아닌 다른 사람과의 사이에서 자녀

---

3) 이처럼 피상속인과 생존배우자 사이에 태어난 자녀를 상속에서 배제한 것은, 이러한 경우에는 어차피 생존배우자가 자녀를 양육하고 나중에 그 자녀에게 재산을 남길 것이 분명하기 때문이다. 실제 미국에서 이루어진 여러 연구 결과에 따르면, 피상속인이 재산 전체를 생존배우자에게만 유증하는 경우가 많은데, 이것은 자녀에 대한 관심이 부족해서가 아니라 생존배우자가 자녀를 잘 돌볼 것이고 생존배우자가 사망하면 재산을 자녀에게 남길 것이라는 믿음에 근거한다고 한다. Marvin B. Sussman / Judith N. Cates / David T. Smith, *THE FAMILY AND INHERITANCE*, RUSSELL SAGE FOUNDATION, 83-120 (1970).

를 남긴 경우 : 생존배우자가 상속재산으로부터 먼저 10만불을 상속받은 후 잔여재산의 1/2을 상속받는다. 나머지 1/2은 피상속인의 자녀가 상속받는다.

한편 캘리포니아주와 같이 부부재산의 소유형태에 관하여 '공동재산법제(Community Property System)'를 취하는 법역에서는, 혼인기간 중에 취득한 재산은 원칙적으로 부부의 공동재산으로 보아 각자 1/2씩의 지분을 가지게 된다. 따라서 생존배우자는 상속재산 중 공동재산의 1/2은 자기 몫으로서 우선적으로 분배받게 되고, 피상속인의 몫인 나머지 1/2은 무유언상속분에 따라 승계하게 된다[UPC §2-102A(b)]. 공동재산법제에 관해서는 후술한다.

2. 배우자로서의 자격 유무

a. 사실혼(Common Law Marriage)

사실혼 관계에 있는 당사자 중 일방이 사망하면 생존한 사람은 생존배우자로서 상속분을 주장할 수 있는가? 현재 대부분의 법역에서 사실혼을 인정하지 않는다. 사실혼은 그 비형식성으로 인해 사기와 위증에 취약할 수밖에 없다는 점과, 혼인의 신성함을 약화시킨다는 점이 주된 이유였다. 오직 10개 주(앨라배마, 콜로라도, 아이오와, 캔자스, 몬태나, 오클라호마, 드아일랜드, 사우스캐롤라이나, 텍사스, 유타)와 워싱턴 D.C.에서만 아직 사실혼 계약의 유효성을 인정하고 있다.[4]

사실혼을 인정하는 법역 내에서도 유효한 사실혼으로 인정받기 위한 요건은 조금씩 차이가 있다. 그러나 사실혼을 인정하는 법역에서는 한결같이 당사자들이 남편과 아내의 관계를 개시하고 유지하는 데 동의할 것을 요구한다. 그리고 대부분의 법역에서 당사자들이 남편과 아내로서 공개적으로 동거할 것을 요구한다.[5] 앨라배마, 캔자스, 몬태

---

4) Lawrence W. Waggoner, supra, 3-4.

나주에서는 특히 당사자들이 혼인하는 데 합의할 것을 요구한다(In re Estate of Antonopoulos;[6] In re Estate of Hunsaker;[7]Adams v. Boan[8])。

연방헌법상의 '완전한 신뢰와 신용(Full Faith and Credit)' 조항[9]에 의해, 혼인이 이루어진 주의 법에 따라 그 혼인이 유효하다면 그 혼인 은 다른 주에서도 유효한 것으로 인정된다. 따라서 사실혼을 인정하는 주에서 유효한 사실혼으로 인정받은 경우에는 설사 그 후 사실혼을 인 정하지 않는 곳으로 이사를 하더라도 그 혼인은 유효한 것으로 볼 수 있을 것이다(대표적으로 뉴욕주의 경우 다른 주에서 유효하게 이루어진 사 혼을 인정하고 있다).

그러나 '주민(domiciliaries)'이 거주하는 주의 '금지조항(prohibitory rule)'을 피하기 위해 일시적으로 다른 주에 가서 혼인을 한 경우, 거주 하는 주는 혼인의 유효성을 인정하지 않는다. 이것은 탈법행위이기 때 문이다. 예컨대 켄터키주와 같이 사실혼 계약을 인정하지 않는 주에 사는 사람들이 사실혼을 허용하는 주에 가서 사실혼 계약을 체결한 후 다시 돌아와 사실혼 관계를 유지한 경우, 켄터키주 법원은 사실혼 관 계에 있던 일방 당사자의 배우자로서의 권리 주장을 배척했다(Vaughn v. Hufnagel[10])。

---

5) Sol Lovas, "When Is a Family Not a Family—Inheritance and the Taxation of Inheritance within the Non-Traditional Family," 24 *Idaho Law Review* 353 (1987).

6) Supreme Court of Kansas, 993 P.2d 637 (1999).

7) Supreme Court of Montana, 968 P.2d 281 (1998).

8) Supreme Court of Alabama, 559 So.2d 1084 (1990).

9) Article. IV. Section. 1. "Full Faith and Credit shall be given in each State to the public Acts, Records, and judicial Proceedings of every other State. And the Congress may by general Laws prescribe the Manner in which such Acts, Records and Proceedings shall be proved, and the Effect thereof."

10) Supreme Court of Kentucky, 473 S.W.2d 124 (1971). 이 사건에서 갑과 을은 사실혼 계약을 인정하지 않는 켄터키주에 살고 있었다. 그러던 어느 날 한밤중 에 사실혼을 허용하는 오하이오주(지금은 오하이오주도 사실혼을 인정하지 않

b. 가사동업관계(Domestic Partnership)

법적으로 혼인하지는 않고 동거하면서 공동으로 수입과 자금을 모으고 관리하며 비용을 함께 나누기로 하는 경우가 있다. 이를 '가사 동업' 또는 '가사조합'이라고 부른다(Domestic Partnership). 당사자들이 서로 남편과 아내로서의 관계를 맺는 것에 동의한 것이 아닌 한 이러한 가사동업관계는 사실혼으로서 취급될 수 없다. 따라서 대부분의 법역에서 이러한 관계를 상속법에 있어서의 혼인으로 취급하지 않는다. 그리하여 동거자 중 한 사람이 사망한 경우 생존 동거자는 피상속인의 재산에 대해 배우자로서 무유언상속권을 주장할 수 없다(Peffley-Warner v. Bowen[11]).

그러나 이처럼 동거자들 사이에 공동으로 자산과 부채를 관리하기로 하는 계약은 계약이론에 따라 집행력을 가질 수는 있다(Marvin v. Marvin[12]). 예컨대 남녀가 혼인은 하지 않고 동거하면서 공동으로 자산과 부채를 관리하기로 했는데 남자가 먼저 사망하거나 헤어지게 된 경우, 여자는 남자와의 동업계약을 근거로 하여 자신의 가사노동에 대한 보상을 청구할 수 있다(Morone v. Morone[13]). 사실혼을 인정하지 않

고 있다)에 가서 증인이나 결혼식도 없이 혼인에 관한 서약서만 상호 교환한 후 다시 켄터키주로 돌아와서 동거하면서 스스로를 남편과 아내로 인정하며 살았다. 그러다가 갑이 먼저 사망하자 을은 사실혼을 주장하며 켄터키주 법원에 상속재산관리인으로 지명해줄 것을 신청했다.

11) Supreme Court of Washington, 778 P.2d 1022 (1989). "혼인하지 않고 동거관계를 유지하던 생존 동거인에게 무유언상속에 관하여 아내와 동등한 지위를 인정할 수 없다."

12) Supreme Court of California, 557 P.2d 106 (1976). 명시적 계약뿐 아니라 묵시적 계약의 집행력도 인정하고 있다.

13) Court of Appeals of New York, 413 N.E.2d 1154 (1980). 이 사건은 혼인하지 않고 동거하던 남녀가 헤어지면서 여자가 남자를 상대로 자신의 가사노동에 대한 보상을 청구한 사건이다. 여자는 남자의 집에서 살면서 남자에게 가사노동을 제공해주기로 하는 '구두 조합계약(oral partnership agreement)'을 체결했다고 주장했다. 이에 대해 뉴욕주 대법원은 캘리포니아주 대법원과 달리 명시적

는 법역에서는 이러한 이론을 통해 사실혼 당사자를 구제할 수 있을 것이다. 그러나 일리노이주 법원은, 그러한 계약의 효력을 인정하는 것은 법률혼을 약화시킨다는 이유에서 구제를 부인하고 있다(Hewitt v. Hewitt[14]).

c. 추정배우자(Putative Spouse)

실제로는 혼인이 효력이 없었으나 그 혼인이 유효하다고 믿은 사람을 '추정배우자(Putative Spouse)'라고 한다. 추정배우자이론은, 유효한 혼인이라고 선의로 믿고 혼인을 한 사람의 재산상 이익을 보호하는 것을 목적으로 한다. 「통일혼인이혼법(Uniform Marriage and Divorce Act)」에 따르면, 추정배우자는 법률상의 배우자에게 부여하는 권리를 취득한다(§209). 그리고 제3차 재산법 리스테이트먼트에 따르면, 법령에 의해 배제되지 않는 한 추정배우자는 무유언상속을 위해 법률상의 배우자로 취급된다(§2.2 comment).

효력 없는 혼인을 한 추정배우자의 무유언상속권을 인정한 대표적인 판결이 Estate of Leslie 사건[15]이다. 이 사건에서 Fay Leslie는 첫 번째 남편인 Alton Smith와 이혼한 후 1972년에 William Garvin과 멕시코에서 재혼을 했다. 그러나 그 혼인은 멕시코법이 요구하는 대로 등록되지 않아서 무효였다. Leslie와 Garvin은 Leslie가 1981년에 유언 없이 사망할 때까지 9년간 남편과 아내로 함께 살았다. 그런데 Garvin은 Leslie가 사망한 후에야 자신들의 혼인이 무효라는 것을 알았다. 이

계약의 집행력만을 인정하면서 다음과 같이 판시했다. "수입과 자산에 관한 계약의 존재가 동거관계로부터 당연히 묵시적으로 인정되는 것은 아니지만, 혼인하지 않고 함께 사는 커플은 가사노동을 포함하는 개인적인 노무제공에 관하여 서로 계약을 체결할 수 있는 자유가 있다. 그리고 그러한 계약이 반드시 문서로 작성되어야 하는 것은 아니다."

14) Supreme Court of Illinois, 394 N.E.2d 1204 (1979).
15) Supreme Court of California, 689 P.2d 133 (1984).

에 대해 캘리포니아주 대법원은, Garvin은 추정배우자로서 피상속인
의 '개별재산(separate property)'에 대한 지분을 상속할 권리가 있다고
판결했다. 개별재산에 관하여는 후술한다.

C. 자 녀(Children)

1. 양 자(Adopted Children)

a. 친부모 및 양부모와의 상속관계

상속에 관한 한, 대부분의 주에서는 양자를 친부모의 자녀가 아닌
양부모의 자녀로 취급한다. 따라서 친부모측과의 관계는 단절되고 양
부모측과의 관계만이 남게 된다. 양자는 친부모측으로부터는 상속을
받을 수 없게 되는 것이다. 다만 친부모의 배우자에 의해 입양된 경우,
예컨대 어머니가 재혼한 후 계부로부터 입양된 자녀는 입양에 의해 어
머니와의 관계가 단절되는 것은 아니기 때문에 어머니와의 상속관계
도 유지된다. 이 경우 어머니도 자녀로부터 상속을 받을 수 있다. 그리
고 UPC에 의하면, 이 경우 그 자녀는 친아버지로부터 상속을 받을 권
리도 그대로 보유한다[§2-114(b)].[16] 그러나 친아버지가 그와 같이 입양
된 자신의 자녀로부터 당연히 상속을 받을 수 있는 것은 아니다. 친아
버지가 공개적으로 그 자녀를 자신의 상속인으로 취급했거나 그 자녀
에 대한 부양을 거절하지 않았던 경우에만 그 자녀로부터 상속을 받을
수 있다[§2-114(b)].

미성년자뿐 아니라 성년자도 입양될 수 있다. 성년자를 입양하는
목적은 일반적으로 그 양자에게 상속을 시키기 위한 것이다.

---

16) 플로리다주에서는 친어머니가 친아버지의 사망 이후에 재혼한 경우에만 양자
   가 친아버지의 혈족으로부터 상속을 받을 수 있는 것으로 하고 있다[Florida
   Statute §732.108(1)(b)].

b. 친조부모와의 상속관계

그렇다면 양자가 친조부모로부터는 상속을 받을 수 있는지 여부가 문제되는데, 이에 관한 중요한 판결이 In re Estate of Donnelly 사건[17]이다. 이 사건의 사실관계는 다음과 같다(아래 그림 참조[18]).

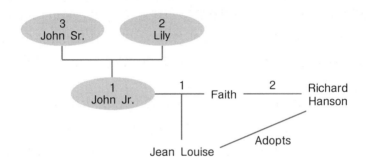

Estate of Donnelly

부부인 John Donnelly(John Sr.)와 Lily Donnelly에게는 Kathleen이라는 딸과 John Jr.라는 아들이 있었다. John Jr.는 Faith Louise와 혼인하여 1945년 10월에 Jean이라는 딸을 낳았다. 그런데 John Jr.는 Jean이 태어난 지 1년도 되기 전인 1946년 7월에 사망했다. 아내였던 Faith는 1948년 4월에 Richard Hansen과 재혼했고, Richard는 그 해 11월에 Faith의 동의를 얻어 Jean을 입양했다. Jean은 Faith와 Richard의 딸로서 그들과 함께 살았고, 혼인할 때까지 Hansen이라는 성을 유지했다. Jean의 할머니인 Lily는 1964년 10월에 사망하면서 그녀의 모든 재산을 남편인 John Sr.에게 남겼다. John Sr.는 1970년 9월에 사망하면서 유언을 남겼는데, 그 유언은 이미 사망한 아내 Lily에게 전 재

---

17) Supreme Court of Washington, 502 P.2d 1163 (1972).

18) 이 그림은 서던캘리포니아대학교(USC) 로스쿨에서 Gifts, Wills and Trusts 강의를 담당하고 있는 Reynolds T. Cafferata 교수의 강의안에서 발췌한 것이다.

산을 준다는 내용으로서 효력이 없었다. John Sr.의 딸인 Kathleen이 상속재산관리인이 되었고, 상속인을 결정하기 위한 신청서를 제출했다. 이 신청서에서 그녀는, John Sr.의 딸로서 자신만이 유일한 상속인이고 Jean은 입양되었기 때문에 상속에서 배제되어야 한다고 주장했다.

1심법원은 "Jean은 John Jr.의 딸이자 John Sr.의 손녀로서 상속재산의 1/2을 상속받을 권리가 있고, Kathleen은 John Sr.의 딸로서 나머지 1/2을 상속받을 권리가 있다"라고 판결했다. 이에 대해 Kathleen이 항소했으나, 항소심 역시 1심판결을 그대로 유지했다. Kathleen은 상고했고, 워싱턴주 대법원은 항소심 판결을 파기하고 Kathleen이 John Sr.의 유일한 상속인임을 인정했다. 주요 판시내용은 다음과 같다.

"양자는 친부모의 상속인으로 간주되지 않는다는 것이 법률의 규정이다(RCW 11.04.085). 따라서 양자는 무유언상속법에 따라 친부모의 재산을 상속받을 수 없다. 그런데 양자가 친부모를 대습하여 친조부모로부터 상속을 받을 수 있는지 여부에 관하여는 법률이 침묵하고 있다. 그러나 과거의 끈을 모두 단절시키고 양자를 양부모의 친자처럼 취급함으로써 양자가 '신선한 출발(fresh start)'을 할 수 있도록 해야 한다는 것이 우리 입양법의 기본정신이자 입법목적이므로, 친부모뿐 아니라 친조부모와의 관계도 단절된다고 보는 것이 타당하다. 따라서 Jean은 친부인 John Jr.를 대습하여 친조부인 John Sr.의 재산을 상속할 수 없다."[19]

그런데 이 사건은 일반적인 입양이 아닌, 어머니의 배우자에 의한

---

19) 이 판결에 대해서는, 법령이 양자가 친조부모로부터 상속받는 것을 명시적으로 금지하고 있지 않다는 이유로 Jean의 상속권을 인정해야 한다는 4인의 대법관들의 반대의견이 있었다. 특히 반대의견을 작성했던 Hale 대법관은 다수의견에 다음과 같은 문제점이 있음을 지적했다. "만약 이 사건에서 Kathleen이 존재하지 않고 Jean이 John Sr.의 생존한 유일한 직계비속이었다면, John Sr.의 모든 재산은 주에 귀속되게 된다. 그러나 그와 같이 상속재산을 몰수하는 것이 입법자가 의도한 바도 아닐 것이고 Jean에게 '신선한 출발(fresh start)'의 기회를 주는 것도 아닐 것이다."

입양이었으므로, 만약 이 사건 당시 워싱턴주가 UPC §2-114(b)를 채택했었더라면 판결의 결과는 달라졌을 것이다.

c. 사실상의 입양(Virtual Adoption)

공식적으로 입양을 하지는 않았지만 다른 사람의 자녀를 데려다 자기 자식처럼 기르는 경우가 있다. 이러한 경우 길러준 부모를 '수양부모(foster parents)'라고 부르고 수양부모에 의해 길러진 아이를 '수양자녀(foster child)'라고 부른다. 일반적으로 친부모의 친족이나 친구가 수양부모의 역할을 하는 경우가 많다. 친자도 아니고 양자도 아닌 경우에는 법률상 자녀가 아니기 때문에 무유언상속권이 없는 것이 원칙이다. 따라서 수양자녀는 입양되지 않는 한 수양부모로부터 무유언상속을 받을 수 없다. UPC도 '자녀(Child)'의 범위에서 '의붓자녀(stepchild)'와 수양자녀를 배제하고 있다[§1-201(5)].

그러나 이처럼 형식적인 입양절차를 따르지는 않았지만 사실상 양자로서 기른 경우, 그 수양자녀로 하여금 양자와 마찬가지로 수양부모의 재산을 상속받을 수 있도록 해야 한다는 관념이 '형평법적 입양(Equitable Adoption)' 내지는 '사실상의 입양(Virtual Adoption)' 이론이다. 현재 약 절반 이상의 법역에서 이 이론을 인정하고 있지만, 상당수의 법역에서는 여전히 이것을 인정하지 않고 있다.[20]

사실상의 입양을 인정하는 법역에서 사실상의 입양으로 인정받기 위해서는, ① 친부모와 수양부모 사이에 입양을 위한 명시적 또는 묵시적 합의가 있어야 하고, ② 친부모가 양육권을 포기해야 하며, ③ 수양자녀가 수양부모의 집에서 수양부모와 함께 살아야 하고, ④ 수양부모가 수양자녀를 양자로서 취급해야 한다. 이러한 요건들이 명백하고 설득력 있는 증거에 의해 증명될 경우, 수양자녀는 수양부모의 재산을 상속받을 수 있는 권리를 취득하게 된다(Lankford v. Wright[21]).

---

20) Lawrence W. Waggoner, supra 3-25.

이 요건들 중 실제 사안에서 가장 많이 문제가 되는 것이 '입양을 위한 합의(agreement to adopt the child)'의 존부이다. 실제로 수양자녀의 상속권이 부인된 사건들의 대부분은 이 요건을 입증하지 못했기 때문이었다(Urick v. McFarland[22]; O'Neal v. Wilkes[23]). 사실상의 입양의 경우에 이러한 합의의 존재를 입증한다는 것은 현실적으로 어려운 일이기 때문에, 이 요건을 명시적으로 포기한 법원도 있다(웨스트버지니아주).[24]

한편 캘리포니아주에서는 ① 수양자녀(또는 의붓자녀)가 미성년자일 때 사실상의 입양이 개시되었고, ② '법적 장애만 없었더라면(but for a legal barrier)' 수양부모가 그 수양자녀를 입양했었을 것이라는 점이 명백하고 설득력 있는 증거로 증명되면, 수양자녀에게 상속권을 인정한다(California Probate Code §6454). 입양에 대하여 친부모가 동의하지 않은 경우가 바로 법적 장애의 대표적인 예일 것이다. 그런데 수양자녀가 미성년일 때 친부모가 입양에 동의하지 않아서 입양을 하지 못했지만 그 후 수양자녀가 성년이 된 경우에는 어떻게 되는지에 관하여 그 동안 많은 논란이 있었다. 이에 대해 캘리포니아주 대법원은, 일단 수양자녀가 성년이 되고 나면 입양을 할 수 있기 때문에 '법적 장애' 요건은 충족되지 않는다고 결론을 내렸다(Estate of Joseph[25]).

사실상의 입양으로 인정될 경우 수양자녀는 수양부모의 재산을 상속받을 수는 있지만 수양부모의 친족의 재산을 상속받지는 못한다는 것이 일반적인 판례이다. 그리고 수양부모는 수양자녀의 재산을 상속받지 못한다(Board of Education v. Browning[26]; Estate of Furia[27]). 이

---

21) Supreme Court of North Carolina, 489 S.E.2d 604 (1997)

22) District Court of Appeals of Florida, 625 So.2d 1253 (1993).

23) Supreme Court of Georgia, 439 S.E.2d 490 (1994).

24) Elias Clark, supra 85.

25) Supreme Court of California, 949 P.2d 472 (1998).

26) Supreme Court of Maryland, 635 A.2d 373 (1994).

처럼 수양자녀와 달리 수양부모의 상속권을 부인하는 이유는, 공식적인 입양절차를 취하지 않은 것은 수양부모의 잘못이며, 수양부모에게 상속권을 인정할 경우 입양제도가 형해화될 위험이 높기 때문이다.

2. 혼외자(Nonmarital Children)

a. 혼외자에 대한 차별

Common law에서는, '혼외자(nonmarital children)' 또는 '사생아(illegitimate children)'는 "누구의 아이도 아닌 아이(filus nullis, the child of no one)"로 간주되어 부모를 비롯한 어떤 직계존속이나 방계혈족으로부터도 상속을 받을 수 없었다. 혼외자의 유일한 혈족은 자신의 직계비속뿐이었다. 부모의 혼인 중에 태어난 아이는 설사 혼인 전에 포태되었을지라도 적출자로 간주되었지만, 부모의 혼인 전에 태어난 아이는 그 후 부모가 혼인했더라도 적출자로 인정되지 않았다.[28]

1970년대까지도 많은 주법들이 혼외자의 상속권을 제한했다. 일반적으로 혼외자와 어머니(및 모계혈족)와의 상속관계는 인정했지만, 아버지(및 부계혈족)와의 상속관계는 원칙적으로 인정하지 않았다. 이러한 차별적인 법령들에 대하여 연방대법원이 위헌심사에 들어갔다. 이에 관한 대표적인 판결이 1977년 Trimble v. Gordon 사건[29]이다. 이 사건에서 위헌심사의 대상이 된 법령은 일리노이주법이었다. 당시 일리노이주법은, 혼외자가 어머니로부터 상속을 받을 권리는 인정했지만, 아버지로부터 상속을 받을 권리는 오직 부모가 혼인하고 아버지가 그 혼외자를 인지한 경우에만 인정하고 있었다. 이 사건에서 피상속인인 Sherman Gordon은 사망하기 전에 공개적으로 혼외자인 Deta Mona Trimble을 자신의 아이로 인지했고 Deta Mona를 부양했다. 그

---

27) Court of Appeals of California, 126 Cal.Rptr.2d 384 (2002).

28) Elias Clark, supra 88.

29) Supreme Court of the United States, 430 U.S. 762 (1977).

러나 Deta Mona의 어머니인 Jessie Trimble과 혼인하지는 않았다. 때
문에 Deta Mona는 피상속인으로부터 상속을 받을 수 없게 되었다. 연
방대법원은 이 법령이 헌법상의 평등보호원칙에 위반되어 위헌이라고
결정하면서 다음과 같이 판시했다.

"혼외자에 대한 차별은 '엄격한 심사기준(Strict Scrutiny Test)'을 적용해
야 하는 '의심스러운 차별(Suspect Classification)'은 아니지만,30) '중요
한 공익(important state interest)'과 '실질적으로(substantially)' 관계가
있어야 한다.31) 이 사건 일리노이주법의 목적은, 부성에 대한 신빙성
있는 증거를 획득하는 것이라고 인식된다. 그러나 혼외자가 아버지로
부터 상속받을 권리를 박탈하는 것은 이러한 목적과 실질적으로 관계가
없다."32)

이 판결의 선고는, 역사적으로 오랫동안 심한 차별을 받아온 혼외
자에게 상속에 있어서의 평등권을 선언한 기념비적인 사건이었다. 그
런데 이 판결이 선고된 지 불과 1년 뒤에 연방대법원은 혼외자 보호에
서 오히려 퇴보한 결정을 하게 된다. Lalli v. Lalli 사건33)이 그것이다.

---

30) 의심스러운 차별은, 인종차별과 같이 차별 그 자체가 정당하지 않다는 강한 의
심을 받게 되는 차별이다. 따라서 이러한 차별이 정당화되기 위해서는 '강력한
공익 목적(compelling government interest)'이 있어야 하고, '보다 덜 침해적인
대안(less restrictive alternative)'이 없어야 한다.
31) 이러한 차별을 '의심스러운 차별에 준하는 차별(Quasi-Suspect Classification)'
이라고 부르는데, 이러한 차별이 평등보호원칙에 위반되는지 여부를 심사하는
기준은 '중간 심사기준(Intermediate Scrutiny Test)'으로서 차별이 '중요한 공익
목적(important government interest)'과 실질적으로 관계가 있으면 정당성이
인정된다. 이러한 차별에 해당되는 대표적인 예가 '성별(gender)'에 의한 차별
과 '적출여부(legitimate or illegitimate)'에 의한 차별이다.
32) 이 판결문은, 사법 온건주의자이자 조정과 화해의 대가였던 Lewis F. Powell 대
법관이 작성했다.
33) Supreme Court of the United States, 439 U.S. 259 (1978).

이 사건에서 위헌심사의 대상이 되었던 것은 뉴욕주법이었다. 당시 뉴욕주법은, 혼외자가 아버지로부터 상속을 받기 위해서는 "혼외자 출생 후 2년 이내에 제기된 소송에서 아버지가 생존한 동안 부성을 인정하는 법원의 결정이 있어야 한다"고 규정하고 있었다. 그런데 이 사건에서 피상속인은, 혼외자를 공개적으로 인지하고 부양했지만 그가 생존해 있는 동안 부성에 관한 법원의 결정을 얻지는 못했다. 연방대법원은 Trimble 사건과 달리 Lalli 사건은 차별을 정당화하는 중요한 공익— "상속재산의 공정하고 질서정연한 분배"—이 존재하고 뉴욕주법은 이러한 공익과 실질적으로 관계가 있다—"뉴욕주법은 부모가 혼인할 것을 요구하지 않고 단지 신빙성 있는 증거확보를 위해 아버지가 생존해 있는 동안 법원의 부성 결정을 요구하고 있을 뿐이다."—고 하면서 뉴욕주법은 헌법에 위반되지 않는다고 결정했다.[34]

이처럼 짧은 시간 내에 상반되는 판결이 나온 것은, 혼외자에 대한 인식의 전환이 얼마나 어려운지를 단적으로 보여주는 예라고 생각된다. 그렇지만 결국 Trimble v. Gordon 판결의 영향으로 인하여 혼외자를 차별했던 많은 주법들이 개정되었고, 혼외자들은 적출자들과 동등하게 그들의 아버지로부터 상속을 받을 수 있게 되었다.[35]

b. 부성의 추정(Presumption of Paternity)

오늘날 무유언상속법은 적출자와 혼외자 사이의 명시적인 차별을 하지 않는다.[36] 혼외자의 상속에 어떠한 장애가 있다면 그것은 보통 '부성(paternity)' 입증의 어려움 때문이다. 그리하여 1973년에 공포된 「통일친자법(Uniform Parentage Act)」과 2000년의 개정 통일친자법은

---

34) 그러나 당시 이러한 다수의견(5인)에 대해서는 강력한 반대의견(4인)이 있었다.

35) Trimble 사건에서 위헌결정을 받은 일리노이주법뿐 아니라 Lalli 사건에서 합헌 결정을 얻었던 뉴욕주법도 혼외자를 차별하지 않는 방향으로 개정되었다(Elias Clark, supra 91).

36) UPC도 다음과 같이 규정하고 있다. "사람은 '친부모의 혼인 여부와 상관없이' 친부모의 자식이다[§2-114(a)]."

부성 입증을 용이하게 하기 위한 몇 가지 추정을 하고 있다. 즉 다음과 같은 경우에 남자는 혼외자의 아버지로 추정된다(§§204, 301-305).

① 혼외자의 어머니와 혼인하고 그 혼외자가 혼인 중에 또는 혼인 해소 후 300일 이내에 태어난 경우

② 혼외자의 출생 후 2년 동안 혼외자와 같은 집에서 살면서 그 아이를 자신의 아이라고 공개적으로 인정한 경우

③ 서면에 의해 혼외자를 인지하고 그 서면이 부모에 의해 서명된 후 출생신고를 담당하는 행정기관에 의해 수리된 경우

위와 같이 아버지로 추정되는 사람이 있는 경우, 부성 입증을 위한 소송은 혼외자의 출생 후 2년 이내에 제기되어야 한다. 그러나 아버지로 추정되는 사람이 없는 경우, 혼외자는 언제라도 부성 입증을 위한 법적 절차를 진행할 수 있다(§§606, 607). 그리고 법원은 혼외자와 혼외자의 아버지로 지목된 사람, 또는 필요한 경우 다른 친족들의 유전자 검사를 명할 수 있다(§§501-511). 심지어 이미 사망한 사람에 대한 유전자 검사를 시행하는 경우도 있다(§509).

c. 혼외자로부터의 상속

많은 법령들은, 설사 부성이 입증되더라도 아버지가 혼외자를 자신의 아이로 공개적으로 인정하거나 그 아이를 부양하거나 하지 않았다면 아버지 또는 부계혈족이 혼외자로부터 상속받는 것을 금지하고 있다. UPC §2-114(c)와 'New York Estates, Powers and Trusts Law(이하에서는 N.Y. EPTL 이라고 약칭한다)' §4-1.4가 대표적인 예이다. 또한 대부분의 법원들도 이와 같은 입장을 표명해왔다. 예컨대 In re Estate of Ford 사건37)에서, 혼외자였던 Hattie Ford의 아버지는 Hattie가 자신의 아이임을 공개적으로 인정하지 않았고, 어머니와 외할머니가 Hattie를 길렀다. 법원은 Hattie의 부계혈족이 Hattie로부터 상속받을

---

37) Supreme Court of Mississippi, 552 So.2d 1065 (1989).

권리가 없다고 판결했다.

특히 UPC는 아버지와 부계혈족뿐 아니라 어머니와 모계혈족도 동일하게 규정하고 있다. 즉 어머니가 혼외자를 자신의 아이로 공개적으로 인정하거나 그 아이를 부양하거나 하지 않은 경우, 어머니 또는 모계혈족이 혼외자로부터 상속받는 것을 금지하고 있다[§2-114(c)]. 부모가 부모로서의 의무를 위반한 경우에는 그 자녀로부터 상속을 받을 자격이 없다는 정의관념의 표현이다. 이것은 일종의 상속결격(장애)사유로 볼 수도 있다.

3. 유복자(Posthumous Children)

a. 출생추정

유복자라 함은, 아버지의 사망 전에 포태되고 아버지의 사망 후에 출생한 아이를 말한다. 상속인으로서의 자격을 얻기 위해서는 피상속인의 사망시에 생존해 있어야 하므로 피상속인의 사망시에 아직 태어나지 않은 경우에는 원칙적으로 상속을 받을 수 없다. 그러나 이러한 결론은 유복자에게 대단히 불합리하기 때문에, 유복자가 살아서 태어난 경우에는 피상속인의 사망시에 이미 태어난 것으로 취급하는 것이 일반적이다. 재산법 분야에서는, 결국 살아서 태어난 아이(태아)에게 이익이 되는 경우에는 언제라도 그 태아를 이미 태어난 것으로 취급하는 것이 일반원칙인데, 상속법 분야에서 이 원칙을 적용한 것이다. 그런데 일부 주에서는 이러한 출생추정을 피상속인의 직계비속에 대해서만 적용하고 방계혈족에 대해서는 실제로 태어났어야만 상속권을 인정하기도 한다. Common law에서는 잉태로 추정되는 기간을 280일로 한다. 따라서 상속개시 후 280일 이내에 태어난 아이는 상속개시 당시에 이미 태어난 것으로 추정된다.[38] 물론 이러한 추정은 반증에

---

38) Elias Clark, supra 95.

의해 복멸될 수 있다.

b. 피상속인의 사후에 잉태된 경우

현대의학의 발전으로 인해 남자가 자신의 정자를 정자은행에 보관해 놓고 나중에 그 정자를 이용하여 자식을 낳는 일이 가능해졌다. 그리하여 아내가 남편이 사망한 후 미리 보관해 두었던 남편의 정자를 이용해서 임신하고 아이를 낳는 경우도 생겼다. 이러한 경우는 전통적인 의미에서의 유복자는 아니다. 이러한 아이에게도 피상속인의 재산을 상속받을 수 있는 권리를 인정할 수 있을까? 이 문제에 대한 사법부의 대답이 Woodward v. Commissioner of Social Security 사건[39]에 관한 메사추세츠주 대법원의 판결이다. 이 사건의 사실관계는 다음과 같다.

부부인 Warren Woodward와 Lauren Woodward(원고)는 혼인 후 3년 6개월 뒤인 1993년 1월경에 남편인 Warren이 백혈병에 걸린 사실을 알았다. 이들 부부 사이에는 아직 자녀가 없었다. Warren이 백혈병 치료수술을 받으면 불임이 될 수도 있다는 의사의 충고를 듣고서, 부부는 Warren의 정자를 정자은행에 보관해 두었다. 그리고 나서 Warren은 골수이식수술을 받았는데 수술은 성공하지 못했다. Warren은 1993년 10월에 사망했고, 아내인 Lauren이 상속재산관리인으로 지명되었다. Lauren은 1995년 10월에 Warren의 정자를 이용하여 쌍둥이 딸을 낳았다. Lauren은 1996년 1월에 '사회보장연금(Social Security)'을 신청했다.[40] 그러나 '사회보장국(Social Security Administration)'에서

---

39) Supreme Judicial Court of Massachusetts, 760 N.E.2d 257 (2002).

40) 미국의 「사회보장법(Social Security Act)」에서는, 사회보장보험에 가입한 사람이 사망한 경우 생존배우자와 미성년 자녀들을 위해 '유족연금(survivor benefit)'을 지급한다. 그런데 유족연금을 받을 수 있는 생존배우자와 미성년 자녀들의 확정은 무유언상속법에 따른다. 따라서 유족연금을 받기 위해서는 우선 연금신청자가 사망한 보험가입자의 상속인이라는 점이 입증되어야 한다.

는 쌍둥이가 사망한 Warren의 딸이라는 증명이 없다는 이유로 Lauren의 신청을 거부했다. 이에 Lauren은 '사회보장국장(commissioner)'의 결정을 취소해달라는 취지의 이 사건 소를 제기했다. Lauren은 쌍둥이와 Warren 사이에 유전적 관계가 있으므로 Warren의 상속인이 될 수 있다고 주장했고, 사회보장국(정부)에서는 쌍둥이가 Warren의 사망시에 '존재(in being)'하지 않았으므로 쌍둥이를 메사추세츠주법에 따라 Warren의 자녀라고 볼 수 없고 따라서 Warren의 상속인이 될 수 없다고 반박했다.

이에 대해 메사추세츠주 대법원은, 유전적 관계만 입증되면 언제나 상속권이 인정되어야 한다는 원고의 주장도 옳지 않고, 자녀가 피상속인의 사망시에 존재하지 않으면 언제나 상속권이 인정될 수 없다는 피고의 주장도 옳지 않다고 하면서 이 분야에 관한 한 향후 교과서적 지침이 될 중요한 판시를 남겼다. 판결문이 워낙에 복잡하고 분량이 방대한 관계로 판시사항을 다음과 같이 임의로 편집해서 요약한다.

① 메사추세츠주 무유언상속법은 단지 '사후에 태어난 아이(posthumous children)'라고만 규정하고 있을 뿐이지 사망시에 '자궁(utero)' 안에 존재해야 한다고 규정하고 있지 않다. 따라서 피상속인의 사망시에 아이가 잉태해 있어야 한다는 것은 법률해석상 필연적인 해석이 아니다. 한편 '성교(coitus)'로부터 분리된 생식행위를 통한 사후 출산은 무유언상속법의 목적 및 이미 기존에 확립된 이해관계들과 배치될 수 있는 다양한 문제들을 야기한다. 따라서 유전적으로 관계가 있다고 해서 언제나 무제한적으로 상속권을 인정할 수는 없다.

② 이 문제와 관련해서는 고려해야 할 세 가지 중요한 이익이 존재한다. 첫째는 아이의 이익인데 이것이 최우선적인 이익이다. 우리 입법부는 그 동안 기술적인 생식의 다양한 형태들을 적극적으로 지지해 왔고, 사후에 태어난 아이의 범위를 좁히는 방향으로 법을 제정하

지 않았다. 따라서 입법부가 과거에는 불가능했던 방식으로 태어난 아이에게서 다른 아이들에게는 인정되는 권리를 박탈하려고 했다는 주장은 부당하다. 둘째는 상속재산을 질서정연하게 관리하려는 '주(state)'의 이익이다. 더 많은 사람들에게 상속권을 부여하는 것은 상속인들 사이에 더 많은 분쟁을 야기한다. 상속문제를 조기에 해결하기 위해서는 조기에 상속인을 특정해야 하고 이를 위해서는 상속권 주장에 대한 시간제한이 필요한 것이다. 셋째는 유전적인 부모의 생식에 관한 선택권이다. 생식은 '진정성(integrity)'이 있어야 하고 강요된 생식은 법의 보호를 받지 못한다. 피상속인의 침묵이나 애매한 암시는 생식에 관한 동의로 해석될 수 없다. 정자를 은행에 보관해 두었다는 사정만으로는 사후 생식에 관한 동의로 이해하기에 부족하다. 자신이 생존해 있는 동안에 인공적인 생식을 위해 정자를 보관해 둘 수도 있기 때문이다.

③ 위와 같은 세 가지 중대한 이익을 모두 고려할 때, 피상속인의 사후에 잉태된 아이는 제한된 조건하에서만 피상속인의 자녀로서 상속권을 향유할 수 있다고 해야 한다. 여기서 제한된 조건이라 함은, 첫째, 생존한 부모 또는 그 아이의 법정대리인이 그 아이와 피상속인 사이의 유전적 관계를 입증하고, 둘째, 피상속인이 생전에 '자신의 사후에 자녀를 잉태하는 것'과 '그 자녀의 부양'에 적극적으로 동의했다는 사실을 입증해야 한다는 것이다. 그리고 그러한 조건이 모두 충족될지라도, 생존한 부모가 태어날 아이를 대리하여 아이의 상속권을 주장하는 것은 시간제한에 걸릴 수 있다.

④ 원고가 위와 같이 잉태와 부양에 관한 남편의 동의를 입증할 수 있다면 원고의 자녀들을 위한 사회보장연금을 청구할 수 있다. 그러므로 이 사건을 해결하기 위해서는 잉태와 부양에 관한 남편의 동의 여부를 확인하는 것이 필수적이므로 이를 위해 이 사건을 사실심 법원으로 환송한다.

이 판결은 피상속인의 사후에 잉태된 아이의 상속권에 관한 선도적인 판결로서 매우 의미가 크다. 이 문제에 관한 기존의 선례가 어디에도 없었기 때문에 메사추세츠주 대법원은 판결문 작성과 관련하여 대단히 고심을 하고 심혈을 기울였다고 한다.[41]

사후에 잉태된 아이의 상속권을 시간적으로 제한한 대표적인 법률이 캘리포니아주법이다. 이에 따르면, 피상속인의 사망 후 2년 이내에 자궁 안에 존재해야만 상속권을 주장할 수 있다(California Probate Code §249.5).

c. UPC 개정안

UPC는 사후에 잉태된 아이의 상속에 관하여 아주 단순한 규정을 두고 있다. 즉 UPC §2-108은 "어떤 시점에 잉태된 아이는 그 아이가 태어난 후 120시간 이상 생존한다면 그 잉태된 시점에 태어난 것으로 취급한다"고 규정하고 있다. 그러나 UPC 개정안은 이 문제에 관하여 상당히 자세한 규정을 마련했다. 즉 개정안에 따르면, 다음과 같은 요건이 충족될 경우 사후에 잉태된 아이는 피상속인의 자녀로서 무유언상속법에 따라 상속을 받을 수 있다.

① 아이가 출생한 후 120시간 이상 생존할 것
② 피상속인이 제공한 정자 또는 난자로 아이가 만들어졌을 것
③ 친권이 소멸되지 않을 것
④ 피상속인이 문서로써 사후 잉태에 관한 동의를 했을 것
⑤ 상속재산의 분배가 종료되기 이전에 그리고 피상속인이 사망한 후 3년 이내에 아이의 법적 상태를 결정하는 사법절차가 시작될 것

위와 같은 요건들이 모두 충족되면, 피상속인의 재산 중 일정 부

---

41) 이 사건의 판결문은 Margaret Hilary Marshall 대법원장이 직접 작성했다. 그녀는 메사추세츠주 대법원 역사상 최초의 여성 대법원장으로서, 1999년부터 2010년까지 대법원장으로 재직하다가 은퇴했다(Wikipedia).

분을 사후 잉태된 아이를 위해 떼어 놓는다. 42)

D. 부 모(Ancestors)

1. 무유언상속분

UPC 하에서 피상속인의 부모의 무유언상속분은 다음과 같다.
① 피상속인이 배우자와 직계비속을 남기지 않은 경우 : 부모는
피상속인의 재산 전부를 상속받는다. 부모가 모두 생존한 경우
그들 사이에서의 상속분은 동등하다[§2-103(2)].
② 피상속인이 직계비속은 남기지 않고 생존배우자만 남긴 경우 :
생존배우자가 상속재산으로부터 먼저 20만불을 상속받은 후
잔여재산의 1/4을 피상속인의 부모가 상속받는다. 나머지 3/4
은 생존배우자가 상속받는다[§2-102(2)].
UPC는 상속을 받을 수 있는 직계존속의 범위를 조부모까지로 제
한하고 있다. 즉 피상속인이 생존배우자, 직계비속, 부모, 부모의 직계
비속을 모두 남기지 않은 경우에는 조부모가 상속을 받는다. 이 경우
상속재산의 1/2은 부계혈족(피상속인의 친조부모)으로 넘어가고, 나머
지 1/2은 모계혈족(피상속인의 외조부모)으로 넘어간다[§2-103(4)].

2. 상속의 제한

부모가 친권자로서 자녀에 대한 보호와 부양의무를 다하지 않고
자녀를 포기한 경우에도 그 자녀로부터 상속을 받을 수 있는지의 문제
는, 주로 그 자녀가 불의의 사고로 사망하고 그로 인한 사망보상금 내

---

42) Ronald Chester, "Posthumously Conceived Heirs under a Revised Uniform
Probate Code," 38 *Real Property, Probate and Trust Law Journal* 727 (2004).

지 손해배상금이 나왔을 때 발생한다. 이 문제에 관하여 UPC는, 부모가 그 자녀를 공개적으로 자신의 자녀로 취급하지 않거나 그 자녀에 대한 부양을 거절한 경우에는 그 자녀로부터 상속을 받을 수 없다고 규정하고 있다. 이 경우 부모뿐 아니라 부모의 친족도 상속으로부터 배제된다[§2-114(c)]. N.Y. EPTL도 이와 유사한 규정을 두고 있다(§4-1.4).

이처럼 부모가 자녀를 포기하거나 부양을 거절한 경우에 부모의 상속권을 부인하는 법역은 있지만, 부모가 자녀를 학대했다는 이유로 부모의 상속권을 부인하는 법역은 아직까지 없는 것으로 보인다.[43] 그러나 부모가 미성년 자녀를 육체적, 정신적으로 학대했다는 사실이 입증된 경우에는 부모의 상속권을 제한해야 한다는 주장이 강하게 제기되고 있다.[44]

E. 방계혈족(Collaterals)

1. 공통조상주의(Parentelic System)와 촌수주의(Degree-of-Kinship System)

피상속인이 생존배우자, 직계비속, 부모를 모두 남기지 않은 경우에는 방계혈족이 상속을 받게 된다. 그런데 이 경우 방계혈족 중에서도 누구에게 우선권이 있는지에 관하여 두 가지 대립되는 제도가 있다. 피상속인과 가까운 공통의 직계존속을 가진 방계혈족에게 우선권을 주는 '공통조상주의(Parentelic System)'와, 피상속인과 촌수가 가까운 방계혈족에게 우선권을 주는 '촌수주의(Degree-of-Kinship System)'

---

43) Lawrence W. Waggoner, supra 2-19.
44) Robin L. Preble, "Family Violence and Family Property: A Proposal Reform," 13 *Law & Inequality Journal* 401 (1995).

가 있다.

공통조상주의는 '피상속인의 부모의 비속(제1순위 방계혈족, first-line collaterals)'을 '피상속인의 조부모의 비속(제2순위 방계혈족, second-line collaterals)'보다 상속에 있어서 더 우위에 둔다. 예를 들어, 피상속인이 생존배우자나 직계혈족은 남기지 않고 방계혈족으로서 고모와 '종손(從孫, 조카의 자녀)'이 있는 경우, 촌수로는 고모는 3촌이고 종손은 4촌이 된다. 따라서 촌수주의에 따르면 고모가 우선권을 가진다. 그러나 공통조상주의에 따르면, 피상속인과 고모의 공통 조상은 조부모이지만 피상속인과 종손의 공통 조상은 부모이므로 종손이 우선권을 가지게 된다(아래 도표 참조45)). 만약 공통조상이 같거나(공통조상주의), 촌수가 같은 경우에는(촌수주의), 모두가 상속인이 되어 동등하게 상속재산을 분배받는 것이 원칙이다.

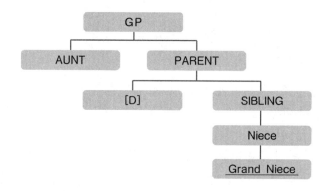

미국의 많은 법령과 판례는 기본적으로 촌수주의를 따르고 있지만(Dahood v. Frankovich46)), UPC는 공통조상주의를 채택하여 피상속

---

45) 이 표는 Cafferata 교수의 강의안에서 발췌한 것이다.

46) Supreme Court of Montana, 746 P.2d 115 (1987). 이 사건에서 피상속인은 생존배우자나 직계혈족 없이 외삼촌들과 이모들 및 고종사촌형제들을 남겼다. 몬태나주 대법원은 촌수주의에 따라 4촌인 고종사촌형제들을 배제하고 3촌인 외

인이 생존배우자, 직계비속, 부모를 모두 남기지 않은 경우 피상속인
의 '부모의 직계비속(제1순위 방계혈족)'이 상속을 받는 것으로 규정하
고 있다[§2-103(3)]. 이것은 삼촌이나 고모보다는 형제자매가 더 가깝다
는 정서의 반영이다. 그러나 현재 상당수의 법역에서 두 제도의 혼합
이 일어나고 있다. 예컨대 캘리포니아주와 메사추세츠주에서는 원칙
적으로 촌수주의를 취하고 있으면서도 같은 촌수의 방계혈족 사이에서
는 공통조상주의에 따라 우선순위를 결정하고 있다[California Probate
Code §6402(f); Massachusetts General Laws ch. 190, §3(6)].

2. 상속의 제한

일부 주에서는 상속을 받을 수 있는 방계혈족의 범위에 제한을 두
지 않지만, '뒤에서 웃는 상속인'을 막기 위해 많은 주들이 피상속인의
'조부모의 직계비속(제2순위 방계혈족)'까지로 상속인을 제한하고 있으
며, UPC도 이와 같다[§2-103(4)].

'이복방계혈족(half-blood collaterals)'의 상속에 관하여는 대부분의
주에서 '동복방계혈족(whole-blood collaterals)'과 동일한 취급을 하고
있고, UPC도 이와 같다(§2-107).[47] 그러나 일부 주에서는 이복방계혈
족과 동복방계혈족을 달리 취급하기도 한다. 예컨대 미시시피주에서
는 동일 촌수의 동복방계혈족과 이복방계혈족이 있는 경우에는 동복
방계혈족에게 우선권을 주고 있으며(Mississippi Code §91-1-5; Jones v.
Stubbs[48]), 버지니아주와 플로리다주에서는 이복방계혈족에게 동복방

삼촌들과 이모들에게 상속재산에 대한 권리를 인정했다. 만약 이 사건에서 몬
태나주 법원이 공통조상주의를 채택했다면, 공통의 조상이 모두 동일하기 때문
에 모두에게 상속권이 인정되었을 것이다.
47) 위 Dahood v. Frankovich 사건에서 외삼촌들과 이모들은 이복방계혈족들이었
고 고종사촌형제들은 동복방계혈족들이었으나, 몬태나주 대법원은 양자 간에
차이를 두지 않았다.

계혈족의 상속분의 1/2만 인정하고 있다(Florida Statute §732.105; Virginia Code §64.1-2).

F. 대습상속(Representation)

피상속인이 사망하면 상속재산에서 먼저 생존배우자를 위한 몫을 떼어 놓은 후 잔여재산을 '피상속인의 자녀들'에게 동등하게 분배하는 것은 모든 주에서 동일하다. 피상속인의 자녀들이 생존한 경우에는 그들에게 생존한 자녀, 즉 피상속인의 손자녀가 있더라도 손자녀들은 상속으로부터 배제된다. 다만 피상속인의 자녀가 피상속인보다 먼저 사망한 경우에는 그 자녀는 상속을 받을 수 없고, 그 대신 그 자녀의 생존한 자녀(손자녀)가 대습상속을 받게 된다. 현재 미국의 모든 주에서 이러한 대습상속을 인정하고 있다. 다만 어떤 대습상속방식을 취하느냐에 따라 대습상속인들이 받게 되는 몫이 달라지게 된다.

1. 가계별 방식(Per Stripes System)

이것은 피상속인의 자녀들을 각자 하나의 가계로 보아 '가계별 (per stripes)'로 대습상속을 받는 방식이다. 즉 피상속인의 자녀들이 사망하지 않았으면 그 자녀들이 분배받았을 몫―이것은 모든 자녀들 사이에 동등하다―을 그대로 그 자녀들의 자녀들에게 넘겨주는 방식이다. 피상속인의 자녀들이 각자 몇 명의 자녀를 두었는지 여부와 무관하게 각 가계마다 동일한 몫을 주는 것이다. 부모의 지분을 그 자녀가 그대로 이어받는 이러한 방식을 '엄격한 가계별 방식(Strict Per Stripes

---

48) Supreme Court of Mississippi, 434 So.2d 1362 (1983). 이 사건에서 미시시피 주 대법원은, 피상속인의 생존한 이복누이를 배제시키고 이미 사망한 동복형제의 자녀에게 상속재산 전부를 귀속시켰다.

System)' 또는 '순수한 대습상속(Pure Representation)'이라고도 부른다. 플로리다, 조지아, 버지니아, 일리노이, 델라웨어 등 일부 주들이 이 방식을 따르고 있다.[49]

그러나 피상속인인 할아버지가 손자녀들에게 재산을 나누어 주고 자 했다면 모든 손자녀들에게 동일한 몫을 주고자 했을 것이라는 가정 에 근거하여, 이 방식은 피상속인의 의사에 부합하지 않는다는 비판을 받는다. 이러한 대습상속방식을 이해하기 쉽게 도표로 나타내면 아래 와 같다.[50]

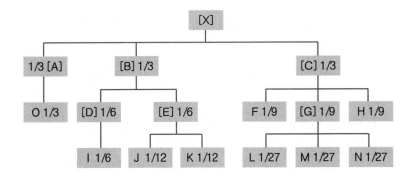

2. 수정된 가계별 방식(Modified Per Stripes System)

이것은 첫 번째 단계에서의 예외를 제외하고는 가계별 방식과 동 일한 방식으로서, 피상속인의 손자녀들은 그들의 부모(피상속인의 자 녀)의 지분과 상관없이 모두 동등한 몫을 받지만, 그 이후의 세대부터 는 가계별로 대습상속을 하는 것이다. 이처럼 첫 번째 단계에서는 개 인별로 대습상속을 하고 그 이후부터는 가계별로 대습상속을 한다는 의미에서 이러한 방식을 'Per Capita with Representation', 또는 'Per

---

49) Lawrence W. Waggoner, supra 2-12.
50) 이 그림은 Cafferata 교수의 강의안에서 발췌한 것이다.

Capita then Representation'이라고도 부른다.

거의 절반에 가까운 주에서 이 방식을 따르고 있고, 1969년 UPC
가 이 방식을 규정했다(§2-106).[51] 이 방식을 도표로 나타내면 아래와
같다.[52]

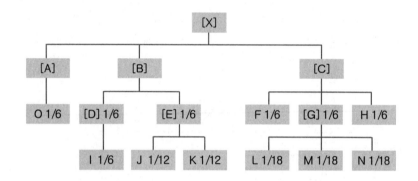

3. 개인별 방식(Per Capita at Each Generation System)

이것은 피상속인의 자녀들이 받았을 몫을 그대로 그 자녀들의 자
녀들(피상속인의 손자녀들)에게 넘겨주지 않고 모두 합산하여 그 손자
녀들에게 동등하게 나누어주는 방식으로서, 가계별로 대습상속을 받
는 것이 아니라 '개인당(per capita)' 혹은 '두당(per head)' 대습상속을
받는 것이다. 이 방식에 따르면 피상속인의 손자녀들뿐 아니라 그 아
래의 모든 세대들이 그 부모의 지분과 상관없이 동일 세대에서는 모두
동일한 몫을 받게 된다. 자녀를 많이 둔 가계에 유리한 방식이라고 할
수 있다.

이 방식은 1970년대 초부터 Lawrence W. Waggoner 교수에 의해
주장되어 왔던 것인데, Waggoner 교수가 1990년 UPC 개정 작업 당시

---

51) Jesse Dukeminier, supra 74-75.
52) 이 그림은 Cafferata 교수의 강의안에서 발췌한 것이다.

수석리포터로 활동하면서 이 방식을 채택했다(UPC §2-106). 현재 뉴욕, 애리조나, 콜로라도, 미시간, 유타 등을 비롯한 10개 이상의 주에서 이 방식을 따르고 있다.[53] 이러한 방식을 도표로 나타내면 아래와 같다.[54]

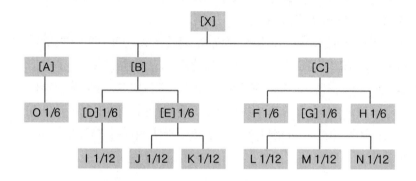

G. 동시사망(Simultaneous Death)

1. 선(先)사망의 추정(Presumption of Nonsurvival)

공동의 재난에 의해 부부가 동시에 사망한 경우 상속문제를 어떻게 처리할 것인지에 관하여, 대부분의 주들은 「통일동시사망법(Uniform Simultaneous Death Act)」을 채택하여 해결하고 있다. 이 법에 따르면 동시에 사망하지 않았다는 '충분한 증거(sufficient evidence)'가 없는 경우, 상대방의 재산에 관하여는 자기가 상대방보다 먼저 사망한 것으로 추정된다. 예컨대 부부가 교통사고로 함께 사망했는데 사망 순서가 밝혀지지 않은 경우, 남편의 재산은 남편이 아내보다 오래 생존한 것처

---

53) Jesse Dukeminier, supra 75; Lawrence W. Waggoner, supra 2-15.
54) 이 그림은 Cafferata 교수의 강의안에서 발췌한 것이다.

럼 처리되고, 아내의 재산은 아내가 남편보다 오래 생존한 것처럼 처리된다(§1). 결국 남편과 아내는 서로 상대방보다 먼저 사망한 것으로 추정됨으로써 상대방의 재산을 상속받지 못하게 된다. 이를 '선사망의 추정(presumption of nonsurvival)'이라고 한다. 이러한 추정은 무유언상속법뿐 아니라 유언법에서도 동일하게 적용된다. 물론 이것은 '충분한 증거'에 의해 복멸될 수 있다.[55]

이러한 선사망의 추정은, 공동의 재난으로 사망했으나 사망의 선후가 밝혀지지 않은 부부가 어떤 재산을 조인트테넌시로 소유하고 있을 경우에 생기는 문제도 해결할 수 있다. 즉 이러한 경우에 그 재산은 동등하게 분할되어 각자의 잔여재산으로 처리된다. 따라서 각자 유언을 한 경우에는 그 유언의 잔여재산조항에서 지정된 수익자들에게 분배된다.[56]

2. 사망의 간극이 매우 짧은 경우

그런데 사망의 순서가 충분한 증거에 의해 증명되더라도 사망과 사망 사이의 시간이 지나치게 짧은 경우에는 현실적으로 매우 불합리한 문제가 발생한다. 예컨대, 남편과 아내가 배를 타고 가다가 배가 침몰하여 함께 사망했는데 단지 남편이 수영을 더 잘하고 체력이 더 좋아서 아내보다 약간 더 오래 살았다는 점이 증명되었다고 가정해보자. 아내의 재산은 일단 남편이 상속하고 난 후 남편의 재산과 함께 남편의 상속인들에게 모두 상속되게 된다. 두 사망 사이에 약간의 간격이 있었다는 이유만으로 상속의 결과가 크게 달라지게 되는 것이다. 위 사례에서 남편은 아내의 재산에 대한 이익을 한 순간도 향유해보지 못했을 뿐만 아니라 새로운 유언을 하거나 기존 유언을 변경함으로써 자

---

55) Elias Clark, supra 62.
56) Dennis R. Hower, supra 213.

신의 상속계획을 수정할 기회도 전혀 가지지 못했다.[57]

　　UPC는 이러한 문제점을 완화시키기 위해, 피상속인보다 120시간 이상 오래 살지 못한 사람은 상속에 있어서 피상속인보다 먼저 사망한 것으로 간주하는 규정을 두고 있다(§2-104). 유언에 있어서의 수익자 역시 유언자보다 120시간 이상 오래 살아 있어야 유증을 받을 수 있다 (§2-702).

H. 상속결격사유(Disqualification)

1. 상속인으로서의 의무위반

a. 부모로서의 의무위반

　　부모가 자녀를 자신의 자녀라고 공개적으로 인정하지 않거나 그 자녀를 부양하지 않는 것처럼, 부모가 부모로서의 의무를 위반한 경우 에는 자녀로부터 상속을 받지 못하게 하는 것이 전통적인 법감정에 부 합한다. 그리하여 뉴욕주에서는, 자녀가 미성년인 동안에 그 자녀를 유기한 부모는 그 자녀로부터 상속을 받을 수 없도록 하고 있다(N.Y. EPTL §4-1.4). 그리고 UPC는 부모가 자녀를 자신의 자녀로 공개적으로 인정하거나 그 자녀를 부양하거나 하지 않았다면 그 자녀로부터 상속 받는 것을 금지하고 있다[UPC §2-114(c)].

b. 배우자로서의 의무위반

　　뉴욕주에서는, 생존배우자가 피상속인을 유기하거나 부양을 거절 한 경우에 배우자로서의 상속권을 주장할 수 없도록 하고 있다(N.Y. EPTL §5-1.2).

---

57) Elias Clark, supra 63.

부부가 이혼을 하면 서로에 대해 더 이상 배우자가 아니기 때문에 배우자로서 상속을 받을 수 없다. 이혼이 아니라 별거의 경우에는 두 가지로 나누어 보아야 한다. 단순히 부부 간의 '별거약정(separation agreements)'에 의해 별거를 하는 경우에는 그 약정의 내용상 명백히 상속권을 포기하는 것이 아닌 한 상속권을 유지한다. 그러나 법원의 결정에 의해 별거를 하는 경우, 그 중에서도 피상속인이 생존배우자를 상대로 '별거결정(a final decree of separation)'을 얻어 낸 경우에는 생존배우자는 피상속인으로부터 상속을 받을 수 없다. 반면 생존배우자가 피상속인을 상대로 별거결정을 얻어 낸 경우에는 상속권이 유지된다 (N.Y. EPTL §5-1.2).

2. 피상속인에 대한 살인행위

a. 살인자조항(Slayer Statute)

거의 모든 주법은, 피상속인을 살해한 사람은 유언에 의해서든 무유언상속법에 의해서든 피상속인의 재산을 받을 수 없다는, 이른바 '살인자조항(Slayer Statute)'을 가지고 있다. 이것은 자신의 악행 그 자체로부터 이익을 얻어서는 안 된다는 정의 관념의 표현일 뿐 아니라, 살해 당한 피상속인의 의사의 추정이기도 하다. 또한 악행을 단념시키려는 법정책의 일환으로 볼 수도 있다.

UPC는 단순히 유언 또는 무유언상속법에 의한 상속재산뿐 아니라 배우자 유류분, 누락된 상속인의 상속분, 주거수당, 면제재산, 가족수당 등 피상속인의 재산에 관한 모든 이익을 박탈하고 있다. 박탈된 상속재산은 살인자가 자신의 상속분을 포기한 것처럼 취급되어 다른 상속인에게 이전된다[§2-803(b)].

b. 형평법적 의제신탁(Equitable Constructive Trust)

주법에 살인자조항이 없거나, 있더라도 살인자조항의 적용범위를 벗어나는 사건의 경우에는 어떻게 할 것인가? 적용할 법률이 없는 한 살인자라는 이유만으로 법원이 임의로 상속으로부터 배제시킬 수는 없다는 이유로 살인자의 상속권을 인정한 판결도 있다. 대표적으로 In re Tarlo's Estate 사건[58]이 그것이다.

이 사건에서 Albert Tarlo는 아침에 일어나 같은 방에서 자고 있던 아내를 총으로 살해하고 나서 곧장 딸의 방으로 가서 딸마저도 총으로 살해한 후 자살했다. 딸은 유언을 남기지 않았는데 딸의 재산이 부계혈족(Albert의 혈족)에게 상속되는 것이 옳은지 아니면 모계혈족에게 상속되는 것이 옳은지가 쟁점이었다. 당시 펜실베이니아주의 살인자조항은, 살인죄로 유죄의 확정판결을 받은 경우에만 희생자로부터 상속을 받을 수 없도록 규정하고 있었다. 그런데 이 사건에서 Albert는 이미 자살했기 때문에 유죄판결을 받을 수 없었다. 펜실베이니아주 대법원은, 의회가 심혈을 기울여 만든 법률의 문언을 법원이 함부로 확장시킬 수 없으며 이 사건과 같은 상황을 커버하기 위해서는 의회가 법률을 개정해야 한다는 이유로 딸의 재산을 부계혈족에게 귀속시켰다.[59]

그러나 이러한 결론은 정의 관념에 부합하지 않기 때문에 '형평법적 의제신탁(Equitable Constructive Trust)' 이론을 통해 살인자로부터

---

58) Supreme Court of Pennsylvania, 172 A. 139 (1934).

59) 그러나 이 판결에 대해서는 7인의 대법관 중 Franzer 대법원장을 포함한 3인의 대법관이 다수의견에 반대했다. Franzer 대법원장과 Kephart 대법관은 반대의견에서 형평법의 역할에 관하여 다음과 같은 견해를 피력했다. "살인자는 그로 인해 희생된 자로부터 이익을 얻어서는 안 된다는 것이 형평법의 원칙이다. 물론 법원은 법령에 의해 커버되는 영역 내에서 의회가 명한 바대로 정책을 집행해야 한다. 그러나 법원은 법령에 의해 커버되지 않는 영역까지도 고려해야 한다. 형법을 단순히 집행하는 것은 형평법의 역할이 아니다. 형평법은 악행을 저지른 사람으로부터 배상을 받아낼 것을 요구한다." 이 사건 판결 이후 펜실베이니아주의 살인자조항은 유죄판결을 요구하지 않는 방향으로 개정되었다. Elias Clark, supra 118.

상속재산을 박탈하기도 한다. 이 이론은 '부당한 이익의 확대(unjust enrichment)', 즉 부당이득을 막기 위해 고안된 것으로서, 이에 따르면 상속인 또는 수증자가 피상속인을 살해한 경우 그 상속인 또는 수증자는 '정당한 수익자(rightful beneficiaries)'를 위한 신탁의 수탁자로 간주된다. 결국 피상속인을 살해한 상속인 또는 수증자는 의제신탁의 수탁자가 됨으로써 신탁재산(상속재산)을 신탁의 수익자에게 넘겨주어야 할 의무를 지게 된다. 살인자는 빈껍데기뿐인 법률상의 소유권만 취득하게 되는 것이다.

Kelley v. State 사건[60]에서 판결문을 작성했던 Kenison 대법원장은 이 이론에 대해 다음과 같이 설명했다. "살인자조항이 없을지라도, common law의 규칙들을 적용하는 법원으로서는 정의와 형평이 요구하는 바대로, 배우자 또는 상속인에게 의제신탁의 수탁자로서의 의무를 부과함으로써 합리적인 결론에 도달할 수 있다."[61]

한편 미국 사법부 역사상 가장 위대한 대법관으로 칭송받는 Benjamin N. Cardozo 연방대법관은 이 이론을 다음과 같이 높이 평가했다. "법적 소유권을 살인자에게 이전시키면서도 의제신탁의 구속을 받게 함으로써 법적 일관성이 유지되었고 정의가 논리를 얻었다는 찬사를 받을 수 있게 되었다. 의제신탁은 단지 형평법에 따른 양심을 표현한 공식에 불과하다. 법률상의 소유자는 양심상 수익자로서의 이익을 누릴 수 없다는 조건하에서만 재산을 취득하게 된다. 살인자의 행위에 대한 불승인을 표현하기 위해서 형평법은 살인자를 수탁자로 전

---

60) Supreme Court of New Hampshire, 196 A. 2d 68 (1963).

61) 그러나 정작 이 사건에서는 아내를 살해한 남편이 아내의 재산을 상속하는 것을 허용했다. 아내가 사망당시 소유하고 있던 재산은 실질적으로는 남편의 재산일 뿐 아니라 10개월의 혼인기간 동안 남편이 아내를 위해 소비한 액수에 비하면 상속재산의 가액이 현저히 적기 때문에 남편에게 아내의 재산에 대한 상속을 인정하더라도 부당이득이라고 볼 수 없다는 것이 그 이유였다("there was no unjust enrichment which could form basis for constructive trust.")

환시킨 것이다."[62]

c. 의도적 살인과 비의도적 살인의 구분

현대의 살인자조항은 의도적인 중죄살인의 전형인 '모살(murder)' 뿐 아니라 '의도적 고살(voluntary manslaughter)'까지도 포함시키고 있다. UPC도, '중죄의 방식으로 그리고 의도적으로(felonious and intentional)' 피상속인을 살해한 사람은 피상속인의 재산에 관한 모든 이익을 몰수 당한다고 규정하고 있다[§2-803(b)]. 만약 살인자에 대한 유죄판결이 없는 경우에는, 민사법원이 이해관계인의 청원에 기해 살인자가 '중죄의 방식으로 그리고 의도적으로' 피상속인을 살해했는지 여부를 결정해야 한다[UPC §2-803(g)].

이처럼 의도적 살인과 비의도적 살인을 구별하는 법리는 In re Estate of Mahoney 사건[63]에서 구체화되었다. 이 사건에서 피상속인인 Howard Mahoney는 1961년 5월에 어떠한 유언도 남기지 못하고 그의 아내인 Charlotte Mahoney에 의해 살해당했다. Charlotte는 1962년 3월에 '고살(manslaughter)'로 유죄판결을 받았다. Howard는 자식이 없었고 아버지와 어머니, 그리고 자신을 살해한 아내만을 남겼다. 유언검인법원은 의제신탁이론에 따라 Charlotte를 Howard의 부모를 위한 의제신탁의 수탁자로 결정하고, Howard의 잔여재산을 아버지와 어머니에게 동등한 비율로 분배할 것을 명했다. 그러자 Charlotte

---

62) Benjamin N. Cardozo, *THE NATURE OF THE JUDICIAL PROCESS*, YALE UNIVERSITY PRESS, 42 (1921); Jesse Dukeminier, supra 127. Cardozo 대법관은 1932년부터 1938년에 사망할 때까지 연방대법원의 대법관으로 재직했다. 그는 20세기 미국 common law의 발전에 지대한 영향력을 행사한 유명한 판결들을 많이 남겼다. 그의 기념비적 판결의 대부분은 그가 18년간 재직했던 '뉴욕주 대법원(Court of Appeals of New York)' 시절에 남긴 것들이다. 그는 '미국법률가협회(American Law Institute)'를 창설하고 리스테이트먼트를 만드는 작업을 하여 미국법 이론의 기반을 확립했다.

63) Supreme Court of Vermont, 220 A.2d 475 (1966).

가 상소를 했다. 이 사건이 제기되었던 버몬트주에서는 살인자조항이 없었다. 버몬트주 대법원은 "살인자조항이 없더라도 형평법적 의제신탁 이론에 의해 살인자를 상속으로부터 배제시킬 수는 있으나, 이러한 이론을 모든 살인의 경우에 일률적으로 적용시킬 수는 없다. 의도적인 살인과 비의도적인 살인은 구별해야 한다"고 판시하면서, Charlotte의 살인이 의도적인 것인지 비의도적인 것인지 여부를 결정하기 위해 사건을 사실심으로 환송시켰다.[64]

이러한 구별에 따르면, 의도하지 않고 우연히 사람을 죽인 사람은 '비의도적 고살(involuntary manslaughter)'로 유죄판결을 받더라도 상속을 받을 수 있다. 예컨대 아내가 술에 만취한 남편의 자동차에 치여 사망했더라도 그 남편은 아내의 재산을 상속할 수 있다(In re Estate of Klein[65]).

3. 포 기(Disclaimer)

a. 포기의 개념과 방식

'포기(Disclaimer)'라 함은, 무유언상속법, 유언, 신탁을 통한 상속, 유증, 증여를 받기를 거절하거나 생명보험금 기타 재산의 무상이전을 받기를 거절하는 것을 의미한다. 포기는 주로 포기자의 채권자로부터의 청구 또는 조세부담을 피하기 위해서 하는 경우가 대부분이다. 포기는 포기문서를 작성하여 이를 인격대표자에게 교부하고 그 사본을

---

64) 이 사건에서 버몬트주 대법원은 관할위반도 지적했다. 즉 유언검인법원은 상속 인에게 형평법적 의제신탁의 부담을 지울 권한이 없고, 이것은 '형평법원(Court of Chancery)'의 관할이라고 판시했다.

65) Supreme Court of Pennsylvania, 378 A.2d 1182 (1977). 이 사건에서 판결문을 작성했던 Roberts 대법관은 다음과 같이 판시했다. "우리 의회가 살인자조항을 채택했을 때는 비의도적 고살보다 높은 정도의 범죄에 이를 적용하고자 했다. 자동차 사고를 일으켜 아내를 죽음으로 이끈 남편의 행위가 비의도적 고살로 유죄판결을 받은 이상 살인자조항을 적용할 수 없다."

유언검인법원에 제출함으로써 완성된다. 신탁의 경우에는 수탁자에게
포기문서를 교부하면 된다.[66]

b. 포기의 효과

Common law에서는 피상속인이 유언 없이 사망하면 상속재산은
법률에 의해 상속인에게 당연히 승계된다. 상속인은 소유권이 자신에
게 이전되는 것을 막을 수 없다. 이 경우 상속인이 상속을 거절하면 소
유권은 일단 상속인에게 승계된 후 차순위 상속인에게 이전된다. 따라
서 상속인이 상속을 포기하더라도 상속인은 무유언상속분을 받은 것
처럼 취급되고 포기에 의해 상속재산을 취득하게 되는 사람에게 증여
세가 발생하게 된다. 그러나 피상속인이 유언을 남기고 사망한 경우에
는 이와 달리 취급된다. 생전증여이든 유언이든, 증여는 수증자의 승
낙을 요구한다. 수증자는 증여를 거절할 수 있고 따라서 소유권이 자
신에게 이전되는 것을 막을 수 있다. 따라서 수증자가 유증받기를 포
기하면 증여세가 발생하지 않는다.[67]

이러한 무유언상속과 유증 사이의 차이를 없애기 위해 포기에 관
한 거의 모든 주법들은 포기자가 피상속인보다 먼저 사망한 것으로 취
급한다. 그리하여 상속재산은 포기자에게 승계되지 않고 포기자의 바
로 다음 순위자에게 곧장 이전된다(UPC §§2-1105, 2-1106). 일반적으로
포기의 효력은 증여한 때로 소급한다. 포기자는 결코 증여를 받은 일
이 없게 되기 때문에 포기자의 채권자나 증여세의 위험으로부터 안전
하게 된다. 이와 같이 상속인은 자신의 채권자로부터 상속재산을 보호
하고 세금의 부담을 피하기 위해 포기제도를 활용한다. 이러한 의미에
서 포기는 상속결격사유 중 유일하게 상속인을 위한 제도라고 할 수
있다.

---

66) Dennis R. Hower, supra 335-336.
67) Jesse Dukeminier, supra 132-133; Lawrence W. Waggoner, supra 2-26.

포기에 관해서는 주마다 다양한 규정을 두고 있는데, 1999년에 「재산상 이익의 포기에 관한 통일법(Uniform Disclaimer of Property Interests Act)」이 제정되어 포기에 관한 나침반 역할을 하고 있다. 이 법률은 2002년에 UPC §2-1101 이하로 통합되면서 포기에 관한 UPC의 규정(§2-801)을 대체했다.

c. 포기자의 채권자

파산 상태에 있는 자가 채권자들에 대한 정당한 고려 없이 자신의 재산을 다른 사람에게 이전시키는 것은 채권자들의 이익을 침해하는 것으로서 채권자들에 의해 무효화될 수 있다. 그러나 상속인이 상속을 포기함으로써 자신의 채권자들이 상속재산으로부터 만족을 얻지 못하게 하는 행위는 일반적으로 허용되고 있다. 즉 현재 미국의 지배적인 견해에 따르면, 수익자는 채권자로부터 집행당하는 것을 막기 위해 자신이 받을 이익을 포기할 수 있다.[68] 그것이 바로 포기제도의 존재이유이며, 법리상으로도 상속인은 상속을 포기함으로써 소급적으로 상속재산을 받은 적이 없는 것이 되기 때문에 채권자를 해할 수도 없는 것이 된다(Essen v. Gilmore[69]; In re Estate of Opatz[70]).

그러나 주법에 따라 포기가 유효할지라도, 포기자의 채권자들 중에는 포기된 상속재산에 대해 최우선적으로 권리를 행사할 수 있는 경우가 있다. 그러한 대표적인 예가 바로 연방세의 부담이다. Drye v.

---

68) Lawrence W. Waggoner, supra 2-28.

69) Supreme Court of Nebraska, 607 N.W.2d 829 (2000). "상속재산이 분배되기 이전에 상속을 받을 이익을 포기하는 것은 '재산의 이전(transfer)'이 아니기 때문에, 포기는 채권자를 해하는 허위양도에 해당하지 않는다."

70) Supreme Court of North Dakota, 554 N.W.2d 813 (1996). 이 사건에서 유언자인 Opatz는 자신의 재산을 Lucille Speldrich에게 유증했는데, 그 전에 이미 Lucille에 대하여 금전채권을 가지고 있던 Anne Speldrich는 Opatz가 사망한 후 그 유증목적물에 대한 압류절차를 개시했다. 그러자 Lucille는 유증을 포기했고, 노스다코타주 법원은 이것을 허용했다.

United States 사건71)에서, Irma Deliah Drye는 유언 없이 233,000불을 남기고 사망했는데, 그녀의 유일한 상속인은 아들인 Rohn F. Drye Jr. 뿐이었다. 그런데 Drye Jr.는 당시 325,000불에 달하는 연방세를 연체하고 있었다. Drye Jr.는 어머니의 상속재산에 대한 그의 권리를 포기했고, 주법에 따르면 상속재산은 Drye Jr.의 딸인 Theresa에게 넘어가게 되어 있었다. 그러나 연방대법원은, 연방세는 어디까지나 연방법의 문제라고 하면서 다음과 같이 판결했다.

"채무자가 상속을 포기한다 하더라도 채무자에게 속하는 모든 재산 및 재산적 권리에 결부되어 있는 연방세의 '우선특권(lien)'72)을 무산시킬 수 없다. 채무자에 의해 포기된 이익은 연방세의 우선특권에 종속된 상태로 남아 있는 것이다."73)

한편 포기로부터 채권자의 권리를 보호하기 위하여 메사추세츠와 플로리다 등 일부 주에서는 파산자가 상속을 포기하는 것을 명시적으로 금지하고 있다.74)

---

71) Supreme Court of the United States, 528 U.S. 49 (1999).

72) 채무자의 재산에서 우선적으로 변제를 받을 수 있는 채권자의 권리를 말한다.

73) 이 판결은 대법관들 사이에 이견이 없는 만장일치 판결이었다. 판결문은 Ruth Bader Ginsberg 대법관이 작성했다. Ginsberg 대법관은 Sandra Day O'Connor 대법관에 이은 연방대법원의 두 번째 여성이며 유대인으로서는 최초의 여성 대법관이다. 흑인권운동의 신화적 존재인 Thurgood Marshall 대법관에 빗대어 "여성인권운동의 더굿 마샬"이라고 불린다.

74) Lawrence W. Waggoner, supra 2-28.

I. 생전증여(Advancement)

1. 의 의

부모가 생존해 있는 동안 자녀에게 미리 상속분을 줄 의사로 재산을 증여하는 경우가 있다. 이것을 '생전증여(Advancement)'라고 한다. 이처럼 부모가 자녀에게 생전증여를 하고 별도의 유언 없이 사망한 경우, 생전증여의 목적물 가액은 생전증여를 받은 자녀의 상속분에서 공제된다. 이것이 상속분을 '선급(prepayment)'하려고 했던 피상속인의 의사이기도 하고 공동상속인 사이의 형평에도 부합하기 때문이다.

미국의 모든 주가 생전증여에 관한 법령을 가지고 있는데 이들의 공통점은, 생전증여를 받는 대상자를 확대시키고 있다는 점과, 생전증여를 하려는 피상속인의 의사를 입증하기 위한 문서를 요구한다는 점이다.[75] 예컨대 UPC는 생전증여의 수령자를 피상속인의 자녀에 한정시키지 않고 모든 상속인으로 확대시켰고, 생전증여에 관한 서증을 요구하고 있다(§2-109).

2. 생전증여의 계산

부모가 사망하면 부모의 모든 재산과 생전증여의 목적물은 하나로 병합되어 계산된다. 병합된 상속재산을 잠정적인 상속분으로 공평하게 분배한 후 생전증여에 따라 최종적인 상속분을 재조정하게 된다. 자신의 상속분을 초과하는 생전증여를 받은 자녀는 단지 상속분 계산에서 배제될 뿐 초과분을 반환할 것을 요구받지는 않는다. 그것이 생전증여를 한 피상속인의 의사에 부합하기 때문이다.

---

75) Lawrence W. Waggoner, supra 2-32.

예컨대 부모가 생존해 있는 동안 첫째 아들 갑에게 3만불을, 둘째 아들 을에게 2만불을 생전증여하고, 셋째 아들 병에게는 생전증여를 하지 않았다고 가정해보자. 그리고 유언 없이 사망하면서 상속재산으로 13만불을 남겼다면, 상속분을 계산할 때 생전증여액인 5만불을 상속재산에 포함시켜야 한다. 그러면 결국 총 상속재산은 18만불이 되므로 세 아들의 상속분은 각 6만불이 된다. 그런데 갑과 을은 이미 상속분의 일부를 선급받았으므로 선급받은 액수를 공제하고 남은 금액을 상속받게 된다. 따라서 갑은 3만불을, 을은 4만불을, 병은 6만불을 각 지급받게 된다. 이 사건에서 만약 부모가 갑에게 9만불을 생전증여했다면, 상속재산은 총 24만불이 되므로 세 아들의 상속분은 각 8만불이 된다. 그런데 갑은 자신의 상속분을 초과하는 증여를 받았으므로 상속에서 배제된다. 이 경우 갑은 초과분인 1만불을 반환할 필요는 없다. 그리고 남은 상속재산인 15만불을 을과 병이 1/2씩(7만 5천불씩) 분배받게 된다. 따라서 을은 5만 5천불을, 병은 7만 5천불을 각 지급받게 된다.76)

생전증여의 목적물 가액은 일반적으로 증여한 때를 기준으로 평가된다[UPC §2-109(a)].

3. 생전증여의 입증을 위한 문서의 요구

그런데 이와 같은 생전증여의 법리는 실제 사안에서는 그 적용이 매우 어려운 경우가 많다. 그 이유는, 부모가 생전에 자녀에게 어떤 증여를 했을 때 그것이 그 자녀의 상속분에 대한 선급의 의미를 가지는 것인지 아니면 아무런 고려 없이 그냥 준 것인지를 구별하기가 쉽지 않기 때문이다. 그래서 대부분의 법령들이 생전증여에 관한 문서를 요구한다. 예컨대 UPC는 다음과 같은 경우에만 생전증여로 인정하고 있

---

76) Elias Clark, supra 121-122.

다[§2-109(a)].

① 피상속인이 문서로써, 생전증여라는 취지를 밝힌 경우

② 상속인이 문서로써, 생전증여임을 인정한 경우

③ 피상속인이 문서로써, 상속재산의 분배를 계산함에 있어서 증여가 고려되어야 한다는 취지를 밝힌 경우

④ 상속인이 문서로써, 상속재산의 분배를 계산함에 있어서 증여가 고려되어야 함을 인정한 경우

Young v. Young 사건[77]에서 유타주 대법원도, 생전증여임을 증명하는 문서가 존재하지 않는 경우에는 증여를 생전증여로 볼 수 없다고 판결했다. 그러나 생전증여에 관한 문서를 작성하는 경우는 현실적으로 매우 드물기 때문에, 위와 같은 요건은 생전증여를 사문화시키고 있다는 비판을 받기도 한다.[78]

---

77) Supreme Court of Utah, 979 P.2d 338 (1999).

78) Jesse Dukeminier, supra 116.

Chapter 3
생존 가족의 보호
(Protection of the Family)

A. 법정수당(Statutory Allowances)

많은 주에서는 가족의 생계유지라는 특정 목적을 위한 비용(수당)을 생존 가족이 우선 지급받을 수 있도록 이에 관한 법령을 마련하고 있다. 이러한 법정수당은 가족구성원들에게 생계수단을 제공하는 것으로서, 피상속인의 유언이나 무유언상속법보다 우선시될 뿐만 아니라 상속재산에 대한 채권자들의 권리보다도 우선시된다. 유언자가 생존 가족에게 법정수당을 지급하지 않는다고 유언을 하더라도 그것은 효력이 없다. 법정수당으로는 주거면제 또는 주거수당, 면제재산, 가족수당 등이 있다.

1. 주거면제(Homestead Exemption)와 주거수당(Homestead Allowance)

법역에 따라서 주거와 관련하여 생존 가족에게 주거면제를 인정하는 경우와 주거수당을 인정하는 경우가 있다. '주거(homestead)'라 함은 '집(home)'으로서 소유자가 점유하고 있는 '주택(house)'과 대지를 의미한다. 미네소타와 캔자스 등 일부 주에서는 세대주 또는 가장에게 주거로서의 주택과 대지를 지정하도록 함으로써 채권자에 의한 축출로부터 자가 주택을 소유한 가족을 보호하는 법령을 시행하고 있다. 이것을 '주거면제법령(Homestead Exemption Statute)'이라고 부른다. 주거면제법령은 가장이 지고 있는 채무의 액수와 상관없이 채권자로부터 주거를 면제시켜준다. 주거를 구성하는 대지는 법령에 의해 일정

범위 내로 제한된다. 예컨대 캔자스주에서는 지방의 경우에는 160에
이커로, 도시의 경우에는 1에이커로 제한된다. 주거는 보통 부부가 조
인트테넌시로 소유하는 경우가 많기 때문에 어느 한 배우자가 사망하
면 그 주거는 생존권의 결과로서 자동적으로 생존배우자에게 승계된
다. 양 배우자가 모두 살아 있는 경우에는 상대방 배우자의 동의와 서
명 없이는 주거를 매도할 수 없다고 규정하는 것이 일반적이다.[1]

　　한편 주거면제 대신 '주거수당(Homestead Allowance)'이라고 불리
는 현금을 생존 가족에게 허여하는 주도 있다. 주거면제와 마찬가지로
주거수당도 채권자들의 청구로부터 면제된다. 따라서 이것은 채무자
(피상속인)의 가족에게 주거의 지속적 안정을 보장하는 기능을 한다.
UPC에 따르면, 피상속인의 생존배우자는 1만 5천불의 주거수당을 지
급받게 된다. 생존배우자가 없을 경우에는 피상속인의 '미성년 자녀
(minor child)'와 '부양을 요하는 자녀(dependent child)'[2]가 각각 주거수
당을 지급받게 되는데, 1만 5천불을 각 요부양자녀의 수대로 나누어
지급한다. 이러한 주거수당은 상속재산에 대한 모든 청구들로부터 면
제되며 우선권을 가진다. 이처럼 생존배우자와 요부양자녀를 위한 법
정 주거수당은 상속재산에 대한 모든 청구들에 앞설 뿐만 아니라 유언
에 의한 상속이나 무유언상속 나아가 배우자 유류분보다도 우선시된
다(UPC §2-402).

2. 면제재산(Exempt Property)

　　많은 주에서 생존 가족을 위해 피상속인의 재산 중에서 동산 일부
를 일정 액수까지 면제시켜 주는 법령을 시행하고 있다. 통상적으로
그 동산은 가구, 주방기구, 자동차 등으로 제한된다. 면제재산을 구성

---

1) Dennis R. Hower, supra 130-131.
2) 이하에서는 미성년 자녀와 부양을 요하는 자녀를 합쳐서 '요부양자녀'라고 한
　다.

하는 다양한 카테고리에서 품목의 수량이 제한될 수도 있다. 예컨대 자동차의 경우에는 한 대로 제한하는 식이다.[3]

　　UPC에 따르면, 주거수당과 별도로 피상속인의 생존배우자는 어떠한 '선취특권(security interests)'[4]에도 우선하여 1만불을 초과하지 않는 범위 내에서 자동차, 가구, 주방기구 등 피상속인의 '유체동산(tangible personal property)'에 대한 면제재산을 취득한다. 생존배우자가 없을 경우에는 피상속인의 자녀들이 함께 같은 금액(1만불)의 범위 내에서 권리를 가진다. 그런데 면제재산의 대상이 되는 재산의 가치가 1만불보다 적을 경우에는 1만불에 이를 때까지 다른 상속재산에 대하여 권리를 가진다. 그러나 면제재산의 부족분을 채우기 위해 다른 상속재산에 대해 가지는 권리는, 주거수당과 다음에서 보는 가족수당을 먼저 지급하기 위해 필요한 만큼 제한된다(UPC §2-403).

3. 가족수당(Family Allowance)

　　대부분의 주에서는 상속재산의 관리기간 동안 생존배우자나 요부양자녀에게 생계유지를 위한 현금을 매달 교부할 수 있는 권한을 유언검인법원에게 부여하고 있다. 이것을 '가족수당(Family Allowance)' 또는 '생계유지비(Maintenance)'라고 부른다. 허용되는 현금의 액수는 상속재산의 규모와 상속재산이 부담하고 있는 책임, 가족의 곤궁한 정도 등에 기초하여 유언검인법원이 결정한다. 그런데 가족수당의 수령자가 사망하거나 생존배우자가 재혼을 하면 가족수당의 지급은 종료될

---

3) Dennis R. Hower, supra 131.

4) 어떤 재산에 대하여 처분의 '우선권(preferential right)'을 가지는 권리로서 채무의 변제를 담보하기 위한 목적으로 계약 또는 법령에 의해 인정된다. 그러한 우선권의 내용은 선취특권의 종류에 따라 다양하지만, 대부분의 경우 선취특권자에게는 선취특권이 담보하는 채무의 변제를 위하여 그 재산을 압류하여 매도할 수 있는 권리가 부여된다(wikipedia).

수 있다.[5] 생존 가족의 생계유지라는 목적이 소멸했기 때문이다.

UPC에 따르면, 피상속인의 생존배우자와 요부양자녀들은 상속재산관리 및 집행기간 동안 생계유지를 위하여 상속재산으로부터 합리적인 범위 내에서 가족수당을 지급받는다. 다만 상속재산이 각종 채무를 변제하기에 부족한 경우에는 가족수당은 1년까지만 지급된다. 이러한 수당은 주거수당을 제외한 모든 권리나 청구보다 우선한다. 그러나 생존배우자나 요부양자녀를 위한 상속분(유언/무유언)에 반해서까지 인정되지는 않는다(UPC §2-404).

B. 생존배우자의 보호

1. 과부권(Dower Right)과 환부권(Curtesy Right)

a. 개 념

Common law에서는 과부에게 사망한 남편이 혼인기간 동안 소유하고 있던 모든 토지의 1/3에 대한 '종신물권(life estate)'이 인정되었다. 이처럼 과부가 살아 있는 동안 분배받는 망부(亡夫)의 유류(遺留) 부동산에 대한 권리를 '과부권(Dower Right)'이라고 한다.[6] 이러한 권리는 남편이 생존해 있는 동안에는 '시작 단계(inchoate)'에 머물러 있다가 남편이 사망하고 나면 비로소 '완전한 상태(consummate)'가 된다.

---

5) Dennis R. Hower, supra 132.

6) Dower를 '미망인의 상속분'이라고 번역하기도 하지만, 이것은 엄밀한 의미에서 상속권이 아니라 과부가 생존해 있는 동안만 죽은 남편의 부동산에 대해 이익을 향유하는 일종의 종신물권이기 때문에 이것을 '홀아비의 권리', 즉 '환부권'에 대응하여 '과부의 권리', 즉 '과부권'이라고 번역하였다. 그리고 '과부'가 '미망인'에 비해 보다 더 가치중립적인 표현이라고 보아 미망인 대신 과부라는 용어를 사용하였다.

그러나 아내가 남편보다 먼저 사망할 경우에는 이러한 권리는 소멸한다. 남편이 토지에 대한 소유권을 취득하는 순간, 또는 토지를 소유하고 있던 남자가 혼인하는 순간 그 토지는 과부권의 부담을 가진 토지가 된다. 따라서 만약 남편이 생존해 있는 동안 토지를 양도하거나 담보를 설정했을 경우 그 양수인은 아내의 권리(과부권)에 종속되게 된다. 이와 마찬가지로 토지가 유언이나 무유언상속법에 의해 승계되었을 경우 수증자나 상속인 역시 아내의 권리에 종속된다.[7]

한편 홀아비의 경우에는, 혼인기간 동안 자녀가 태어난 경우에 한하여 자신보다 먼저 사망한 아내의 모든 토지에 대한 종신물권을 가진다. 이처럼 아내가 죽은 뒤 남편이 아내의 토지 재산권을 일생 동안 가지는 권리를 '환부산(鰥夫産, Curtesy)' 내지는 '환부권(Curtesy Right)'이라고 한다.[8] 환부(鰥夫)란, 아내가 먼저 죽고 혼자 사는 남자, 즉 '홀아비'를 의미한다. 환부권이 과부권과 다른 점은, 혼인으로 인해 자녀가 출생했어야만 인정된다는 것과, 아내의 모든 토지에 대하여 권리를 가진다는 것이다.

b. 문제점

이러한 제도가 사망한 배우자의 상속재산으로부터 배제된 생존배우자를 보호하는 역할을 해왔던 것은 사실이지만, 여기에는 몇 가지 중대한 문제점이 있다. 첫째, 피상속인의 토지의 1/3에 대한 종신물권만으로는 생존배우자를 효과적으로 지원하기에 부족할 수 있다. 둘째, 이 제도는 전통적으로 토지에 대해서만 해당되었기 때문에 피상속인의 다른 재산, 예컨대 주식이나 채권 같이 무형의 재산에 대해서는 보호를 해줄 수 없다. 심지어 토지에 대해서조차도, 부동산 지주회사를 통해 간접적으로 토지를 취득함으로써 이 제도의 취지를 몰각시킬 수

---

7) Jesse Dukeminier, supra 423.

8) Elias Clark, supra 139.

있다. 셋째, 이 제도는 부동산의 매수인이 매도인의 혼인 상태까지 확인하도록 함으로써 거래의 안전을 위협한다.[9] 이러한 문제점들을 해결하기 위해 대부분의 주에서는 이 제도를 폐지하고 그 대신 생존배우자에게 '유류분(elective share)'을 허용하고 있다.

c. 현 황

과부권이나 환부권제도는 오늘날 미국 전역에서 폐지되고 있지만(UPC §2-112), 아직도 일부 주에서는 과부권제도를 법률로 유지하면서 그 대신 이 제도를 과부뿐 아니라 홀아비에게까지 동등하게 적용하고 있다. 이러한 법률에 따르면, 생존배우자는 혼인기간 동안 사망한 배우자가 소유하고 있던 모든 토지의 일정 비율에 관한 종신물권을 가진다(아칸소, 켄터키, 오하이오).[10]

과부권제도를 유지하고 있는 오하이오주와 미시간주에서는, 생존배우자가 과부권과 유류분 중에서 선택할 수 있도록 하고 있다. 배우자의 유류분은 토지에 한정하지 않고 피상속인의 모든 재산을 포함하기 때문에 더욱 포괄적이어서 일반적으로 과부권보다 더 유리하다. 따라서 실제 사건에서 과부권이 선택되는 경우는 매우 드물다.

2. 부부재산에 관한 법제

a. 개별재산법제와 공동재산법제

생존배우자를 보호하는 방식은 부부재산의 소유형태에 관하여 어떤 시스템을 따르느냐에 따라 달라진다. 미국에서는 부부재산의 소유형

---

9) Elias Clark, supra 139-140.

10) 미시간주도 과부권제도를 유지하고 있지만, 특이하게도 아내에 대해서만 이 권리를 인정하고 있다(Michigan Complied Laws §700.2502). 이러한 미시간주법에 대해서는 합리적인 이유 없이 남편을 차별한 것으로서 위헌적인 요소를 내포하고 있다는 비판이 제기되고 있다. Jesse Dukeminier, supra 423.

태에 관한 두 가지 시스템이 존재한다. '개별재산법제(Separate Property System)'[11]와 '공동재산법제(Community Property System)'가 그것이다.

개별재산법제는 영국의 common law의 전통에서 기원하여 영국의 이주자들에 의해 미국 동부에 전해졌고, 공동재산법제는 유럽대륙에서 기원하여 프랑스와 스페인의 이주자들에 의해 미국 서부와 남부에 전해졌다. 현재 애리조나, 캘리포니아, 아이다호, 루이지애나, 네바다, 뉴멕시코, 텍사스, 워싱턴, 위스콘신 등 9개주[12]는 공동재산법제를 채택하고 있고, 알래스카를 제외한 나머지 40개주는 개별재산법제를 따르고 있다. 알래스카주는 원칙적으로 개별재산법제를 취하면서도 부부의 합의에 따라 재산을 공동재산형태로 소유할 수 있도록 하는 선택적 방식을 따르고 있다.[13]

b. 차이점

두 법제의 가장 큰 차이점은, 개별재산법제에서는 남편과 아내가 혼인 이후에 취득한 재산을 각자의 개별재산으로 소유하지만, 공동재산법제에서는 혼인 이후에 취득한 모든 재산은 부부의 공동재산으로서 부부가 동등한 지분으로 소유한다는 점이다. 남편과 아내 중 한 사람은 밖에서 돈을 벌고 다른 한 사람은 가사노동을 전담할 경우, 개별재산법제에 따르면 돈을 벌어온 사람이 그 벌어들인 수입을 혼자서 모두 소유한다. 따라서 이 법제에 의할 경우 가사노동을 전담하거나 상대적으로 적은 수입을 가진 생존배우자가 피상속인의 유언으로 인해

---

11) 개별재산법제를 '부부재산법제(Marital Property System)' 내지는 'Common law 시스템'이라고 부르기도 한다.

12) 원래는 위스콘신주를 제외한 8개주만이 전통적인 공동재산법제를 취하고 있었다. 그런데 위스콘신주가 2004년에 「통일부부재산법(Uniform Marital Property Act)」을 채택하면서 공동재산법제로 분류되게 되었다(Wisconsin Statutes Annotated §§766.001-766.097).

13) Jesse Dukeminier, supra 417-419.

상속으로부터 배제되는 것을 어떻게 막을 것이냐의 문제가 대두된다. 그리하여 개별재산법제를 따르는 법역에서는 피상속인의 유언에도 불구하고 생존배우자에게 '유류분(Elective Forced Share)'를 인정하는 법률을 제정함으로써 생존배우자를 보호하고 있다. 반면 공동재산법제에서는 어차피 혼인기간 동안 취득한 재산은 부부의 공동재산이기 때문에, 생존배우자가 피상속인의 유언으로 인해 상속으로부터 배제되더라도 별로 문제가 되지 않는다. 따라서 이 법제에서는 생존배우자를 위한 유류분이 따로 필요하지 않다.

　두 법제의 차이점을 예를 들어 설명하면 다음과 같다. 남편은 밖에서 일을 하며 1년에 5만불을 벌고 아내는 가사노동을 전담하며 별도의 수입은 없다고 가정해보자. 그리고 20년 후 남편이 저축해둔 봉급을 가지고 남편의 이름으로 주택을 구입하고, 딸을 수익자로 지정한 생명보험을 만들고, 10만불 상당의 주식을 역시 남편의 이름으로 구입했다고 가정해보자. 개별재산법제에서 아내는 남편이 생존해 있는 동안 위 재산들에 대해 아무런 소유권도 가지지 못한다. 그러다가 남편이 사망하면 아내는 상속재산인 주택과 주식에 대한 유류분(통상 1/3)을 가지게 된다. '검인대상재산(probate estate)'이 아닌 생명보험은 유류분의 대상도 되지 못한다. 그러나 공동재산법제에서 아내는 남편의 수입의 절반을 소유하기 때문에, 남편이 사망하면 아내는 남편의 수입으로 구입한 모든 재산(생명보험도 포함)의 1/2을 가지게 된다. 아내가 먼저 사망하면 아내는 유언을 통해 자신의 지분을 처분할 수 있다. 그러나 개별재산법제에서는 아내가 먼저 사망할 경우 아내는 유언으로 처분할 수 있는 아무런 재산도 없게 된다.[14]

---

14) Jesse Dukeminier, supra 418.

3. 개별재산법제(Separate Property System)

a. 재산의 분류

개별재산법제를 따르는 주에서는, 남편과 아내의 재산을 '개별재산(Separate Property)'과 '부부재산(Marital Property)'으로 구분한다. 개별재산은 배우자 각자가 소유하는 재산으로서, 혼인 전부터 각자에 의해 소유되었던 재산과 혼인기간 동안 각자가 얻은 수입, 증여 또는 상속재산 등으로 구성된다. 부부재산은 수입, 증여, 상속 이외에 혼인기간 동안 얻은 모든 재산을 포함한다. 부부가 이혼을 하게 될 경우, 각자의 개별재산은 분할의 대상이 되지 않고 그대로 각자의 소유로 남게 되지만, 부부재산은 다양한 요소들에 기초하여 '정당하게(equitably)' 분할된다.

b. 부부재산의 분할방식

부부재산을 분할할 때에는 다음과 같은 요소들을 고려하여 정당하게 분할한다.

① 혼인기간
② 과거의 혼인경력
③ 나이, 건강, 지위, 수입의 액수와 그 근원, 직업기술, 취직능력, 부채와 곤궁한 정도
④ 상대방 배우자의 교육, 훈련, 증가된 수입 등에 대한 기여
⑤ 장래에 자산과 수입을 얻을 가능성
⑥ 양 당사자의 수입의 근원. 여기에는 의료, 퇴직, 보험 그 밖에 다른 이익 등이 포함된다.
⑦ 부부재산의 획득, 유지, 가치하락, 가치상승 등에 대한 각 당사자의 기여 또는 탕진. 기여에는 전업주부로서의 기여도 포함된다.
⑧ 혼인기간 동안 확립된 생활수준

⑨ 각자의 경제적 환경. 여기에는 재산분할이 효력을 발생할 당시
의 세금으로 인한 영향도 포함된다.

⑩ 어떤 당사자가 부양을 요하는 미성년 자녀의 양육을 책임지게
되는지

'정당한 분할(equitable division)'은 '동등한 분할(equal division)'을
의미하지는 않으며, 위에서 살펴본 여러 가지 요소들과 분할되는 재
산의 종류 등에 따라 분할 비율이 다양해지게 된다. 만약 남편과 아내
가 각자 소유한 개별재산 사이에 현저한 불균형이 존재한다면, 부부
재산은 상대적으로 더 가난한 배우자에게 더 많은 비율로 할당될 수
도 있다.

c. 배우자 유류분(Elective Share)

개별재산법제를 취하는 법역에서는 생존배우자에게 피상속인의
재산에 대한 '유류분(Forced Share)'을 인정하고 있다.[15] 배우자 유류분
에 관한 전통적인 법률은, 생존배우자가 다음 두 가지 권리 중 하나를
선택하도록 하고 있다(right of election). 첫째는 피상속인의 유언에 따
라 유증을 받는 것이고, 둘째는 유증을 포기하고 법령에 따라 상속재
산에 대한 일정 지분(보통 1/3)을 받는 것이다. 즉 배우자 유류분은 보
통 그 배우자가 피상속인의 유언에 따른 상속을 포기하는 것을 조건으
로 한다. 이처럼 법령에 의한 배우자의 유류분은 유언으로부터 이익을
얻을 권리와 선택적 관계에 있다는 의미에서 이를 '선택적 지분권
(Elective Share)'이라고도 부른다. 배우자의 유류분은 피상속인의 유언
과 선택적으로 인정되는 것이기 때문에 피상속인이 유언 없이 사망한
경우에는 원칙적으로 배우자 유류분은 적용되지 않는다.[16]

---

15) 유일하게 조지아주만이 개별재산법제를 취하면서도 배우자 유류분을 인정하지
않고 있다. Lawrence W. Waggoner, supra 10-3.

16) Dennis R. Hower, supra 65. 그러나 다음에서 살펴볼 '확장된 상속재산
(Augmented Estate)'의 방식을 따를 경우에는 피상속인이 유언 없이 사망한 경

배우자 유류분에 관해서 가장 전형적인 법률로 알려져 있는 일리노이주법을 예로 들면, 배우자 유류분은 자녀가 있을 경우에는 검인대상재산(probate estate)의 1/3이고 자녀가 없을 경우에는 검인대상재산의 1/2이다(Illinois Compiled Statutes ch. 755). 그런데 UPC에서는 '비검인대상재산(non probate estate)'에 대해서까지 이 권리를 확장시켰다. 그것이 바로 다음에서 살펴볼 '확장된 상속재산(Augmented Estate)'이다.

한편 전통적인 배우자 유류분은 혼인기간의 길이에 상관없이 무조건 일정 지분―보통 1/3―을 인정하고 있는데, 1990년 UPC에서는 혼인기간에 따라 지분을 다양화시켰다[§2-202(a)].

d. 확장된 상속재산(Augmented Estate)

UPC가 뉴욕주의 개혁에 영감을 받아서 생존배우자의 상속분과 관련하여 도입한 중요한 개념이 바로 '확장된 상속재산(Augmented Estate)'이다. 확장된 상속재산은 일반적으로 ① 피상속인의 검인대상재산, ② 피상속인의 비검인대상재산, ③ 피상속인의 생존배우자가 소유하거나 이전시킨 특정 재산으로 구성된다.

이 개념은 보통 두 가지 기능을 가지는 것으로 이해된다. 첫째, 피상속인이 검인절차 이외의 방법으로 자신의 재산을 제3자에게 이전시킴으로써 생존배우자의 정당한 몫을 마음대로 빼앗는 것을 막는다.[17] 즉 생존배우자는 유류분을 만족시키기 위해 다른 수익자들로부터 그들이 상속재산으로부터 각자 얻은 이익의 비율에 따라 재산을 회수할

우에도 생존배우자가 배우자 유류분을 주장할 수 있는 여지가 생긴다. 예컨대 남편이 전 재산에 대해 애인을 위한 '저축예금계좌신탁(Savings Account Trust)'을 설정한 후 유언을 남기지 않고 사망한 경우, 무유언상속법에 의하면 생존배우자는 전혀 상속을 받을 수 없게 되지만, 배우자 유류분에 따라 위 예금계좌를 '유언의 대용물(testamentary substitutes)'로 취급하여 1/3의 권리를 주장할 수 있게 된다. 저축예금계좌신탁에 관해서는 뒤의 '신탁법' 부분에서 자세히 설명한다.

17) UPC의 '공식 주석(Official Comment)'의 설명이다.

수 있다. 둘째, 피상속인이 이미 생존배우자에게 상당한 재산을 이전시켰다면 이것을 상속재산에 포함시킴으로써 생존배우자가 자신의 정당한 몫을 넘어 과도하게 피상속인의 재산을 가져가는 것을 막는다.[18] 피상속인의 처분 계획을 훼손하는 것을 최소화하기 위해서, UPC는 배우자 유류분을 주장하는 생존배우자가 피상속인의 유언에 대한 어떠한 포기를 할 것도 요구하지 않는다.

1969년 UPC에 따르면, 배우자 유류분은 확장된 상속재산의 1/3이었다. 예컨대 남편이 9만불의 검인대상재산을 남기고 사망하면서 유언으로 그 중 2만불은 아내에게, 나머지 7만불은 자선단체에 기부하기로 하였다고 가정해보자. 그리고 남편이 아내를 3만불의 POD계좌에 대한 수익자로 지정하고, 조카를 21만불의 철회가능신탁의 수익자로 지정했다고 가정해보자. 이 경우 전체 재산 합계인 33만불이 남편의 확장된 상속재산을 구성한다. 따라서 아내가 주장할 수 있는 배우자 유류분은 이 재산의 1/3인 11만불이 된다(UPC §2-201, 202). 배우자 유류분은 먼저 2만불의 유증과 3만불의 계좌로부터 충족된다. 나머지 6만불은 자선단체와 조카로부터 그들이 각자 얻은 이익의 비율에 따라 회복된다. 즉 아내는 자선단체로부터 1만 5천불(6만불의 1/4)을, 조카로부터 4만 5천불(6만불의 3/4)을 각 돌려받게 된다(UPC §2-207).[19]

1990년 UPC는 배우자 유류분과 관련하여 몇 가지 중요한 개혁을 단행했다. 즉 배우자 유류분을 UPC처럼 일률적으로 확장된 상속재산의 1/3로 하지 않고, ['보완금액(supplemental amount)' 5만불] 또는 [확장된 상속재산에 대한 '유류분 비율(elective share percentage)'] 중 더 큰 쪽이 배우자 유류분이 된다. 그리고 이러한 유류분 비율을 피상속인과 생존배우자의 혼인기간의 길이에 따라 다양화시켰다[§2-202(a)]. 이에 따르면 혼인기간이 1년 미만인 경우에는 확장된 상속재산에 대한 유

---

18) Jesse Dukeminier, supra 447-448.

19) Elias Clark, supra 156.

류분 비율을 주장할 수는 없고 단지 보완금액 5만불만 받게 된다. 1990년 UPC 하에서 혼인기간에 따른 생존배우자의 유류분 비율은 다음과 같다.

Less than 1 year ································ Supplemental Amount Only.

1 yearbut less than 2years ················· 3% of the augmented estate.

2 years but less than 3years ················ 6% of the augmented estate.

3 years but less than 4years ················ 9% of the augmented estate.

4 years but less than 5years ··············· 12% of the augmented estate.

5 years but less than 6years ··············· 15% of the augmented estate.

6 years but less than 7years ··············· 18% of the augmented estate.

7 years but less than 8years ··············· 21% of the augmented estate.

8 years but less than 9years ··············· 24% of the augmented estate.

9 years but less than 10 years ············ 27% of the augmented estate.

10 years but less than 11 years ·········· 30% of the augmented estate.

11 years but less than 12 years ·········· 34% of the augmented estate.

12 years but less than 13 years ·········· 38% of the augmented estate.

13 years but less than 14 years ·········· 42% of the augmented estate.

14 years but less than 15 years ·········· 46% of the augmented estate.

15 years or more ····························· 50% of the augmented estate.

한편 1990년 UPC는 확장된 상속재산(§2-203)을 4가지 종류의 재산으로 정의하고 있다. 그것은 ① 피상속인의 검인대상재산(§2-204)[20], ② 피상속인이 제3자(생존배우자가 아닌 자)에게 이전시킨 비검인대상재산(§2-205), ③ 피상속인이 생존배우자에게 이전시킨 비검인대상재

---

20) 이것은 장례비용, 상속재산관리비용, 법정비용 그리고 채권자의 청구를 공제하고 남은 순수 검인대상재산을 의미한다.

산(§2-206), ④ 생존배우자의 재산 및 생존배우자가 제3자에게 이전시킨 비검인대상재산(§2-207)으로 구성된다. 예를 들어 남편이 12만불의 검인대상재산을 남기고 사망하면서 유언으로 그 중 2만불은 아내에게, 나머지 10만불은 자선단체에 기부하기로 하였으며, 아내를 3만불의 POD계좌에 대한 수익자로 지정하고, 조카를 30만불의 철회가능신탁의 수익자로 지정했다고 가정해보자. 그리고 아내는 이와 별도로 15만불 상당의 다른 재산을 소유하고 있다고 가정해보자. 이 경우 전체 재산 합계인 60만불이 남편의 확장된 상속재산을 구성한다. 만약 피상속인과 아내가 15년간 혼인생활을 지속했다고 한다면 배우자의 유류분 비율은 50%이므로 아내의 배우자 유류분은 30만불이 된다. 이것은 먼저 2만불의 유증과 3만불의 계좌로부터 충족되고, 그 다음 아내의 재산가치 15만불로부터 충족된다. 마지막으로 남은 배우자 유류분 10만불은 자선단체와 조카로부터 그들이 각자 얻은 이익의 비율에 따라 회복된다. 즉 아내는 자선단체로부터 2만 5천불(10만불의 1/4)을, 조카로부터 7만 5천불(10만불의 3/4)을 각 돌려받게 된다.[21]

위와 같은 변화로 인해 1990년 UPC는 공동재산법제와 실질적으로 매우 유사한 결과를 얻을 수 있게 되었다. UPC 개정위원들의 목적도, 배우자 유류분을 공동재산법제의 결과와 유사하게 만드는 것이었다고 한다.[22]

4. 공동재산법제(Community Property System)

a. 재산의 분류

공동재산법제를 따르는 주에서는, 부부의 재산을 '개별재산(Separate Property)'과 '공동재산(Community Property)'으로 구분한다. 개별재산

---

21) Elias Clark, supra 158.
22) Jesse Dukeminier, supra 448-449.

은 혼인 전부터 각자가 소유하고 있던 재산과 혼인기간 동안 각자가
받은 증여 또는 상속재산으로 이루어진다. 개별재산은 부부 각자가 배
타적으로 소유하게 된다. 한편 공동재산은 혼인기간 동안 획득한 그
밖의 모든 재산으로 구성된다. 혼인기간 동안 각자 벌어들인 수입은
모두 공동재산이 되고, 이러한 수입으로 구입한 물건도 모두 공동재산
이 된다. 재산의 성격이 의심스러울 경우, 혼인기간 동안 획득된 재산
은 그 소유 명의 여하를 불문하고 일반적으로 공동재산으로 추정된다
(Estate of Bray[23]). 그리고 공동재산과 개별재산이 혼합되어 양자를 구
별하는 것이 불가능해진 경우에도 그 혼합된 재산은 공동재산으로 추
정된다. 이러한 추정을 복멸시키기 위해서는 그 재산의 목적과 용도뿐
아니라 그 재산을 어떻게 획득했는지에 관한 완전하고 정확한 기록을
가지고 있어야 한다.[24]

혼인기간 동안 공동재산으로부터 획득된 수입(예컨대, 공동재산인
건물로부터 나오는 임대료수입)은 공동재산으로 본다. 그러나 혼인기간
동안 개별재산으로부터 획득된 수입을 개별재산으로 볼 것인가 공동
재산으로 볼 것인가에 관하여는 공동재산법제를 취하는 법역 내에서
도 일치하지 않는다. 텍사스, 루이지애나, 아이다호, 위스콘신주에서
는 이를 공동재산으로 보고, 나머지 공동재산법역에서는 개별재산으
로 본다.[25]

개별재산이나 공동재산에 대해 매매, 교환 기타 처분을 하더라도
그 재산의 본질적인 성격은 처분으로 인해 얻어진 새로운 재산에 그대

---

23) Court of Appeals of California, 40 Cal.Rptr. 750 (1964). 이 사건에서 남편은
   아내 몰래 전처의 아들과 함께 공동예금계좌를 개설해서 공동재산 자금을 그 계
   좌에 입금시켰다. 아내는 이 계좌에 예금되어 있는 돈은 혼인기간 중에 모은 공
   동재산이라고 주장했다. 아들은 이 예금이 아버지를 도와 사업을 해온 자신의
   노동에 대한 대가라고 반박했지만, 법원은 아내의 주장을 받아들여 아내에게 예
   금의 1/2에 대한 권리를 인정했다.

24) Dennis R. Hower, supra 55.

25) Dennis R. Hower, supra 52.

로 이어진다. 즉 개별재산을 팔아서 구입한 재산은 계속 개별재산이고, 공동재산을 다른 재산으로 교환하더라도 그 교환된 재산은 그대로 공동재산이 된다. 그러나 부부는 상호 계약에 의해 공동재산을 개별재산으로, 또는 개별재산을 공동재산으로 바꿀 수 있다.26)

많은 주에서 「사망시 공동재산의 처리에 관한 통일법(Uniform Disposition of Community Property Rights at Death Act)」을 채택하고 있는데, 이 법률에 따르면 공동재산을 이용해서 얻은 재산 또는 공동재산으로 추적할 수 있는 재산은 부부가 반대의사를 표시하지 않는 한 공동재산으로서의 성격을 유지한다. 그리고 공동재산 중 사망한 배우자의 몫(1/2)에 대해서는 생존배우자가 유류분을 주장할 수 없도록 명문으로 규정하고 있다(§3).

b. 공동재산의 처리

공동재산은 그 소유 명의와 상관없이 부부가 각 1/2씩 소유하는 것이라고 볼 때, 그 공동재산을 어떻게 관리하고 처분할 수 있는지에 관한 문제가 발생한다. 공동재산법제를 취하는 법역에서는 모두 이에 관한 법령을 가지고 있다. 법령들마다 세부적인 부분은 다르지만 대체로 일치하는 부분만 추려본다면, 각 배우자는 각자 단독으로 공동재산을 보존하고 관리할 수 있다. 그러나 부동산인 공동재산을 처분하는 경우에는 다른 배우자와 공동으로 할 것을 요구한다. 매매의 경우에는 신중한 고려에 의해 행해진다면 일종의 관리권의 행사로서 허용될 여지도 있지만, 증여의 경우에는 일방 배우자가 함부로 제3자에게 공동재산을 넘길 수 없도록 하고 있다.27) 그리하여 현재 공동재산법제를 취하는 주들은 부동산인 공동재산을 이전하거나 담보로 제공할 때 양

---

26) Elias Clark, supra 168-169. 그런데 텍사스주에서는 특이하게도 공동재산을 개별재산으로 바꿀 수는 있지만 개별재산을 공동재산으로 바꿀 수는 없다고 한다. Jesse Dukeminier, supra 456.

27) Jesse Dukeminier, supra 456-457.

배우자의 서명을 요구하는 법령을 시행하고 있다.[28]

그럼에도 불구하고 어느 일방 배우자가 공동재산을 제3자에게 마음대로 증여한 경우 그 증여의 효력은 어떻게 되는가? 부부가 모두 생존해 있는 경우 가장 일반적인 구제 방법은, 증여 이전의 상태로 되돌리는 것, 즉 증여를 무효로 만드는 것이다. 만약 증여자가 사망한 후에 생존배우자가 증여에 대해 이의를 제기할 경우에는, 일반적으로 법원은 생존배우자가 수증자로부터 증여의 절반을 회복하는 것을 허용하고 나머지 절반은 수증자가 계속 보유하게 한다. 그러나 주에 따라서는 증여 전체를 생존배우자에게 회복시키기도 한다.[29]

어느 배우자가 사망하게 되면 '공동체(community)'는 해소되고, 생존배우자는 원래의 자신의 지분인 공동재산의 1/2을 배타적으로 소유하게 된다. 공동재산의 나머지 1/2은 피상속인(사망한 배우자)의 상속인들—여기에는 생존배우자도 포함된다—이 유언이나 무유언상속법에 따라 승계한다. 피상속인은 공동재산의 1/2에 대해서만 유언에 의한 처분권을 가진다. 이처럼 생존배우자는 자동으로 공동재산의 1/2을 얻게 되기 때문에, 이와 별도로 배우자 유류분이나 과부권은 필요가 없게 되는 것이다.

c. 공동재산법제에 대한 연방법의 우선권

공동재산법제를 취하고 있는 주에서 어떤 재산을 공동재산으로 정하였다고 하더라도 연방법이 그와 달리 규정하고 있는 경우에는 연방법이 주법에 우선하여 적용된다. 이 문제에 관한 리딩케이스가 연방대법원의 Boggs v. Boggs 사건[30]이다. 1974년에 연방이 제정한 「종업원퇴직소득보장법(Employee Retirement Income Security Act, 이하 'ERISA')」은, '퇴직연금제도(Pension Plans)'에 가입한 근로자가 사망할

---

28) Dennis R. Hower, supra 54.

29) Elias Clark, supra 169.

30) Supreme Court of the United States, 520 U.S. 833 (1997).

경우 그 생존배우자에게 평생 동안 연금의 형태로 이익을 제공할 것을
규정하고 또한 그러한 이익의 양도를 제한하는 규정을 두었다. 남편인
Isaac Boggs는 퇴직연금제도에 가입한 근로자였고, 첫 번째 아내였던
Dorothy Boggs와의 사이에 세 아들을 두고 있었다. 이들 부부가 살고
있던 루이지애나주는 공동재산법제를 취하는 곳이었다. 당시 루이지
애나주법은 퇴직연금을 부부의 공동재산으로 규정하여, 아직 분할되
지 않은 퇴직연금으로부터의 이익을 아내가 유언을 통해 자식에게 양
도하는 것을 허용하고 있었다. 이에 따라 Dorothy는 1979년에 사망하
면서 퇴직연금으로부터의 이익을 아들들(이 사건의 피고들)에게 남긴다
는 취지의 유언을 했다. 그 후 Boggs는 두 번째 아내인 Sandra Boggs
(이 사건의 원고)와 재혼을 했고, 1985년에 은퇴한 뒤부터는 퇴직연금으
로부터 다양한 이익을 얻었다. Isaac은 1989년에 사망했고, 퇴직연금
의 수익자가 누구인가를 놓고 Sandra와 Dorothy의 아들들 사이에 분
쟁이 발생했다. Sandra는 연방법인 ERISA에 근거하여 퇴직연금으로
부터의 이익은 생존배우자인 자신이 모두 받아야 한다고 주장했고,
Dorothy의 아들들은 루이지애나주법에 따라 퇴직연금으로부터의 이
익 중 Dorothy의 지분은 Dorothy의 유언에 의해 자신들에게 이전되어
야 한다고 반박했다. 연방지방법원과 연방항소법원은 모두 아들들의
손을 들어주었으나, 연방대법원은 다음과 같이 판시하면서 항소심 판
결을 파기하고 Sandra의 청구를 인용했다.

"루이지애나주법은, 퇴직연금을 공동재산으로 규정함으로써 첫 번째
아내가 생존배우자의 연금에 관한 이익을 유언으로 이전시키는 것을 허
용하고 있다. 그러나 연방법인 ERISA는 공동재산에 관한 루이지애나주
법의 적용에 우선한다. ERISA는 퇴직한 근로자가 사망한 경우 그 생존
배우자를 보호하기 위하여 제정된 것으로서, 퇴직연금으로부터의 이익
은 퇴직연금가입자의 생존배우자에게 돌아가야 한다."[31]

d. 공동재산의 분할

공동재산은 부부가 이혼하거나 어느 일방이 사망하기 전에는 분할되지 않는다. 즉 부부는 공동재산에 관하여 분할되지 않는 동등한 지분을 소유한다. 부부가 이혼을 하게 되면, 각 배우자는 자신의 개별 재산을 그대로 보유하게 되고, 공동재산은 '동등하게(equally)' 분할된다.[32] 동등한 분할은 각자 절반씩 똑같이 나누어 갖는 것을 의미하는데, 일단 판사가 어떤 재산의 성격을 공동재산으로 판단할 경우 그것을 분할함에 있어서는 재량의 여지가 존재하지 않게 된다. 개별재산은 그것을 소유하는 배우자에게 온전히 할당되고, 공동재산은 동등하게 분할된다. 만약 노동력의 투입 또는 공동재산의 이용 등의 방식으로 부부가 함께 개별재산의 유지 또는 증가에 기여했다면, 그 개별재산으로부터 발생된 수입의 일정 비율이 공동재산으로 결정될 수 있다.[33] 재산의 분할과 함께 판사는 자녀의 부양 또는 배우자의 부양을 위한 명령을 내릴 수도 있다.

e. 통일부부재산법(Uniform Marital Property Act)

공동재산법제는 부부를 '행복의 극대화'라는 혼인의 목적 달성을 위한 일종의 '조합(partnership)'으로 보는 관념에서 출발한다. 따라서 부부는 공동의 행복을 극대화하기 위하여 수입, 지출, 여가 등에 있어서 각자의 시간을 어떻게 할당할 것인지를 결정한다. 이러한 관념에서

---

31) 이 판결문은 Anthony Kennedy 대법관이 작성했다. 그는 레이건 대통령에 의해 연방대법관으로 지명되었지만 보수편향적인 성격을 띠지 않고 O'Connor 대법관이 퇴임한 이후 연방대법원의 많은 정치적인 사건에서 '부동표(swing vote)' 역할을 하고 있다.

32) 예외적으로 텍사스주의 경우에는 공동재산법제를 취하면서도 이혼시 공동재산을 '동등하게(equally)' 분할하지 않고 '정당하게(equitably)' 분할하는 방식을 취하고 있다. 이처럼 정당한 분할을 함에 있어서는 부부재산법제에서 부부재산을 분할할 때 고려하는 요소들과 유사한 요소들이 고려된다.

33) Dennis R. Hower, supra 52.

는 부부가 필연적으로 서로의 수입을 동등하게 공유해야 한다. 20세기 후반 이후의 많은 학자들이 개별재산법제보다는 공동재산법제를 선호하는 입장을 취했고, 결국 공동재산법제를 채택한 「통일부부재산법(Uniform Marital Property Act)」이 1983년에 제정되었다.[34]

이 법률은 개별재산법제를 따르는 주들에게 공동재산의 법리를 용이하게 이식시킬 목적으로 만들어진 것으로서, 비록 지금까지는 위스콘신주에서만 이 법률을 채택하고 있지만, 공동재산법제로의 개혁을 추구하는 사람들로부터 주목을 끌고 있으며, 두 법제하에서 생존배우자의 처우를 비교하는 데 있어서 유용한 관점을 제공하고 있다.[35] 이 법률은 전통적인 공동재산/개별재산 구별법을 따르고 있는데, 다만 그 명칭을 '부부재산(marital property)'과 '개인재산(individual property)'이라고 하고 있다.

이 법률에 따르면, 특별한 규정이 없는 한 배우자의 재산은 모두 부부재산이고, 배우자의 재산은 부부재산으로 추정된다. 혼인기간 동안 얻은 수입은 모두 부부재산이다. 각 배우자는 부부재산에 관하여 1/2의 권리를 가진다. 부부재산이 신탁으로 이전될지라도 그것은 역시 부부재산이다. 혼인당시 배우자가 소유하고 있던 재산과 혼인기간 동안 배우자가 받은 증여나 상속은 개인재산이다(§4). 소유명의가 부부재산의 소유권을 결정하지는 않지만, 부부 중 누가 그 재산을 관리할 권한을 가지는지 여부는 소유명의에 따라 결정될 수 있다[§5(a)]. 부부는 이 법률 조항의 대부분을 변경하는 부부재산계약을 체결할 수도 있다(§3). 만약 그러한 계약이 존재하지 않는다면, 각 배우자는 분할되지 않은 부부재산의 1/2을 유언으로써 처분할 권한을 가진다. 유언에 의해 유효하게 처분되지 않은 경우에는, 그 1/2의 부부재산은 무유언

---

34) Kathy T. Graham, "The Uniform Marital Property Act: A Solution for Common Law Property Systems?," 48 *South Dakota Law Review* 455 (2003); Jesse Dukeminier, supra 418-419.

35) Elias Clark, supra 176.

상속법에 따라 상속된다.

5. 권리의 포기(Waiver)

a. 포기의 허용과 제한

배우자 유류분이나 법정수당 등 생존배우자의 권리를 당사자 간의
계약, 특히 '혼전계약(Premarital Agreements 또는 Prenuptial Agreements)'36)
으로 미리 포기할 수 있는지 문제된다. 혼전계약은 나중에 부부가 이
혼을 하거나 배우자 일방이 사망했을 때 재산의 분배와 처리에 관하여
혼인 전에 미리 정하는 것이다. 물론 이러한 약정을 혼인 중에 할 수도
있다. 이것을 '부부계약(Marital Agreements)'이라고 한다. 이러한 종류
의 계약에 대하여 법원은 전통적으로 우호적이지 않은 태도를 보여 왔
다. 그러한 계약이 이혼을 조장하고 공익에 반한다고 생각했기 때문이
었다.

그러나 이혼과 재혼의 급증으로 인해 혼인의 당사자들은 그들의
재산을 새로운 배우자의 권리주장으로부터 해방시켜서 이전의 혼인으
로 인해 생긴 자녀들에게 남겨주기를 원하게 되었다. 이러한 사회적인
욕구로 인하여 오늘날 지배적인 학설과 판례에 따르면, 이러한 계약은
그것이 공정하고 합리적이라면 집행이 가능한 것으로 보고 있다.37)
1983년에 제정된 「통일혼전계약법(Uniform Premarital Agreement Act)」
도 혼전계약의 집행가능성을 인정했다.

그럼에도 불구하고 혼전계약이나 부부계약은 당사자 간의 비밀스
러운 관계로 인하여 사기, 강박 등의 잠재적 가능성이 상존한다. 이 때
문에 법원은 이러한 계약에 대해서는 특별한 주의를 기울여서 면밀히
조사한다. 그리고 많은 주에서 배우자 일방의 재산권에 관한 '장래의

---

36) 뉴욕주에서는 premarital이나 prenuptial이라는 표현 대신 antenuptial이라는
표현을 사용한다.
37) Lawrence W. Waggoner, supra 10-29.

포기(prospective waiver)'의 집행가능성을 제한하는 법령을 시행하고
있다. 즉 이러한 법령들은, 포기에 관한 계약을 집행하기 위한 전제로
서 재산에 대한 '완전하고 공정한 공개(full and fair disclosure)'를 요구
한다.[38]

b. 재산의 공개

과거에는, 당사자 일방이 진정한 재정상태를 공개하지 않은 것만
으로는 혼전계약의 효력을 부인하기 위한 충분한 근거가 아니라는 판
결도 있었다(Wellington v. Rugg[39]). 그러나 오늘날 생존배우자로서의
권리의 포기가 유효하기 위해서는 적절한 재산의 공개가 이루어져야
한다는 점에 관해서는 학설과 판례가 거의 이견을 보이지 않고 있다.

이에 관한 리딩케이스가 Hook v. Hook 사건[40]이다. 이 사건에서
Agnes Hook(원고이자 피상고인)와 Donald Hook는 1970년 12월 23일
에 혼인했는데, 혼인하기 이틀 전에 변호사를 만나 혼전계약과 서로를
위한 유언장 작성을 준비하였고, 결혼식 당일 아침에 혼전계약서에 서
명했다. 혼전계약의 내용은, 상대방의 재산에 대한 모든 법률상의 청
구권을 포기한다는 것이었다. 그리고 서로 동일한 유언장을 작성했는
데, 그 내용은 생존배우자에게 모든 재산을 남긴다는 것이었다.
Donald는 1977년 5월에 새로운 유언장을 작성했는데, 그 내용은 그의
재산을 Agnes에게 전혀 남기지 않는다는 것이었다. Donald는 1977년
10월에 이혼소송을 제기했고 그가 사망할 때까지 재판은 계속 중이었
다. Donald가 사망하자 Agens는 혼전계약의 효력을 저지시키기 위해

---

38) Jesse Dukiminier, supra 451-452.

39) Supreme Judicial Court of Massachusetts, 136 N.E. 831 (1922). 그러나 메사추
세츠주 대법원도 1979년 Rosenberg v. Lipnick 사건을 기점으로, 혼전계약이
유효하기 위해서는 완전한 재산의 공개가 이루어져야 한다는 입장으로 선회했
다(389 N.E. 2d 385).

40) Supreme Court of Ohio, 431 N.E. 2d 667 (1982).

유언집행인과 수증자들(상고인들)을 피고로 하여 이 사건 소송을 제기했다. 혼전계약만 없다면 Agnes는 오하이오주법에 따라 Donald의 유언과 상관없이 생존배우자로서 상속재산의 1/2을 받을 수 있었다. 유언검인법원은 Donald가 혼전계약을 작성하기 전에 Agnes에게 그의 재산의 성질과 범위, 가치 등을 제대로 공개하지 않았다고 하면서 원고 청구를 인용했다. 항소심도, 혼전계약이 '선의(good faith)'와 '적절한 공개(adequate disclosure)' 없이 체결되었다고 하면서 1심 판결을 지지했다. 그러나 오하이오주 대법원은 혼전계약이 유효하다고 하면서 항소심 판결을 취소했다. 판시사항을 요약하면 소개하면 다음과 같다.

> "오하이오주에는 혼전계약을 통해 배우자 일방의 사망시 다른 배우자가 상속재산 분할에 참여하는 것을 완전히 배제하는 것을 금지하는 어떠한 공익이나 법령 또는 판례도 없다(즉, 완전히 배제할 수 있다). 그렇지만 '최소한의 선의(minimum levels of good faith)'는 충족되어야 하며, 만약 제반 사정에 비추어 혼전계약이 불공정하거나 불합리하다면 그것은 무효가 될 것이다. Agnes는 Donald가 그의 재산에 관하여 자신에게 제대로 정보를 공개하지 않았다고 주장한다. 그러나 제반 증거에 비추어 볼 때, Donald의 재산에 관해서는 적절한 공개가 이루어졌다고 판단되므로 혼전계약은 유효하다."[41]

이 판결에 따르면, 혼전계약은 '최소한의 선의'만 충족하면 유효하게 상속을 배제시킬 수 있게 된다.

c. UPC의 규정

UPC에 따르면, 생존배우자의 상속권과 법정수당에 관한 권리는

---

41) 그러나 William Brown 대법관은 하급심의 결론이 보다 합리적이라고 하면서 다수의견에 반대했다.

혼인 전 또는 혼인 후에 전부 또는 일부를 포기할 수 있다. 그러한 포기는 문서에 의한 합의로, 또는 생존배우자의 서명으로 이루어져야 한다[§2-213 (a)].

그러나 생존배우자가 다음의 사실(① 또는 ②) 중 하나를 입증할 경우 생존배우자의 포기는 집행할 수 없다[§2-213(b)].

① 생존배우자가 자발적으로 포기한 것이 아닐 때

② 포기가 부도덕하게 이루어지고, 포기를 하기 전에 (ⅰ) 피상속인의 재산과 부채에 대한 공정하고 합리적인 공개가 이루어지지 않았고, (ⅱ) 피상속인의 재산과 부채에 대한 공개를 요구할 권리를 자발적으로 그리고 명백하게 문서로써 포기하지 않았으며, (ⅲ) 피상속인의 재산과 부채에 대한 적절한 지식을 가지지 못했거나 가질 수 없었을 때

C. 누락된 상속인(Omitted Heirs)

1. 누락된 자녀(Omitted Children)

a. 유언으로부터 배제된 자녀의 보호

부모로부터 상속받지 못한 자녀, 특히 미성년 자녀에 대한 관심의 표현이 지속되고는 있지만, 현재 루이지애나주를 제외한 어떠한 주에서도 자녀를 위해 '유류분(Forced Share)' 제도를 도입하지 않고 있다.[42] 그리하여 루이지애나주를 제외한 미국에서는 피상속인의 의사에 따라 자녀를 상속으로부터 철저히 배제시킬 수 있다. 생존배우자에 대해서는 그렇게 할 수 없는 것과 대조적이다. 이 점이 바로 '대륙법계(civil law system)' 상속법과의 중요한 차이점이다. 대륙법은 피상속인

---

42) Lawrence W. Waggoner, supra 10-41.

과 가까운 가족 구성원이 피상속인의 재산 중 고정된 지분을 상속받을
수 있도록 유류분을 인정한다.

직접적으로 자녀를 보호하는 유류분제도 대신 미국의 법원은 '누
락된 상속인(Omitted Heirs)' 법리를 동원하여 일정한 자녀들을 위해 우
회적인 방식으로 상속재산분할에 개입한다. 즉 유언을 하면서 자녀를
위한 언급이나 재산의 제공을 하지 않은 부모는 부주의로 인해 실수로
그렇게 했을 것이라는 다소 억지스러운 가정을 한다. 유언을 한 부모
의 진정한 의사는 누락된 자녀를 유언으로부터 누락시키지 않는 것이
었을 것이라는 가정이다. 대부분의 주에서 이러한 가정에 입각한 법령
을 시행한 덕분에, 정말로 자녀를 유언으로부터 배제시킬 의도를 가진
부모는 유언장에 그러한 의사를 명백히 표시해야만 하게 되었다.43)

이러한 방식으로 누락된 상속인을 구제한 대표적인 판례 중에 하
나가 바로 Goff v. Goff 사건44)이다. Charles Goff는 사망하기 5주 전
에 유언장을 작성했는데, 그 주요 내용은 다음과 같았다. "① 형제인
Silas Goff에게는 1천불을 남기고 또 다른 형제인 George Goff에게는
5불을 남기며 잔여재산은 두 명의 조카들에게 동등하게 나누어 준다.
② 나는 혼인을 하지 않았고 자녀도 없다. ③ 나의 유언에 대해 이의를
제기하는 사람에게는 1불만 준다." 그런데 Charles에게는 Joe Goff라
는 아들이 있었는데, Joe는 Charles보다 먼저 사망했지만 슬하에
Marjorie와 Dean이라는 두 자녀(이 사건 원고들)를 남겼다. Charles는
유언장에서 Joe를 배제시키면서 그가 의도적으로 그와 같이 했는지에
관해서는 명시하지 않았다. 원고들은 Charles가 자신들의 존재를 알지
못하여 실수로 자신들을 유언으로부터 누락시켰으므로 상속재산에 대
하여 권리가 있다고 주장했다. Charles는 생전에 Joe가 자신의 아들이
라는 사실을 믿지 않았다. 그러나 법원은 여러 증거들을 통해 그가 Joe

---

43) Elias Clark, supra 179-180.
44) Supreme Court of Missouri, 179 S.W.2d 707 (1944).

의 아버지라고 확신했다. 미주리주 대법원은, 원고들이 무유언상속법
에 따라 상속을 받는 것을 허용했다. Charles가 자신이 Joe의 아버지라
는 사실을 알았더라면 Joe나 원고들을 유언으로부터 배제시키지 않았
을 것이라는 가정이 판단의 근거였다.[45]

b. 누락된 상속인의 범위

유언으로부터 배제된 자녀가 유언장 작성 당시 이미 생존해 있었
던 경우에도 누락된 상속인으로 보호받을 수 있는 것인지, 아니면 유
언장 작성 이후에 출생한 경우에만 누락된 상속인에 해당되는 것인지
에 관해서는 법역에 따라 다른 태도를 보이고 있다. 일부 주법에 따르
면, 부모가 자녀를 비의도적으로 유언으로부터 누락시킨 경우에는 출
생시기와 상관없이 누락된 상속인으로서 보호를 해준다. 메사추세츠
주와 오클라호마주가 그 대표적인 예이다.[46] 즉 이러한 경우에 누락된
상속인들은 유언자가 마치 유언을 하지 않고 사망한 것처럼 무유언상
속법에 따라 상속재산을 분배받는다. 예컨대 Crump's Estate v.
Freeman 사건[47]에서, 유언자인 W. E. Crump는 자신보다 먼저 사망
한 유일한 아들의 세 손자녀들을 위한 유언신탁을 설정하면서 오직 손
녀인 Tamsey Freeman에 대해서만 유언을 하지 않았다. 유언장에는
Freeman에 관한 어떠한 언급도 없었고, 그녀를 유언으로부터 배제한
다는 어떠한 의사도 표시되어 있지 않았다. 이에 대해 오클라호마주
법원은, Freeman은 누락된 상속인에 해당된다고 하면서 다음과 같이
판시했다.

---

45) 이 사건의 하급심은, Charles가 원고들의 존재를 인식하지는 못했지만 원고들
   을 위한 유언("나의 유언에 대해 이의를 제기하는 사람에게는 1불만 준다")을 남
   겼으므로 원고들은 누락된 상속인이 아니라고 판단했었다.
46) Massachusetts General Laws ch. 191 §20. Dennis R. Hower, supra 129.
47) Supreme Court of Oklahoma, 614 P.2d 1096 (1980).

"누락이 의도적인 것이 아니고 우연히 또는 실수로 일어난 일이라면, 누락된 자녀는 유언자가 유언 없이 사망했다면 받을 수 있었을 몫을 받아야 한다."

그러나 UPC를 위시한 대부분의 주법들은 단지 유언장이 작성된 이후에 출생한 자녀만을 누락된 상속인으로 보고 있다.[48] 예컨대 Azcunce v. Estate of Azcunce 사건[49]에서 유언자인 Rene Azcunce는 1983년 5월에 그의 생존배우자와 그 당시 이미 태어나 있었던 세 자녀들을 위한 유언신탁을 설정했다. 그 유언장에는 유언장 작성 이후에 태어난 자녀를 위한 어떠한 규정도 두지 않았다. 유언자는 1983년 8월과 1986년 6월에 각 '유언보충서(codicil)'를 작성했는데, 이 유언보충서들은, 유언 처분에 관하여 어떠한 수정도 하지 않았고 유언장 작성 후에 태어난 자녀에 관한 어떠한 규정도 두지 않았다. 첫 번째 유언보충서가 작성된 후인 1984년 3월에 유언자의 딸인 Patricia가 태어났다. 첫 번째 유언보충서는 최초의 유언장의 모든 조건들을 명시적으로 추완했고, 두 번째 유언보충서는 최초의 유언장과 첫 번째 유언보충서의 모든 조건들을 명시적으로 추완했다.[50] 유언자는 1986년 12월에 갑작스런 심장마비로 인해 38세의 나이로 사망했다. 유언장과 유언보충서에 대한 유언검인이 승인되자 Patricia는 누락된 상속인으로서 상속재산에 관한 무유언상속분을 주장하며 이 사건 소를 제기했다. 이에 대해 플로리다주 법원은 Patricia의 청구를 기각하면서 다음과 같이 판시했다.

"두 번째 유언보충서가 최초의 유언장과 첫 번째 유언보충서를 명시적

---

48) Lawrence W. Waggoner, supra 10-42.

49) District Court of Appeal of Florida, 586 So.2d 1216 (1991).

50) '유언보충서에 의한 추완(Republication by Codicil)'에 관하여는 뒤의 유언법 부분에서 자세히 살펴본다.

으로 추완한 이상, 두 번째 유언보충서가 작성될 당시 이미 출생해 있었던 원고는 누락된 상속인이라고 볼 수 없기 때문에 상속재산에 대하여 무유언상속분을 받을 권리가 없다."

c. UPC의 규정

유언으로부터 누락된 자녀에 관한 가장 상세한 법령으로 언급되는 것이 바로 UPC이다. 이에 따르면, "유언으로부터 누락된, 유언장 작성 후에 출생하거나 입양된 자녀(the omitted after-born or after-adopted child, 이하 '누락된 자녀'라 한다)"는 다음과 같이 상속분을 가진다[§2-302(a)].

① 피상속인이 유언장을 작성할 당시 다른 생존한 자녀가 없었던 경우, 누락된 자녀는 유언자가 유언 없이 사망했더라면 받을 수 있었을 몫(무유언상속분)을 상속받는다. 그러나 만약 유언의 내용이 상속재산의 전부를 그 자녀의 생존한 부모에게 주는 것으로 되어 있는 경우에는 그러하지 아니하다.

② 피상속인이 유언장을 작성할 당시 다른 생존한 자녀가 있었고 유언의 내용이 그 생존한 자녀에게 상속재산을 주는 것으로 되어 있는 경우에, 누락된 자녀가 받게 되는 상속분은 그 다른 자녀가 받는 상속분으로 제한된다. 그리고 이와 같이 제한된 범위 내에서 만약 유언자가 유언당시 모든 누락된 자녀를 포함시키고 각 자녀에게 상속재산을 균등하게 나누어주었더라면 받을 수 있었을 상속분을 받을 권리가 있다. 누락된 자녀와 다른 자녀가 받는 상속분은 조건과 액수가 모두 동등하다. 누락된 자녀가 나타남으로 인해 다른 자녀들이 받게 되는 몫은 비율적으로 감축되게 된다.

그러나 그러한 누락이 의도적인 것으로 보이는 경우, 또는 유언자가 누락된 자녀를 위해 유언 이외의 방법으로 재산을 이전해 두었고 그러한 재산의 이전을 통해 유언을 대신하려는 의도가 유언자의 진술

에 의해 드러나거나 이전된 재산의 양 또는 다른 증거에 의해 합리적
으로 추론되는 경우에는 누락된 자녀를 위한 상속분 규정을 적용하지
않는다[§2-302(b)].

한편 자녀가 유언장 작성 당시 이미 생존해 있었는데 유언자가 그
자녀가 이미 사망한 것으로 믿고 그 자녀를 유언에서 누락시킨 경우,
그 자녀는 '누락된 자녀'와 마찬가지로 상속분을 가진다[§2-302(c)].

2. 누락된 배우자(Omitted Spouse)

a. 혼인 전 유언과 배우자의 권리

Common law에서는, 아내가 혼인 전에 작성한 유언장은 '혼인'에
의해, 그리고 남편이 혼인 전에 작성한 유언장은 '혼인과 자녀의 출생'
에 의해 완전히 취소되었다. 이것은 배우자를 보호하기 위한 조치였지
만, 유언자의 혼인 전 처분의사를 완전히 무너뜨리는 결과를 초래했
다. 오늘날 대부분의 주는 이와 같은 common law의 원칙을 포기하고
UPC §2-301(혼인 전 유언에 관한 배우자의 권리)을 따른다. UPC는 혼인
전의 유언을 완전히 무효로 만들지 않고 유언자가 의도하지 않은 상속
배제의 경우에만 배우자를 보호하는 접근방식을 취하고 있다.[51]

1969년 UPC에 따르면, 유언자가 유언장을 작성한 후 혼인을 하였
고 그 유언장이 생존배우자를 위한 규정을 두고 있지 않을 경우, 생존
배우자는 다음의 경우를 제외하고 무유언상속법에 따른 상속분을 주
장할 수 있다.

① 누락이 의도적이라는 점이 유언장으로부터 분명할 경우
② 유언자가 유언 이외의 방식으로 배우자를 위해 재산을 이전하
   였고 그러한 재산의 이전이 유언에 의한 상속을 대신할 의도였
   던 경우

---

51) Elias Clark, supra 191.

그런데 1990년 UPC 하에서 생존배우자는 다음의 경우를 제외하고, 혼인 전부터 존재하고 있던 유언자의 자녀에게 유증되고 난 이후의 나머지 재산에 대하여 무유언상속법에 따른 상속분을 가진다.

① 유언장이 유언자의 혼인에 관한 고려하에서 작성되었음이 유언장 자체에 의해 또는 다른 증거에 의해 밝혀진 경우

② 유언 이후의 어떤 혼인에도 불구하고 혼인 전 유언장이 효력을 가진다고 유언장에 명시된 경우

③ 유언자가 생존배우자를 위해 유언 이외의 방식으로 재산을 이전하였고 그러한 재산의 이전이 유언에 의한 상속을 대신할 의도였다는 점이 유언자의 진술에 의해 확인되거나 이전된 재산의 양 또는 다른 증거에 의해 합리적으로 추론된 경우

b. 누락된 배우자와 배우자 유류분

UPC §2-301의 누락된 배우자에 관한 규정은 배우자 유류분에 관한 규정과는 다른 것이다. 누락된 배우자 규정은, 유언자가 혼인 전에 작성한 유언장에 의한 '의도하지 않은(unintentional)' 상속배제로부터 생존배우자를 보호하기 위한 목적에서 만들어진 것이다. 반면 배우자 유류분은 유언자의 '명백한 의도(intent)'에도 불구하고 생존배우자가 '부부의 합동재산(couple's combined assets)'으로부터 공정한 몫을 받도록 하는 것을 목적으로 한다. 그리고 누락된 배우자에 대한 무유언상속분은 검인대상재산에 대해서만 적용되는 등 배우자 유류분과 계산방식도 다르다. UPC §2-301 하에서의 무유언상속분에 대한 생존배우자의 자격 유무는 배우자 유류분에 대한 생존배우자의 권리에 어떠한 영향도 미치지 않는다.[52]

Estate of Shannon 사건[53]에서, Russell Shannon은 홀아비시절이

---

52) Elias Clark, supra 192.

53) Court of Appeals of California, 274 Cal.Rptr. 338 (1990).

던 1974년 1월에 유언장을 작성했는데, 그것은 자신의 딸인 Beatrice 를 유언집행인으로 지명하고 자신의 재산을 모두 그녀가 상속받을 것 이며 만약 Beatrice가 자신보다 먼저 사망할 경우에는 그녀의 아들인 Donald가 상속을 받을 것이라는 내용이었다. 그 후 Russell은 1986년 4월에 Lila Shannon과 혼인했고, 1988년 2월에 사망했다. Russell은 사 망하기 전까지 자신의 유언장을 고치지 않았다. Lila는, 자신이 「캘리 포니아주법(California Probate Code section 6560)」에 따른 누락된 배우 자로서 Russell의 상속재산에 관하여 권리가 있다고 주장했다. 핵심 쟁 점은, Russell이 Lila를 유언으로부터 배제시키려고 했는지 여부였다. 캘리포니아주 항소법원은, "Russell의 유언장에는 Lila 또는 미래의 혼 인에 관한 아무런 언급도 없고 Lila를 생존배우자로서 상속으로부터 배제시키려는 특별한 의도가 분명히 드러나지 않는다"고 하면서, 이러 한 점이 증명되지 않는 한 Lila에게 누락된 배우자로서의 권리를 인정 해야 한다는 취지로 판시했다.

Chapter 4

유 언 법 (Wills)

A. 인증유언 (Attested Wills)

1. 유언의 형식

a. 형식의 엄격성

어떤 유언장이 진정하게 작성되었다는 사실, 즉 유언자가 유언능력이 있고 유언장이 유언자의 의사에 따라 작성되었으며 유언장에 기재된 서명이 유언자의 것이라는 사실이 증인에 의해 증명된 유언을 '인증유언(Attested Wills)' 또는 '증언된 유언(Witnessed Wills)'이라고 한다. 미국의 모든 주에서 유언은 인증유언을 원칙으로 한다. 즉 자필유언이나 구술유언과 같은 '비인증유언(Anattested Wills)'은 허용하지 않거나 예외적으로만 허용한다.

유언장은 다른 법률 문서들에 비해 더욱 엄격한 형식을 요구한다. 그 이유는, 유언장 작성에 있어서 가장 중요한 사람인 유언자가 나중에(그가 사망하고 난 후) 유언장에 관해 증언할 수 없다는 점, 유언자는 일반적으로 부당한 영향을 받기 쉽다는 점(susceptible to undue influence), 유언자로 하여금 현재 하고 있는 일, 즉 유언장 작성의 심각성을 인식시킬 필요가 있다는 점 때문이다. 사람들은 종종 부주의하게 말하거나 글을 쓰기 때문에 법원의 입장에서는 진술자의 진정한 의도가 재산을 이전시킬 목적이었는지를 엄격한 형식의 충족여부를 통해 확인할 수 있다. 형식요건 중에서도 특히 서명은 당해 문서가 단순한 초안이 아닌 유언자에 의해 최종적으로 유언장으로 채택되었다는 것을 보여주는 경향이 있다. 또한 재산이전을 위해 요구되는 엄격한 형식들은 법원에 제출된 증거의 신빙성을 높일 수 있다. 그리고 위에서 언급한 것처럼 유언자는 부당한 영향을 받기 쉽기 때문에 유언장 작성 시에 유언자를 보호하기 위한 예방적 차원의 조치로 엄격한 형식을 요구하는 것이라고 볼 수도 있다.[1]

b. 일반적인 형식요건

각 주는 각자의 법령으로 인증유언에 관한 고유의 형식적 요건을 규정하고 있다. 그렇지만 공통적으로 다음과 같은 요건을 요구하는 것이 일반적이다. ① 문서로 작성할 것 ② 유언자가 서명할 것 ③ 적어도 2인 이상의 증인이 인증할 것 등이 그것이다.[2] 이에 더하여 부가적인 형식을 요구하는 주가 많은데, '유언자가 증인들의 면전에서 서명할 것' 또는 '증인들이 유언자의 면전에서 서명할 것'을 요구하는 것이 가장 보편적이다. 몇몇 주에서는 '문서 말미에(at the end)' 서명할 것을 요구하거나, 유언자가 증인에게 당해 문서가 자신의 유언장이라고 '선언(declaration)' 또는 '공표(publication)'할 것을 요구하기도 한다.[3] 이처럼 '유언인증(attestation)'을 위해 요구되는 법적 형식은 주마다 다양하지만, 거슬러 올라가 보면 모두 영국의 「사기방지법(Statute of Frauds, 1676)」과 「유언법(Wills Act, 1837)」에서 그 기원을 찾을 수 있다.[4]

---

1) Ashbel G. Gulliver / Catherine J. Tilson, "Classification of Gratuitous Transfers," 51 *Yale Law Journal* 2-10 (1941).

2) 루이지애나주만이 두 사람의 증인 이외에 '공증인(notary public)'이라는 특별한 형식을 요구한다. 한편 버몬트주는 세 사람의 증인을 요구한다. Dennis R. Hower, supra 148.

3) '선언(declaration)'과 '공표(publication)'가 다른 것으로 보이지는 않는다. 과거에는 '공표'라는 용어를, 요즘은 '선언'이라는 용어를 즐겨 사용하는 것 같다.

4) Elias Clark, supra 263.

c. UPC의 규정

UPC는 유언의 형식요건에 관하여 엄격하지 않고 상당히 융통성 있게 규정하고 있다. 즉 UPC에서는 다음과 같은 형식을 요구한다 (§2-502).

① 문서로 작성할 것

② 유언자가 직접 서명하거나, 유언자의 '의식적 현존상태(conscious presence)' 하에서 유언자의 지시에 따라 다른 사람이 유언자의 이름으로 서명할 것

③ 적어도 2인 이상의 증인이 서명할 것

④ 증인들이 유언자가 서명하는 것을 목격하거나 서명 또는 유언장 자체에 대해 유언자가 '인정(acknowledgment)'하는 것을 목격한 후 합리적인 시간 내에 서명할 것

이에 따르면 유언자는 당해 문서가 자신의 유언장이라고 선언할 필요도 없고, 증인에게 곧바로 서명할 것을 요구할 필요도 없으며, 증인은 반드시 유언자 또는 다른 증인의 면전에서 서명할 필요도 없다. 유언자는 미리 유언장에 서명하고 난 후 나중에 증인들에게 서명이 자신의 것이라거나 그 문서가 자신의 유언장이라고 인정하기만 하면 증인이 출석하지 않은 상태에서도 서명할 수 있다. 또한 유언자는 문서 말미뿐 아니라 문서의 '어느 곳에든(anywhere)' 서명할 수 있고, 증인은 합리적인 시간 내라면 심지어 유언자가 사망한 이후에도 서명할 수 있다.[5] 그러나 캘리포니아주 법원은 유언자가 사망하기 전에 증인이 서명할 것을 요구하고 있다(Estate of Saueressig[6]).

---

[5] UPC 공식 주석의 설명이다. "in a given case, the reasonable-time requirement could be satisfied even if the witnesses sign after the testator's death."

[6] Supreme Court of California, 136 P.3d 201 (2006). 이 사건의 유언장에 대해서는 한 사람의 증인만 서명하고 두 번째 증인은 유언자가 사망한 후 인증하려고 했다. 유언집행인이 이 유언장에 대한 검인을 신청했으나, 캘리포니아주 대법원은 "두 사람 이상의 증인에 의한 유언장의 서명은 유언자가 사망하기 전에 이

2. 유언의 요건

a. 문서요건(Writing)

UPC를 포함한 모든 주법들은 유언이 문서로 이루어질 것을 요구한다. 따라서 테이프레코딩이나 비디오테이프는 문서가 아니기 때문에 그 자체로 유언으로서 기능할 수는 없다. 예컨대 Matter of Reed 사건7)에서, 피상속인은 사망하기 전에 자신의 유언에 관한 테이프레코딩을 만들었으나, 법원은 그것을 피상속인의 자필유언으로 인정하지 않았다. 다만 이러한 것들은 유언자의 유언능력이나 부당한 영향으로부터의 자유를 입증하기 위한 증거로 채택될 수는 있을 것이다.8)

b. 서명요건(Signature)

인증유언이 유효하기 위해서는 유언자가 서명을 해야 한다. 그러나 유언자가 자신의 이름 전체를 완전하게 쓸 것을 요구하지는 않는다. 유언자가 서명을 할 의도로 기재한 표시이기만 하면 충분하다.

예컨대 In re Estate of McCabe 사건9)에서, 유언자인 James McCabe는 사망하기 15일 전에 유언장을 작성했는데 당시 그는 너무 몸이 약해서 유언장에 자신의 이름을 쓸 수가 없었다. 그래서 자신의 이름이 타이핑되어 있는 곳 윗부분에 "X"라고만 표시했다. 이해관계 없는 증인이 유언자의 표시임을 인정하고 서명하면서 그 표시 옆에 "증인(witness)"이라고 기입했다. 그리고 다른 두 사람이 증인으로서 서명했다. 이에 대해 캘리포니아주 항소법원은 유언장의 유효함을 인정하면서, 설사 증인이 유언자의 "X" 표시 옆에 유언자의 이름을 기재하지 않았더라도 무방하다고 판시했다.10)

루어져야 한다"고 하면서 이를 거부했다.

7) Supreme Court of Wyoming, 672 P.2d 829 (1983).

8) Lawrence W. Waggoner, supra 4-8, 4-9.

9) Court of Appeals of California, 274 Cal.Rptr. 43 (1990).

대부분의 법원은 증인이 서명하기 전에 유언자가 먼저 유언장에 서명할 것을 요구한다(Sign-First Requirement).[11] 예컨대 Burns v. Adamson 사건[12]에서 문제된 유언장에는 세 명의 증인이 있었다. 그런데 그 중 한 증인은 유언자가 서명하기도 전에 먼저 서명하고 자리를 떠났으며, 또 다른 증인은 유언자가 서명하는 것을 목격하기는 했지만 정작 자신은 서명하지 않았다. 이 유언이 행해진 아칸소주법에 따르면 최소한 두 명의 증인이 유언자가 서명할 당시 출석해 있어야 하는데, 이 사건 유언의 경우에는 이 요건이 충족되지 못했기 때문에 법원은 이 유언이 무효라고 판결했다. 이 사건에서 법원은 뒤에서 살펴볼 '실질적 일치의 법리(Doctrine of Substantial Compliance)'의 적용을 시도해 보았지만, 유언자가 서명하는 것을 보지 않은 증인에 대해서까지 이 법리를 확대 적용한 선례를 발견하지는 못했다. 증인은 단순한 '유언장의 일부(the rest of the will)'가 아니라 유언자의 서명을 '관찰하는 것(observe)'이 그 핵심이기 때문이었다.

컴퓨터 사용이 일반화된 최근에는 유언자가 손으로 서명을 하지 않고 자신의 서명을 디지털화하여 워드 프로세스로 작성된 유언장에 첨부시킨 후 이를 인쇄하여 여기에다가 증인이 서명을 하는 방식도 생각해볼 수 있다. Taylor v. Holt 사건[13]에서 테네시주 법원은, '컴퓨터에 의해 생성된 서명(computer-generated signature)' 역시 그 문서를 유언장으로 삼으려는 유언자의 의사에 따라 작성된 상징 또는 방법이므로, 이러한 서명도 주법이 정의하는 서명의 범주에 포함될 수 있다고 하면서 그 유효성을 인정하였다. 유언자는 서명을 하는 도구로써 단순

10) 텍사스주 항소법원도 Phillips v. Najar 사건에서 유언자가 손으로 글씨를 쓰는 능력이 악화되어 할 수 없이 "X"라고만 표시한 유언장의 유효성을 인정하였다. Court of Appeals of Texas, 901 S.W.2d 561 (1995).

11) Lawrence W. Waggoner, supra 4-13.

12) Supreme Court of Arkansas, 854 S.W.2d 723 (1993).

13) Court of Appeals of Tennessee, 134 S.W.3d 830 (2003).

히 잉크 대신 컴퓨터를 사용했을 뿐이라는 것이다.[14]

c. 인증요건(Attestation)

인증유언에 있어서 증인은 본질적이고 필수불가결한 요건이다. UPC를 채택하지 않은 주들은 일반적으로 증인이 '유언자의 면전에서 (in the presence of the testator)' 유언장에 서명할 것을 요구한다.[15] 이 러한 요건을 충족시키지 못하여 무효가 된 유언장은 무수히 많다.

예컨대 In re Estate of Weber 사건[16]에서, 피상속인인 Weber는 몸이 아파 병원으로 가는 도중에 자신이 유언장을 작성하지 않았다는 사실을 깨달았다. 그래서 그는 은행 앞에서 차를 멈추고 은행 지점장에 게 자신의 재산을 아내와 조카에게 나누어 준다는 취지의 유언장 작성 을 부탁했고, 지점장이 유언장 초안을 작성해서 그에게 가져왔다. 그는 차 안에서 유언장에 서명했고 지점장이 그 유언장을 가지고 은행 안으 로 들어가 은행 직원들이 증인으로 서명했다. 피상속인과 증인들 사이 에는 어떠한 대화도 없었다. 그런데 지점장은 유언장 초안을 작성하면 서 Weber의 아내를 포함시키지 않았고 Weber는 이것을 인식하지 못 했다. 법원은 면전요건이 충족되지 않았기 때문에 이 유언이 무효라고 판결했다. 은행직원들은 Weber가 서명하는 것을 볼 수 없었고, Weber 역시 그들이 서명하는 것을 제대로 볼 수 없었기 때문이었다. 이 판결 에서 법원은 애초에 유언장 초안이 잘못 작성되었다는 사실에 주목하 고 유언의 효력을 부인하는 쪽으로 의견을 모았던 것으로 보인다.

어떠한 경우에 이러한 '면전요건(Presence Requirement)'이 충족되 는지에 관한 심사기준으로는 전통적인 다수견해인 '시야기준(Line-of-

---

14) 이 사건에서 유언자는 자신의 모든 재산을 자신의 애인에게 남긴다고 유언을 했다. 그러자 유언자의 누이가 유언장 작성의 적법성을 문제삼으며 이 사건 소 를 제기했다.

15) Lawrence W. Waggoner, supra 4-17.

16) Supreme Court of Kansas, 387 P.2d 165 (1963).

Vision Test)'과 제3차 재산법 리스테이트먼트가 채택한 '의식적 현존기준(Conscious-Presence Test)'이 있다. 전자는 유언자의 '시야(line of vision)' 내에서 증인이 서명을 해야 한다는 것으로서, 유언자가 자신의 위치를 바꾸지 않고도 유언장이 인증되는 장면을 볼 수 있었을 것을 요구한다. 유언자가 정말로 보았을 것을 요하는 것은 아니다. 이 기준에 따르면, 증인이 유언자와의 전화를 통해 유언자의 유언의사를 확인한 경우에는 면전요건을 충족시키지 못한 것이 된다(Will of Jefferson[17]). 그러나 이 기준은 지나치게 형식논리적이며 유언자가 맹인인 경우를 설명하기 곤란하다는 문제가 있다. 한편 '의식적 현존기준'은 면전요건을 보다 자유롭게 해석한다. 즉 사람은 다른 사람을 직접 보지 않고서도 그 사람의 존재를 '감지(sense)'할 수 있음을 인정한다. 그리하여 유언자가 증인을 직접 볼 수 없다 하더라도 증인의 존재를 감지할 수 있는 상황이면 면전요건이 충족된 것으로 본다.[18]

　　그런데 UPC는 이러한 면전요건을 삭제했다. 즉 UPC는 증인이 유언자의 면전에서 서명할 것을 요구하지 않는다. 다만 유언자가 다른 사람에게 유언자 자신을 위해 서명할 것을 지시하는 경우에만 면전요건을 요구하고 있다. 그런데 1969년 UPC는 '유언자의 면전에서(in the testator's presence)' 유언자의 이름으로 서명할 것을 요구했지만, 1990년 UPC는 유언자의 '의식적 현존상태(conscious presence)' 하에서 유언자의 이름으로 서명할 것을 요구하고 있다. 이 부분에 관한 한 '시야기준'에서 '의식적 현존기준'으로 전환한 것으로 보인다.

3. 증인적격

a. 일반적인 증인적격

UPC를 채택하지 않은 주들은 거의 대부분 증인이 '신빙성이 있거

---

17) Supreme Court of Mississippi, 349 So.2d 1032 (1977).

18) Lawrence W. Waggoner, supra 4-21.

나(credible)' '증언능력이 있을 것(competent)'을 요구한다.[19] 증인은 유언 당시 상황을 보고 이해할 수 있는 능력이 있어야 하며, 유언 당시 상황을 기억하고 설명할 수 있는 능력도 있어야 한다. 그러나 범죄전과는 증인결격사유가 되지 않는다. 일부 주에서는 증인이 될 수 있는 최저 연령을 규정하기도 하는데, 이 경우 최소한 18세 이상이어야 할 것을 요구한다. 예컨대 Norton v. Hinson 사건[20]에서 아칸소주 법원은, 증인들 중 한 사람이 유언장에 서명할 당시 아직 18세가 되지 않았다는 이유로 그 유언장은 무효라고 판결했다.

그러나 통상적으로는 증인의 연령을 특별히 규정하지 않고, 유언장 작성시 발생하는 사실들을 관찰하고 기억할 수 있을 정도로 성숙하다면 설사 미성년자라도 유효한 증인이 될 수 있는 것으로 본다(Matter of Dejmal's Estate[21]).

b. 이해관계 있는 증인(Interested Witnesses)

유언의 수익자가 그 유언의 증인인 경우, 즉 '이해관계 있는 증인(Interested Witnesses)'의 경우에는 증인결격사유에 해당하는지에 관하여 전통적으로 많은 논의가 이루어져 왔다.

(1) 증인결격(Disqualification)   Common law에서는 소송당사자나 이해관계인이 증언하는 것이 금지되었으며, 배우자가 다른 배우자를 위해 증언하는 것도 금지되었다. 그리고 이러한 '증인결격(disqualification)'은 당사자와 이해관계인의 배우자에게로까지 확대되었다. 그러나 이러한 증인결격은 일반 소송에 관한 한 미국에서는 거의 폐지되었다. 따라서 증인이 소송에서 이해관계가 있다는 것은 증인의 신빙성을 결정하는 데 있어서 고려될 수 있을지언정, 증언 자체를 배제시키는 근거가 되지는 않는다.

---

19) Lawrence W. Waggoner, supra 4-27.
20) Supreme Court of Arkansas, 989 S.W.2d 535 (1999).
21) Supreme Court of Wisconsin, 289 N.W.2d 813 (1980).

그런데 유언법 분야에서는 이러한 common law의 전통을 여전히 확인할 수 있다. 원래의 사기방지법은, 유언이 3명 내지 4명의 신빙성이 있는 증인들에 의해 '인증(attest)'될 것을 요구했다. common law에서는 이해관계인이 증언할 수 없었기 때문에 당연한 결과로 유언에 대한 '신빙성이 있는' 증인이 될 수도 없었다. 그리하여 필요한 증인들 중 한 사람이 유언의 수익자인 경우에는 그 유언은 완전히 무효가 되었다.[22]

UPC를 채택하지 않은 주가 다음에서 살펴볼 제거법령도 가지고 있지 않은 경우에는 여전히 이러한 common law의 원칙에 따라 이해관계 있는 증인 문제를 해결하고 있다.

(2) 제거법령(Purging Statute)   1752년 영국에서는 유언장 중에 이해관계인에 대한 증여 부분만 유언으로부터 제거하는 이른바 '제거법령(Purging Statute)'이 시행되었다. 그 결과, 유언자가 증인에게 유증을 함으로써 증인이 이해관계인이 된 경우 그 증여는 무효가 되지만 당해 증인은 결격되지 않고 유언장의 나머지 조항들도 그대로 효력을 유지할 수 있게 되었다.[23] 현재 UPC를 채택하지 않은 주들은 거의 대부분 이러한 취지의 제거법령을 가지고 있으며, 이해관계 있는 증인이 유언으로부터 받을 몫을 그들의 무유언상속분까지로 제한한다. 전통적인 제거법령이 이해관계인에 대한 증여를 전부 무효화하는 데 비해, 미국의 현대적인 제거법령에 의하면 이해관계인에 대한 증여는 무유언상속분 한도에서 효력이 있다. 즉 이해관계인이 상속인이거나 이전의 유언에 의해 수증자가 된 경우에는 무유언상속분 또는 이전의 유언에 의해 유증받을 수 있는 몫을 가지는 것을 허용한다.[24]

최소 2명의 '인증유언 증인(attesting witnesses)'을 요구하는 주에서 증인 3명이 모두 유증을 받아서 이해관계 있는 증인이 되었다고 한다

---

22) Elias Clark, supra 285-286.

23) Elias Clark, supra 286.

24) Lawrence W. Waggoner, supra 4-28.

면 그 유언의 효력은 어떻게 될 것인가? In re Estate of Watts 사건[25]에서 이들 3명의 증인들—이들은 모두 유언자의 상속인이 아니었다—은, 각자가 유언으로부터 받은 증여는 그 증여에 관한 한 아무런 이해관계가 없는 2명의 증인이 있다고 주장했다. 이 사건의 관할지역인 일리노이주는 전통적인 제거법령을 가지고 있었는데 그에 따르면, 인증유언의 증인이 그 유언으로부터 이익을 얻는 경우에는 그 유언이 두 사람 이상의 별도의 중립적인 증인들에 의해 인증되지 않은 한 그 이익은 무효가 되었다. 일리노이주 항소법원은, 그 유언이 별도의 중립적인 2명의 증인을 가지지 못했다고 보아 이들에 대한 유증은 무효이지만 그 밖에 당해 유언의 나머지 유증 부분은 이들 증인들의 인증에 의해 유효하게 될 수 있다고 판결했다.[26]

(3) 무효 추정의 철폐   이해관계 있는 증인이 존재하는 경우 common law에서는 유언 전부가 무효이고 제거법령에서는 일부가 무효이지만, 결국 이해관계 있는 증인은 부정직하다고 보아 무효를 추정한다는 점에서는 양자가 동일하다. 그런데 UPC §2-505는 이와 같은 '무효의 추정(Presumption of Invalidity)'을 완전히 철폐했고, 일부 주에서는 이러한 UPC 규정을 채택했다. 이 규정에 따르면, 일반적으로 증인능력이 있는 사람은 유언의 증인이 될 수 있고[§2-505 (a)], 이해관계 있는 증인이 유언장에 서명한 경우에도 그 유언장 전체 또는 일부 조항이 당연히 무효가 되지는 않는다[§2-505(b)]. 즉 유언에 있어서의 이해관계는 이제 더 이상 증인결격사유가 되지 않으며, 그러한 유언에 기한 증여를 무효로 만들거나 몰수하지도 않게 되었다. 그러나 이러한 UPC 조항을 채택한 주는 현재까지 1/3 정도밖에 되지 않고, 나머지 대

---

25) Appellate Court of Illinois, 384 N.E.2d 589 (1979).

26) "(제거법령에 의해) 증인들이 어떠한 이해관계도 가지지 않게 되었으므로, 그 유언에 대한 인증은 유증의 나머지 부분을 유효하게 만들기에 충분하다. 그리고 이들 증인들에 대한 유증 부분은 무유언상속법에 따라 상속인들에게 돌아가게 된다."

다수의 주들은 여전히 제거법령을 가지고 있다.[27]

참고로 캘리포니아주에서는, 유언에 관하여 이해관계 있는 증인이 있는 경우 유언자가 '부당한 영향(undue influence)' 하에 있었다고 추정하되 이해관계 있는 증인이 반증을 제출하여 이러한 추정을 복멸시킬 수 있도록 하는 방식으로 이 문제를 해결하고 있다(California Probate Code §6112).

c. 수탁자의 증인적격여부

어떤 유언에서 유언집행인이나 수탁자로 지명된 사람이 그 유언에 관한 증인이 될 수 있을까? 이 문제에 관하여, 법원은 이들도 일반적으로 증인적격이 있다고 판결하고 있다. 그 이유는, 이들이 설사 신탁수수료를 받게 되더라도 그것은 '무상수익(gratuitous benefit)'이 아니라 서비스에 대한 대가로서 받는 보상금이기 때문이라고 한다.[28]

예컨대 Giacomini's Estate사건[29]에서, 두 사람의 증인 중 한 사람이었던 변호사가 유언집행인이자 공익신탁의 수탁자이기도 했으나, 법원은 그 변호사가 상속재산의 분배에 관하여 금전적인 이해관계가 없고 수익자도 아니기 때문에 유언은 무효가 되지 않는다고 판결했다. 이것은, 일반적으로 수수료는 제거법령의 규제대상인 증여로 취급되지 않음을 의미한다. 그러나 비록 수탁자가 자동적으로 이해관계인이 되는 것은 아니더라도, 상속인으로서는 유언자와 수탁자 사이의 신뢰관계에 기초한 '부당한 영향'을 주장할 수는 있을 것이다.

4. 무해한 하자의 치유(Harmless Error Rule)

유언장은 법정 형식요건과 '엄격하게 일치(strict compliance)'해야

---

27) Jesse Dukeminier, supra 215.
28) Elias Clark, supra 289.
29) Court of Appeals of Kansas, 603 P.2d 218 (1979).

하고 유언장 작성에 관한 어떠한 실수도 유언을 무효로 만든다는 것이
전통적인 법칙이었다. 그러나 유언장 작성에 관한 법정 형식요건에 하
자가 있는 경우에 그것을 이유로 유언을 무효로 만들기 보다는 그것을
'무해한 실수(harmless error)'로 보아 하자의 치유를 인정해야 한다는
주장이 제기되어 왔다. 어떠한 형식상의 실수가 누구에게도 해가 되지
않는 경우에는 형식요건을 충족했다고 본다는 의미에서 이것을 '무해
한 하자의 법리(Harmless Error Rule)'라고 부르기도 한다. 이러한 형식
적 하자의 치유에 관한 대표적인 이론이 '실질적 일치의 법리(Doctrine
of Substantial Compliance)'와 '하자치유권(Dispensing Power)'이다.

a. 실질적 일치의 법리(Doctrine of Substantial Compliance)

유언검인법원은, 어떤 유언장이 설사 법령이 정하는 형식요건을
기술적으로 완벽하게 충족시키지는 못했을지라도 법령이 요구하는 형
식과 '실질적으로 일치'한다고 보아 요건이 충족되었다고 판단할 수 있
는데, 이것을 '실질적 일치의 법리(Doctrine of Substantial Compliance)'
라고 부른다. 이것은 원래 common law의 원칙인데, 이 이론을 유언
의 형식요건과 관련하여 처음으로 설계한 사람은 John H. Langbein
교수이다. 그는 1975년에 "Substantial Compliance with the Wills
Act"라는 유명한 논문을 발표했는데 여기서 그는 특히 인증요건의 흠
결에 관하여 '실질적 일치의 법리'를 적용할 것을 주장했다.[30]

이러한 법리는, 어떤 법정 형식요건에 변화를 주지 않고도 법원에
의해 채택될 수 있다는 장점이 있다. 그러나 입법자의 승인 없이 법원
이 신속하게 그 법리를 적용하기를 주저할 위험도 상존한다. 이 법리

---

30) Jesse Dukeminier, supra 233. Langbein 교수는 저명한 법사학자이자 신탁법과
   상속법의 대가로서 현재 예일대학교의 Sterling Professor로 재직하고 있다.
   Sterling Professor는 예일대학교 특유의 제도로서, '종신교수(tenured faculty
   member)' 중에서 그 분야 최고의 권위자로 인정받는 사람에게만 매우 제한적으
   로 수여하는 최고의 지위이다(Wikipedia).

는 모든 유언에 대해 적용되는 것이 아니라, 전문가의 조력 없이 작성
된 유언장이 유언법령이 요구하는 형식요건을 완전히 충족하지 못한
경우에만 적용된다. 따라서 이 법리는 '유언자가 손수 만든 유언장
(homemade wills)'에 적용될 가능성이 압도적으로 높다. 그러나 이 법
리로 인해 전문가의 조력 없이 유언자가 손수 유언장을 작성할 가능성
이 높아질지도 모른다는 걱정은 기우이다. 이러한 법리가 존재한다는
것을 알 정도로 유언검인절차에 관해 잘 아는 사람이라면, 애초에 그
러한 법리에 의존하려고 하지 않을 것이기 때문이다.[31]

이 이론을 명시적으로 채택한 대표적인 판결이 In re Will of
Ranney 사건[32]이다. 이 사건은 증인이 유언장이 아닌 '선서진술서
(affidavits)'에만 서명을 한 경우에 이 법리를 적용할 수 있는지 여부에
관한 해답을 제시하고 있다. 이 사건의 피상속인인 Russell Ranney의
유언을 위해 두 사람이 증인이 되었는데, 그들은 유언장 그 자체에는
서명을 하지 않고 유언장에 첨부된 선서진술서에만 서명을 했다. 그런
데 Russell이 사망하자 그 아내인 Betty는 유언에 따른 상속분이 아닌
무유언상속분을 갖기로 결심하고, 그 유언은 유언장 자체에 증인들의
서명이 없기 때문에 무효라고 주장했다. Betty의 유일한 이의 사유는,
그 유언장이 뉴저지주법에 따른 형식요건의 문언과 '완전히(literally)'
일치하지 않는다는 것이었다. 그러나 뉴저지주 '먼마우스 카운티
(Monmouth County)'의 유언검인판사는 그 유언장에 대한 검인을 명했
다. Betty가 이러한 명령에 대해 이의를 제기하자, 뉴저지주 1심법원
은 유언검인판사의 명령을 번복하여 그 유언장은 뉴저지주법(N.J.S.A.
3B:3-2)이 요구하는 두 증인의 서명을 포함하고 있지 않으므로 유언검
인을 거부해야 한다고 판결했다. 이에 대해 뉴저지주 항소법원은, 선
서진술서는 유언장의 일부이므로 증인들은 법이 요구하는 대로 유언

---

31) John H. Langbein, "Substantial Compliance with the Wills Act," 88 *Harvard Law Review* 524-526 (1975).

32) Supreme Court of New Jersey, 589 A.2d 1339 (1991).

장에 서명한 것으로 보아야 한다고 하면서, 1심법원의 판결을 취소하고 유언장 작성과 관련한 쟁점들(Russell이 당해 문서를 자신의 유언장으로 삼기 위해 작성했는지, 증인들이 Russell로부터 증인이 되어 달라는 부탁을 받고 그에 응해서 선서진술서에 서명한 것인지, 그 증인들이 Russell의 서명 또는 인정을 목격했는지 여부)에 대한 '청문(plenary hearing)'을 위해 사건을 환송시켰다. 이에 대해 뉴저지주 대법원은, 비록 선서진술서에 행한 서명이 유언장에 행한 서명과 완전히 일치한다고 본 항소법원의 견해에는 동의하지 않았지만, 유언장이 법정요건과 '실질적으로 일치(substantially complies)'한다면 유언검인이 허용될 수 있다고 보았다.33) 결국 뉴저지주 대법원은 항소법원의 판결을 확정하고 '실질적 일치(Substantial Compliance)' 여부를 조사토록 하기 위해 사건을 1심법원으로 환송시켰다.34)

b. 하자치유권(Dispensing Power)

'하자치유권(Dispensing Power)'이라 함은, 어떤 문서가 유언장으로서 적법하게 작성되지 않았더라도 피상속인이 당해 문서를 자신의 유언장으로 삼으려고 했음이 '합리적인 의심 없이(no reasonable doubt)' 분명한 경우에 당해 문서에 대한 유언검인을 허용할 수 있는 법원의 권능을 말한다. 즉 이것은 형식요건이 충족되지 않았을지라도

---

33) 뉴저지주 항소법원은 유언장에 '인증조항(attestation clause)'이 없음에도 불구하고 그 유언장이 법정요건을 완벽하게 만족시킨다고 판시했다. 그러나 인증조항이 없는 유언장은 적법하게 작성된 것이라고 추정될 수 없다. 따라서 비록 증인이 선서진술서에 서명을 했더라도 유언장에 서명하지 않는 한 그 유언장에 대한 검인은 허용될 수 없는 것이 원칙이다. 인증조항과 선서진술서에 관해서는 아래의 '적법한 작성의 추정' 부분에서 자세히 논하기로 한다.

34) 뉴저지주 대법원은 다음과 같은 설명도 부연했다. "1심법원이 엄격한 방식으로 청문을 행한 후에 그 유언장의 작성이 법정요건과 '실질적으로 일치'한다고 판단한다면, 1심법원은 그 유언장의 검인을 허용한 유언검인판사의 결정을 원상회복시킬 수 있다."

피상속인이 유언장으로 삼으려고 의도한 문서를 유효하게 만들 수 있는 권능이다.[35) 하자치유권은 '사우스 오스트레일리아(South Australia)'에서 처음으로 입법되었는데, John H. Langbein 교수의 지지를 얻으며 미국에 소개되었다. 그는 실질적 일치의 법리에 의존하기보다는 법령으로 법원에게 하자치유권을 부여하는 것이 형식적 요건을 흠결한 유언장을 보다 적극적으로 구제하는 데 적합하다고 주장했다.[36)

하자치유권과 실질적 일치의 법리의 가장 큰 차이점은, 전자는 피상속인의 의사를 중요시하는 데 비해 후자는 하자의 객관적인 현상을 중시한다는 것이다. 즉 전자에 따르면 형식요건의 하자의 정도가 어떠하든 간에 피상속인이 그 문서를 자신의 유언장으로 삼으려고 했다는 점만 입증되면 하자가 치유되지만, 후자에 의할 경우 유언장의 형식이 법정요건을 만족시킬 정도로 법정요건에 충분히 근접한지 여부를 따진다. 결과적으로 실질적 일치의 법리의 경우에는 하자의 객관적인 정도에 따라 치유 여부가 달라지게 된다.

UPC는 1990년 개정시 §2-503에 법원의 '하자치유권'을 포함시켰다. 다만 입증의 정도에 있어서는 '합리적인 의심이 없을 정도(no reasonable doubt)'보다 더 높은 기준인 '명백하고 설득력 있는 증거(clear and convincing evidence)'를 요구하고 있다. 이 기준은 미국 민사소송에 있어서 가장 높은 입증기준이다. 1990년 UPC §2-503은 다음과 같이 규정하고 있다.

---

35) 'Dispensing Power'를 문자 그대로 번역하면 '면제권', '생략권' 등이 될 것이다. 이것은 형식요건을 면제해주거나 요건의 생략을 허용한다는 의미이다. 결국 형식적 하자를 치유할 수 있는 권능을 의미하는 것이기 때문에 말의 뜻을 살려서 이것을 '하자치유권'이라고 번역하였다.

36) John H. Langbein, "Excusing Harmless Errors in the Execution of Wills," 87 *Columbia Law Review* 1, 53 (1987). Langbein 교수는 그 자신이 실질적 일치의 법리를 처음으로 주장했으면서도 하자치유권과의 면밀한 비교 분석을 통해 실무에서 하자치유권이 보다 우월하다는 점을 인정했다.

§2-503 유언장으로 의도된 문서 등 : 어떤 문서가 §2-502의 요건과 일치하게 작성되지 않았을지라도 만약 그 문서에 대한 유언검인을 신청한 사람이 명백하고 설득력있는 증거로 다음 사실을 입증한 경우에는 그 문서는 §2-502의 요건과 일치하게 작성된 것처럼 취급된다.

(ⅰ) 피상속인이 그 문서를 자신의 유언장으로 삼으려 했다는 사실

(ⅱ) 피상속인이 그 문서로 유언장의 일부 또는 전부를 '철회(revocation)'하려 했다는 사실

(ⅲ) 피상속인이 그 문서로 유언장을 '추가(addition)' 또는 '수정(alteration)'하려 했다는 사실

(ⅳ) 피상속인이 그 문서로 선행 유언장의 일부 또는 전부를 '부활(revival)'시키려 했다는 사실

1990년 UPC §2-503은 캘리포니아주를 포함하여 여러 주에서 채택되었으며,[37] 1999년에 제3차 재산법 리스테이트먼트도 하자치유권을 입법화했다. 즉 리스테이트먼트는, "유언검인신청인이 명백하고 설득력 있는 증거로 피상속인이 그 문서를 자신의 유언장으로 채택했다는 점을 입증할 경우 유언장 작성과 관련한 무해한 하자는 치유된다"고 규정하고 있다(Wills and Other Donative Transfers §3.3).

하자치유권을 적용하여 사건을 해결한 대표적인 판결이 In re Estate of Hall 사건[38]이다. 이 사건의 유언자인 James Mylen Hall ("Jim")은 몬태나주에서 살다가 1998년 10월에 75세의 나이로 사망하면서 아내인 Betty와 전처의 딸들인 Sandra와 Charlotte를 남겼다. Jim은 1984년 4월에 유언장을 작성했으나("최초 유언장"), Betty와 '공동유언장(Joint Will)'[39]을 작성하기로 하고 1997년 6월에 초안 작성을 위해

---

37) 콜로라도, 하와이, 미시간, 몬태나, 사우스다코타, 유타주 등이 1990년 UPC §2-503을 채택했다. Lawrence W. Waggoner, supra 4-15.

38) Supreme Court of Montana, 51 P.3d 1134 (2002).

39) 두 당사자가 하나의 유언장에 작성한 유언으로서, 두 사람을 위한 하나의 유언

변호사인 Ross Cannon을 만났다. 수 차례의 수정을 거친 후 Jim과 Betty는 공동유언의 조건에 명백히 동의했다. Jim과 Betty는 그 초안에 서명했고 Cannon이 공증을 했는데 당시 그 자리에는 세 사람 이외에 아무도 없었다. 그 후 Jim은 Betty에게 최초 유언장을 폐기할 것을 지시했고 Betty는 그 지시에 따랐다. Jim이 사망한 후에 Betty가 공동유언장에 대한 약식유언검인을 신청하자, Sandra가 약식유언검인에 대해 이의를 제기하며 최초 유언장에 대한 정식유언검인을 요구했다. 공동유언장은 몬태나주법이 요구하는 대로 두 사람의 증인에 의해 인증되지 않았기 때문에 효력이 없다는 것이 Sandra의 주장이었다. 그러나 당시 몬태나주법은 하자치유권에 관한 법령을 가지고 있었는데 (§72-2-523, MCA)[40] 이에 따르면, 설사 두 사람의 증인이 인증하지 않았더라도 유언검인신청인이 명백하고 설득력 있는 증거로 피상속인이 그 문서를 자신의 유언장으로 삼으려 했다는 점을 입증한다면 당해 문서가 유언장으로서 적법하게 작성된 것처럼 취급될 수 있었다. 그리하여 몬태나주 대법원은, "Jim이 Betty에게 최초 유언장의 폐기를 명한 점 등에 비추어 볼 때 Jim은 최초 유언을 철회하고 공동유언장을 자신의 유언장으로 삼으려 했다고 보아야 한다"라고 판시하면서 공동유언장에 대한 검인을 승인한 원심의 결정을 확정했다.

5. 적법한 작성의 추정

a. 공증된 선서진술서(Notarized Affidavit)

유언장이 적법하게 작성되었는지 여부는 일반적으로 유언자가 사망하고 난 후 증인들의 증언에 의해 입증된다. 그런데 증인들이 사망하거나 기타 사정으로 인해 유언검인절차에서 증언할 수 없는 경우에는 유언장을 검인할 수 없게 된다. 이러한 곤란한 상황을 미연에 막기

이다.

40) §72-2-523은 1990년 UPC §2-503의 몬태나주법령이다.

위한 방법으로 유언장이 적법하게 작성되었음을 추정하는 제도가 있다. 그것이 바로 '공증된 선서진술서(Notarized Affidavit)'이다. 선서진술서는 반드시 공증인 앞에서 작성되어야 한다. 거의 모든 주에서 유언장은 이러한 공증된 선서진술서에 의해 적법하게 작성되었음이 추정되는데, 이것은 UPC가 창안해 낸 것이다.

UPC는 두 가지 종류의 선서진술서를 인정하고 있다. '일단계형(one-step)'과 '이단계형(two-step)'이 그것이다.[41] 그러나 어느 것이든 유언자와 증인들이 공증인의 면전에서 선서진술서에 서명을 해야 한다는 점은 동일하다. 이 선서진술서에 공증인도 서명을 한 후 이것을 봉인한다. 그러면 이것은 '자기증명적 유언장(self-proved will)', 즉 스스로 증명력을 가지는 유언장이 된다.

(1) 일단계형 선서진술서[UPC §2-504(a)]　　　이것은 유언자에 의한 유언장의 작성과 증인들에 의한 인증, 그리고 공증인에 의한 공증이 '동시에(simultaneously)' 이루어지는 방식이다. 유언장이 작성된 때와 동시에 선서진술서가 작성될 경우에 이러한 방식을 사용하는데, 유언자와 증인들이 하나의 선서진술서에 서명한다. 이것이 일반적인 형태이며, 이 경우에는 선서진술서가 뒤에서 살펴볼 인증조항을 대체하는 효과를 갖게 된다.[42] 일단계형 선서진술서의 양식을 소개하면 다음과 같다[§2-504(a)].

I, _____, the testator, sign my name to this instrument this ____ day of _____, and being first duly sworn, do hereby declare to the undersigned authority that I sign and execute this instrument as my will and that I sign it willingly (or willingly direct another to sign for me), that I execute it as my free and voluntary act for the purposes therein expressed, and that I am eighteen years of age or older, of

---

41) Jesse Dukeminier, supra 217-218.
42) Dennis R. Hower, supra 220.

sound mind, and under no constraint or undue influence.

_____

Testator

We, _____, _____, the witnesses, sign our names to this instrument, being first duly sworn, and do hereby declare to the undersigned authority that the testator signs and executes this instrument as [his] [her] will and that [he] [she] signs it willingly (or willingly directs another to sign for [him] [her]), and that each of us, in the presence and hearing of the testator, hereby signs this will as witness to the testator's signing, and that to the best of our knowledge the testator is eighteen years of age or older, of sound mind, and under no constraint or undue influence.

_____

Witness

_____

Witness

The State of _____

County of _____

Subscribed, sworn to and acknowledged before me by _____, the testator, and subscribed and sworn to before me by _____, and _____, witnesses, this ____ day of _____.

(Seal) (Signed) _____

_____

(Official capacity of officer)

(2) 이단계형 선서진술서[UPC §2-504(b)]　　이것은 이미 서명되고 인증된 유언장에 선서진술서가 첨부되는 방식이다. 즉 유언자가 유언장에 서명하고 증인들이 인증조항에 서명하고 난 후 유언자와 증인들이 공증인 앞에서 선서진술서에 서명하는 것이다. 유언장이 작성되고 난 후 유언자와 증인이 아직 생존한 동안 선서진술서가 작성되는 경우에 이러한 양식을 사용한다. 이단계형 선서진술서의 양식을 소개하면 다음과 같다[§2-504(b)].

The State of _____

County of _____

We, _____, _____, and _____, the testator and the witnesses, respectively, whose names are signed to the attached or foregoing instrument, being first duly sworn, do hereby declare to the undersigned authority that the testator signed and executed the instrument as the testator's will and that [he] [she] had signed willingly (or willingly directed another to sign for [him] [her]), and that [he] [she] executed it as [his] [her] free and voluntary act for the purposes therein expressed, and that each of the witnesses, in the presence and hearing of the testator, signed the will as witness and that to the best of [his] [her] knowledge the testator was at that time eighteen years or age or older, of sound mind, and under no constraint or undue influence.

_____

Testator

_____

Witness

Witness

Subscribed, sworn to and acknowledged before me by _____, the testator, and subscribed and sworn to before me by _____, and _____, witnesses, this ____, day of _____.

(Seal)(Signed) _____

_____

(Official capacity of officer)

b. 인증조항(Attestation Clause)

유언장의 인증조항은, 유언과 관련하여 요구되는 모든 절차가 실제로 행하여졌음을 보증하고 유언장이 적법하게 작성되었음을 추정할 수 있게 해준다. 따라서 유언장 양식이나 실제로 작성되는 유언장에는 일반적으로 이 인증조항이 포함된다. 인증조항은 통상 유언장에서 본론조항이 끝나고 나서 유언자가 서명하는 란(欄) 바로 다음에 나온다. 인증조항은 대체로, 당해 문서가 자신의 유언장임을 유언자가 증인들의 면전에서 선언했다는 사실, 유언자가 18세 이상이고 정신이 온전하며 부당한 영향 아래 있지 않았다는 사실 등에 관해 증인들이 인증하고 그 증인들이 유언자의 면전에서 유언장에 서명했다는 취지를 포함한다.

유언장에 인증조항이 없는 경우에는 그 유언장이 적법하게 작성된 것으로 추정되지 않는다. 따라서 유언장에 인증조항이 없는데 증인들 중 아무도 유언자가 그들의 면전에서 서명했다는 사실이나 유언자가 자신의 서명을 인정했다는 사실을 증언할 수 없는 경우에는 그 유언장에 대한 검인이 승인될 수 없다(Young v. Young[43]). 인증조항이 있다 하더라도 그것이 유언장과는 별개의 서면에 기재되어 있는 경우

---

43) Appellate Court of Illinois, 313 N.E.2d 593 (1974).

에는 그 유언장이 적법하게 작성된 것으로 추정하기에 충분하지 않다 (Patten v. Patten[44]).

인증조항의 양식을 하나 제시하면 다음과 같다.[45]

The above and foregoing instrument, consisting of three typewritten pages including this page, was on the date hereof, signed by John Lennon, the testator herein named and published and declared by him to be his last will and testament, in our presence, and we at his request and in his presence and in the presence of each other, have hereunto signed our names as witnesses and believe the testator to be 18 years of age or older, of sound mind, and under no constraint or undue influence.

Paul McCartney address :
123 Abbey Road, Santa Fe, NM
(Witness)
Ringo Starr address : 456 Penny Lane, Sedona, AZ
(Witness)

c. 추정과 복멸

인증조항과 선서진술서에 의한 '자기증명적 유언장'의 경우에는 유언장이 적법하게 작성된 것으로 추정된다. UPC는 추정을 두 가지로 구분하는데, 하나는 반증의 제출이 금지된 '종국적 추정(Conclusive

---

44) Supreme Court of Montana, 558 P.2d 659 (1976). 이 사건 유언장의 증인은 유 언자가 서명하는 것 또는 유언자가 유언장을 인정하는 것을 보았는지를 기억하 지 못했다.

45) 이 양식은 Dennis R. Hower, supra 216에 나오는 샘플을 참고한 것으로서, 밑 줄에 기재된 내용은 저자가 임의로 삽입한 것이다.

Presumption)'이고 다른 하나는 '복멸가능한 추정(Rebuttable Presumption)' 이다(§3-406). 서명요건의 경우에는 종국적 추정을 받지만 그 외의 요건 의 경우에는 복멸가능한 추정을 받는다. 따라서 UPC를 채택한 주에서 는, 자기증명적 유언장에 대하여 서명요건이 충족되지 않았다는 이유 로 이의를 제기할 수 없다. 그러나 이 경우에도 부당한 영향, 사기, 무 능력 등에 기한 이의제기까지 금지된 것은 아니다(Estate of Flider[46]). 한편 UPC를 채택하지는 않았지만 자기증명적 유언장을 허용하는 주 에서는, 오직 복멸가능한 추정만을 인정한다.[47]

복멸가능한 추정의 경우에 그 추정을 복멸시키기 위해서는 명백 하고 설득력 있는 반증이 제출되어야 한다. 따라서 단순한 의심만으로 는 이러한 추정을 깨뜨릴 수 없다(Conway v. Conway[48]).

B. 비인증유언(Anattested Wills)

증인에 의한 '인증(attestation)'을 요구하지 않는 방식의 유언을 '비 인증유언(Anattested Wills)'이라고 부른다. 이러한 비인증유언의 종류 로는 자필유언과 구술유언이 있다.

1. 자필유언(Holographic Wills)

a. 자필유언 요건의 완화
자필유언은 유언장이 유언자의 '자필'과 '서명'으로 이루어질 것을

---

46) Supreme Court of Nebraska, 328 N.W.2d 197 (1982).
47) Jesse Dukeminier, supra 218.
48) Supreme Court of Illinois, 153 N.E.2d 11, 14 (1958). 이 사건 유언장의 증인들 은 자신들이 유언자의 서명을 보지 않았고 서로의 면전에서 서명하지도 않았다 고 증언했지만, 일리노이주 대법원은 이러한 증언만으로 추정은 깨지지 않고 따 라서 유언장은 적법하게 인증되었다고 판결했다.

요구한다. 이러한 방식의 유언은 로마법으로부터 기원하는데, 나폴레
옹법전과 대륙법계 국가들에 의해 채택되었다. 미국에서는 현재 캘리
포니아주를 포함한 약 절반 정도의 주에서 이러한 방식의 유언을 허용
하고 있으며,[49] UPC도 자필유언을 인정하고 있다[§2-502(b)].

자필유언을 허용하는 법령들은 세월이 흐르면서 많은 변화를 겪
었는데, 크게 세 번의 세대교체가 있었다.[50]

'제1세대 법령(First generation statutes)'은, 유언자가 자필로 '완전
히(entirely)' 작성하고 날짜를 기재하고 서명해야만 유효한 자필유언으
로 인정했다(예컨대, 구 California Probate Code §3).

'제2세대 법령(Second generation statutes)'은, 자필유언의 요건에서
서명요건은 포함시키고 날짜요건은 삭제했다. 그리고 제1세대 법령에
서는 "유언장이 완전히 유언자의 자필로 작성될 것"을 요구했으나, 제
2세대 법령에서는 "유언장의 '중요조항(material provisions)'이 유언자
의 자필로 작성될 것"을 요구했다(예컨대, 1969년 UPC §2-503). 그런데
이러한 법령은, 유언자의 자필이 아닌 부분으로 유언의사를 입증할 수
있는지 여부에 관한 많은 논란을 불러일으켰다. 예컨대 Estate of
Johnson 사건[51]에서 애리조나주 항소법원은 미리 인쇄된 부분은 유언
의사의 입증을 위해 사용될 수 없다고 판결했지만,[52] Estate of Muder

---

49) 그러나 뉴욕주에서는 원칙적으로 이러한 방식의 유언을 허용하지 않고, 다만
    현역군인과 항해 중인 선원에 한해서만 예외적으로 허용하고 있다. Dennis R.
    Hower, supra 90-91.

50) 법령의 세대교체에 관한 이하의 내용은, Lawrence W. Waggoner, supra 4-37,
    4-38 부분을 참고한 것이다.

51) Court of Appeals of Arizona, 630 P.2d 1039 (1981).

52) 이 사건 당시 애리조나주는 자필유언에 관하여 1969년 UPC를 채택하고 있었
    다. 그런데 미리 인쇄된 유언장 양식의 공란에 유언자의 이름과 수증자들의 이
    름 및 분배비율만 유언자가 자필로 작성하고 서명했다. 이에 대해 애리조나주
    항소법원은 다음과 같이 판시하면서 검인을 거절했다. "중요조항이 유언자의
    자필로 작성되어야 한다는 요건은 자필부분이 유언의사를 명시할 것을 요구한
    다. 그런데 이 사건 유언장에서 유언의사를 입증할 수 있는 부분은 인쇄된 부분

사건53)에서 애리조나주 대법원은 미리 인쇄된 부분도 자필부분과 함께 유언의사의 입증을 위해 사용될 수 있다고 판결했다.

이러한 논란을 불식시키기 위해 '제3세대 법령(Third generation statutes)'이 만들어졌다. 제3세대 법령에서는 유언장의 서명과 '중요부분(material portions)'이 유언자의 자필로 되어 있기만 하면 당해 유언장은 유효한 것으로 명문화하였다[1990년 UPC §2-502(b)]. 그리고 유언의사는 '외부증거(extrinsic evidence)'에 의해 증명될 수 있는데 유언자가 자필하지 않은 부분도 외부증거가 될 수 있는 것으로 하였다[1990년 UPC §2-502(c)].

b. 잉여이론(Surplusage Theory)

위에서 살펴본 바와 같이 제1세대 법령에서는 문서에 어떤 인쇄된 문구가 있는 경우 설사 그것이 아무리 사소한 것이라도 유언자가 자필로 '완전히' 작성하지 않았다는 이유로 자필유언으로서의 효력이 인정되지 않았다(Estate of Christian54)).

이러한 엄격한 법령해석을 완화시키기 위해 일부 법원에서 '잉여이론(Surplusage Theory)'을 개발했다. 이것은 어떤 인쇄된 문구가 유언장의 중요부분이라거나 유효성을 위한 필수적인 부분이 아니라면 그러한 문구는 잉여부분으로서 무시될 수 있다는 이론이다. 이 이론에 의하면, 유언장이 '완전히' 자필로 되어 있을 것이라는 요건은, 유언장의 중요조항이 완전히 유언자의 자필로 되어 있으면 충족된 것으로 보고 기타 인쇄된 부분은 불필요한 잉여문구라고 보아 무시할 수 있다는 것이다. 잉여이론은 인쇄된 부분을 무시하고 남은 부분만으로 의미가 이해되고 유효한 유언장으로 간주될 수 있는지 여부를 살펴본다(Estate of Muder55)).

밖에 없다."

53) Supreme Court of Arizona, 765 P.2d 997 (1988).

54) Court of Appeals of California, 131 Cal.Rptr. 841 (1976).

이 이론을 적용하여 자필유언을 유효하게 만든 선도적인 판결이
캘리포니아주 대법원의 Estate of Black 사건56)이다. 이 사건 당시 캘
리포니아주는 자필유언에 관하여 제1세대 법령을 가지고 있었다. 그
런데 유언자인 Frances Black은 자신의 모든 재산을 친구인 Gene과
Gene의 가족 및 공익단체에게 남긴다는 내용의 유언을 하면서, 부분
적으로 미리 인쇄된 문방구 양식을 이용하여 자신의 서명과 주소, 날
짜, 유언집행인의 이름과 성별 등을 자필로 작성했다. 그리고 양식의
남은 공간을 활용하여 자필로 유언처분에 관한 내용을 작성했다. 이에
대해 유언검인법원은 인쇄된 문구가 유언장에 포함되어 있다는 이유
로 검인을 거절하였다. 그러나 캘리포니아주 대법원은, 유언장에 포함
된 인쇄된 내용 중 어떤 부분도 유언장의 본질과 관련하여 중요하거나
유언처분의 유효성을 위해 필수적인 것이 아니라는 이유로 원심의 결
정을 파기하면서 다음과 같이 판시했다.

"유언장이 법정요건에 일치하여 작성되었는지 여부를 결정함에 있어서
는 가급적 유언장의 효력을 유지하는 방향으로 해석하는 것이 법정책에
부합한다. 유언에 관한 모든 법정요건이 유언자의 자필로 명백하게 표
현되어 있고 유언의사가 유언자의 자필 문언에 명백하게 드러나 있는

---

55) Supreme Court of Arizona, 765 P.2d 997 (1988). 이 사건의 유언자인 Edward
   Muder는 미리 인쇄되어 있던 유언장 양식의 공란에 자필로 자신의 이름과 수증
   자들의 이름 및 분배비율을 기입한 후 서명하고 한 사람의 증인으로부터 서명을
   받았다. 그리고 Edward가 사망하자 Edward의 생존배우자인 Retha가 유언검인
   을 신청했다. 그러자 Edward의 전처의 딸들이 이의를 제기했다. 이에 대해 애
   리조나주 대법원은, 애리조나주에서는 2명의 증인을 요구하고 있기 때문에 이
   유언장이 인증유언으로서는 유효하지 않지만 자필유언으로서는 유효하다고 판
   결했다. 그러나 이 판결에 대해서는 당시 Moeller 대법관과 Holohan 대법관의
   반대의견이 있었다. 이들은 미리 인쇄된 문구는 자필유언장으로서의 자격을 박
   탈시킨다고 주장했다.
56) Supreme Court of California, 641 P.2d 754 (1982).

경우에는, 어떠한 법목적이나 법정책도 그러한 자필유언을 무효로 만들지 않는다."[57]

c. 유언자의 서명

유언자의 서명은 '이름(first name)', '별명(nickname)', 이름의 '첫 글자(initial)' 기타 '식별표시(identifying mark)' 등 여러 형태로 이루어질 수 있다. 이것은 어떤 문서가 진짜임을 증명하려는 의도로 행해져야 한다. 문서의 어느 부분에 서명이 행해져야 하는지에 관하여 펜실베이니아주처럼 '문서 말미에(at the end)' 해야 한다고 규정하는 경우도 있지만, 대부분의 주법은 이 문제에 관해 침묵하면서 이를 법원에 맡기고 있다.[58] 따라서 법원은 유언자의 서명이 유효한지 여부를 스스로 결정해야 한다. 예컨대 유타주 대법원은, 유언장의 '서론조항(exordium clause)'에 유언자가 자필로 이름을 쓴 것은 유언장의 서명으로 의도된 것이 아니라는 이유로 유언검인을 부인했다(In re Estate of Erickson[59]).

d. 날 짜(Date)

일부 주에서는 아직도 유언장에 날짜가 기재될 것을 요구하는 전통을 따르고 있다(미시간주[60]). 어떤 법원에서는 완벽한 날짜기재(년, 월, 일)를 요구하고 누락된 부분을 보충하기 위한 외부증거도 인정하지 않고 있다(캘리포니아주[61]). 그러나 또 다른 법원에서는 날짜가 모호하

---

57) 이 판결 이후에 캘리포니아주 의회는 기존의 제1세대 법령을 제2세대 법령으로 개정했다. Lawrence W. Waggoner, supra 4-36.

58) Elias Clark, supra 321.

59) Supreme Court of Utah, 806 P.2d 1186 (1991).

60) Michigan Complied Laws §700.2502.

61) Estate of Hazelwood 사건에서는 "1965"라고만 기재된 유언장의 효력을 부인했고[Court of Appeals of California, 57 Cal.Rptr. 332 (1967)], Estate of Carson 사건에서는 "May 1948"이라고 기재된 유언장의 효력을 부인했다[Court of Appeals of California, 344 P.2d 612 (1959)].

게 기재된 경우 이를 해결하기 위한 외부증거를 허용하고 있다(루이지
애나주62)).

날짜 문제에 있어서 엄격한 입장을 취하고 있는 캘리포니아주에
서도 '법원에 현저한 사실(Judicial Notice)'63)을 통한 날짜의 확인은 허
용된다. 예컨대 날짜를 "1978년 26일 월요일"이라고 기재했다면, 1978
년에 26일이면서 월요일인 날이 단 하루만 존재하여 이것이 특정한 한
날을 지칭하고 있다는 것이 달력에 비추어 명백하므로 유언장의 날짜
기재는 유효하다(Estate of Rudolph64)). 그러나 "1968년 8일 월요일"이
라는 기재는, 1968년에 8일이 월요일인 날이 세 번 있었기 때문에 불
확실하여 이것만으로는 충분하지 않다(Succession of Raiford65)).

e. 문 서(written instrument)

유언장은 어디까지나 문서로 작성될 것이 요구된다. 따라서 유언
자의 유언의사가 담긴 진술의 '녹음(sound recording)'은 자필유언으로
인정되지 않고, 따라서 유언검인이 허용되지 않는다. 현재 어떠한 법
원에서도 녹음을 자필유언장으로 인정하지 않고 있다.66) 그리하여 유
언자의 서명과 "내가 죽었을 때에만 녹음테이프를 틀 것"이라는 자필
지시사항이 담겨 있는 봉인된 봉투 안에 들어 있는 녹음테이프에 대한
유언검인도 거절되었다(In re Estate of Reed67)).

---

62) Succession of Boyd 사건에서, 유언장에 "2-8-72"라고 되어 있는 것이 February
8, 1972를 의미하는 것임이 외부증거에 의해 입증되었다. Supreme Court of
Louisiana, 306 So.2d 687 (1975).

63) 특정 사실이 일반 상식 또는 의문의 여지 없는 권위로부터 알 수 있는 문제이기
때문에 증거 없이도 그 사실에 관해 입증이 된 것으로 간주하는 법원의 권능을
말한다.

64) Court of Appeals of California, 169 Cal.Rptr. 126 (1980).

65) Supreme Court of Louisiana, 404 So.2d 251 (1981).

66) Elias Clark, supra 322.

67) Supreme Court of Wyoming, 672 P.2d 829 (1983).

2. 구술유언(Nuncupative Wills)

구술유언은 증인들이 참석한 가운데 유언자에 의해 구두로 진술된 유언이다. 이러한 방식의 유언을 허용하고 있는 주는 점점 줄어들어서 현재는 절반에도 현저히 미치지 못하는 실정이다.[68] UPC 역시 구술유언에 관해서는 아무런 규정도 두고 있지 않다. 실제로 최근에 구술유언과 관련한 판례는 거의 눈에 띄지 않는다. 전통적으로 구술유언은 현역에 복무 중인 군인이나 항해 중인 선원에 대해서만 예외적으로 인정되어 왔다. 현재 일부 주에서는 치명상을 입어서 문서에 의한 유언을 할 수 없는 위급한 상황의 경우에도 이러한 방식의 유언을 허용하고 있다.[69]

구술유언을 규정하고 있는 법령들은 대체로 다음과 같은 제한을 두고 있다.[70]

① 유언자가 회복할 수 없는 병 또는 '치명상(last sickness)'을 입어서 문서에 의한 유언을 할 수 없는 위급한 상황일 것
② 유언자의 요청에 따라 최소한 두 사람 이상의 증인에 의해 목격될 것
③ 증인의 증언이 일정 기간 내에 문서화될 것
④ 일정 기간 내에 유언검인을 위해 제출될 것
⑤ 일정 금액을 넘지 않는 동산의 처분에 대해서만 적용될 것

---

68) 캘리포니아주는 구술유언을 금지하고 있고, 뉴욕주는 현역군인과 항해 중인 선원에 한하여 예외적으로만 허용하고 있다. Dennis R. Hower, supra 91.
69) Lawrence W. Waggoner, supra 4-32.
70) Elias Clark, supra 329.

C. 유언장의 구성(Constitution of Wills)

유언에 의해 재산을 처분하고자 하는 문서가 유효한 유언장으로 취급되기 위해서는 각 법역의 유언법령이 요구하는 요건을 충족시켜야 한다. 유언장이 형식요건을 만족시키는 것이 분명한 경우라 하더라도, 특정 문서가 유언장의 일부인지 아닌지 여부를 결정하는 것은 어려운 문제이다. 어떤 문서가 유언장을 구성하는지에 관한 문제를 해결하기 위해 몇 가지 이론이 개발되었다. '통합이론(Integration)', '추완이론(Republication)', '의미의 독립성이론(Independent Significance)', '포함이론(Incorporation)' 등이 그것이다.

1. 유언장의 통합(Integration of Wills)

a. 의 의

유언장은 종종 복수의 문서들로 구성된다. 유언장 작성 당시 물리적으로 현존하고 있던 한 개 이상의 문서를 하나의 유언장으로 구체화시키는 절차를 통합이라고 한다. 유언장을 구체화시키기 위한 복수의 문서들은, 유언자가 이를 유언장에 포함시키려고 의도한 것이어야 한다[Restatement(Third) of Property §3.5]. 결국 통합을 위한 핵심 요소는, '유언장 작성 당시에 복수의 문서들이 현존할 것'과, '유언자에 의해 유언장의 일부로 간주될 것'이다.

예컨대 Estate of Beale 사건71)에서, 유언검인이 신청된 유언장은 14페이지로 구성되어 있었다. 그런데 그것들은 함께 묶여 있지 않았고, 그 중 두 페이지는 유언장 작성일과 같은 날짜의 편지에 들어 있었으며, 이전 유언장의 철회조항을 담고 있는 첫 번째 페이지는 유언자

---

71) Supreme Court of Wisconsin, 113 N.W.2d 380 (1962).

사망 후 다른 페이지들과는 다른 장소에서 발견되었다. 그 14페이지의
여백에는 모두 유언자의 이니셜이 기재되어 있었다. 이에 대해 법원은
"유언장 작성 당시 14페이지가 현존했고, 유언자는 필요한 유언의사를
가지고 있었음이 입증되었다"고 판시하면서 14페이지가 모두 하나의
유언장으로 통합되었음을 인정했다.

b. 통합을 위한 입증방법

유언검인신청인의 입장에서 복수의 문서들이 하나의 유언장으로
통합되었음을 인정받기 위해서는 '물리적 부착(physical attachment)' 또
는 '의미의 연관성(relation of sense)'이 있음을 입증해야 할 필요가 있
다. 즉 비록 유언장의 각 페이지가 물리적으로 하나로 묶여 있지 않더
라도, '의미의 연관성(relation of sense)' 내지 '의미의 일관성(coherence
of sense)'이 있으면 각 페이지 사이의 통합이 추론될 수 있다.

유언장이 여러 페이지로 되어 있을 경우, 유언자가 각 페이지 하
단에 서명을 하고 '인증조항(attestation clause)'에 전체 페이지의 숫자를
기재하고 전체 페이지를 하나로 묶는 것이 일반적인 관행이다(그러나
법으로 요구되는 것은 아니다). 이러한 과정은 유언장이 나중에 누락 또
는 삽입 등의 방식으로 함부로 변경되는 것을 막는다. 그리하여 유언
장의 일부 페이지가 교체된 경우 그 교체된 페이지는 무시하고 원래
작성된 대로 유언검인을 허용한다.[72] 위 Estate of Beale 사건[73])에서
유언자는 14페이지로 구성된 유언장을 작성한 후 유언집행인을 변경
하기 위해 자신의 비서에게 편지를 써서 12페이지와 13페이지를 다시
타이핑할 것을 지시하고 12페이지와 13페이지를 편지 속에 동봉해 보
냈다. 유언자가 사망한 후 비서는 유언자의 지시에 따라 12페이지와
13페이지를 다시 타이핑했다. 이에 대해 법원은 변경되기 전에 존재하

---

72) Elias Clark, supra 330.
73) Supreme Court of Wisconsin, 113 N.W.2d 380 (1962).

던 유언장대로 유언검인을 승인했다.

c. 자필유언의 경우

자필유언의 경우에 유언장은, 여러 장의 무질서한 페이지들로 이루어진 편지 또는 서로 다른 시기에 작성된 일련의 편지들로 구성될 수 있다. 그리하여 요즘 법원의 경향에 따르면, 모든 페이지들은—만약 유언자가 그것들을 하나의 유언장으로 삼으려고 의도했다면— 작성 시기나 장소와 상관없이 하나의 유언장으로 통합될 수 있다.

자필유언장은 반드시 같은 날 작성될 필요가 없으며, '사고의 연속된 흐름(continuos chain of thought)'을 반영하는 여러 페이지들은 물리적으로 하나로 묶여 있을 필요가 없다.[74] 예컨대, 첫 번째 페이지의 작성일자가 두 번째 페이지의 작성일자보다 나중이더라도 그 두 장의 문서는 자필유언으로서 유효하다(Randall v. Salvation Army[75]).

2. 유언보충서에 의한 추완(Republication by Codicil)

a. 의 의

'유언보충서(Codicil)'는 기존의 유언을 수정하거나 보충하는 역할을 하는 문서로서, 유언자가 기존의 유언을 추후보완 내지 재확인하려는 의도에서 유언보충서를 작성한다. 유언장은 가장 최근의 유언보충서가 작성된 때와 동일한 시기에 '재작성(reexecute)'된 것처럼 취급된다[Restatement(Third) of Property §3.4 본문]. '유언보충서에 의한 추완(追完)'이론은 '추정적 의사이론(Doctrine of Presumed Intent)'의 일종이다. 따라서 이 이론을 적용하면 유언자의 유언 계획이 무산될 경우에는 유언자의 추정적 의사에 반하기 때문에 이 이론을 적용할 수 없다

---

74) Elias Clark, supra 330-331.
75) Supreme Court of Nebraska, 686 P.2d 241 (1984).

[Restatement(Third) of Property §3.4 단서].

Common law에서는 유언장이 작성될 당시에 유언자가 소유하고 있던 토지에 대해서만 유언장의 집행이 가능했다. 그리하여 유언자가 유언장을 작성한 후 새로운 토지를 취득하고 난 뒤 유언장을 재작성하지 않은 경우에는, 새로이 취득한 토지는 유언이 아닌 무유언상속법에 따라 상속되었다. 이처럼 유언장 작성 후 취득한 토지에 대한 유증을 허용하지 않는 common law에 대응하여 법원이 개발한 이론이 바로 '유언보충서에 의한 추완'이론이다. 이 이론 덕분에 유언보충서가 작성될 당시 유언자가 소유하고 있던 토지를 '유언보충서에 의해 수정된' 유언장으로 처분할 수 있게 되었다.

그러나 이제는 더 이상 유언장이 작성된 후 새롭게 취득한 재산을 유언에 따라 처분하기 위해 이 이론을 사용해야 할 필요성은 없어졌다. 현대의 유언법령들은, "유언자가 사망할 당시 소유하고 있던 모든 재산에 대하여 유언을 집행할 수 있다"는 취지의 규정을 두고 있기 때문이다(1990년 UPC §2-602).

그렇지만 이 이론을 통해 유언과 관련한 여러 흠결들(이해관계 있는 증인, 누락된 상속인 등)이 치유될 수 있다는 점에서 이 이론은 여전히 의미가 있다. 예를 들어보면 다음과 같다.[76]

① 이해관계 있는 증인 : 유언자가 유언장을 작성했는데 A와 B가 증인이 되었다. 그런데 그 유언의 내용이 전 재산을 A에게 남긴다는 것이었다면, '제거법령(purging statute)'에 따라 A에 대한 유증은 무효가 된다. 그러나 1년 후 유언자가 유언장의 관련 없는 조항을 수정하는 유언보충서를 작성했고 그것이 두 사람의 이해관계 없는 증인에 의해 인증되었다면, 위 이론에 따라 A에 대한 유증은 유효가 될 수 있다.

② 누락된 상속인 : 유언자가 전 재산을 유일한 자식인 A에게 남

---

76) Elias Clark, supra 331-332.

긴다는 내용의 유언을 한 후 1년 뒤에 두 번째 자식인 B가 태어
났다. 그런데 그 후 유언자가 유언장의 관련 없는 조항을 수정
하는 유언보충서를 작성한 경우, 위 이론에 따라 유언장이 B의
출생 이후에 재작성된 것으로 간주되고, B는 더 이상 누락된
상속인으로서 상속재산의 절반을 받을 자격이 없게 된다.

b. 유언보충서의 형식

유언보충서는 유언장과 동일한 형식으로 작성되어야 한다. 따
라서 유언보충서가 유언장과 같이 효력을 가지기 위해서는 인증유
언방식으로 작성되어야 하는 것이 원칙이다.[77] 그러나 자필유언을
인정하는 법역에서는 자필유언방식에 의한 유언보충서의 효력도 인
정한다.

예컨대 Estate of Kuralt 사건[78]에서 피상속인인 Charles Kuralt는
Elizabeth Shannon이라는 여성과 30년간 내연관계를 유지했다. 그는
1989년에 몬태나주의 모든 재산(특히 3필지의 토지)을 Elizabeth에게 남
긴다는 취지의 자필유언장을 작성했다. 그 후 1994년에 그는 인증유언
장을 작성했는데, 여기에는 몬태나의 재산이나 Elizabeth에 관해서는
아무런 언급도 없었다. 그 후 1997년에 그는 몬태나의 토지를
Elizabeth에게 이전시킬 계획을 실행에 옮겼다. 재산이전의 외형은 매
매로 위장했으나 그 매수자금은 그가 Elizabeth에게 교부했다. 즉 그
는 우선 몬태나의 토지 중 첫 번째 필지를 구입할 자금을 Elizabeth에
게 주었다. 그리고 그가 또 다른 필지를 구입할 자금을 Elizabeth에게
주려고 했는데 갑자기 병이 들었다. 그는 1997년에 Elizabeth에게 편
지를 썼는데, 그 내용은 "몬태나의 나머지 토지를 그녀가 상속하도록
보장하기 위해 그의 요청에 따라 변호사가 병원으로 그를 찾아올 것"

---

77) Dennis R. Hower, supra 154.
78) Supreme Court of Montana, 15 P.3d 931 (2000).

이라는 것이었다. Elizabeth는 "1997년에 작성된 위 편지는 1994년 유언장에 대한 자필유언보충서로서 유효하다"라고 주장했고, Charles의 아내 Petie는 "그 편지는 단순히 유언장을 작성하겠다는 장래의 의사를 표현한 것에 불과하다. 그리고 유언보충서는 '이전의 유언(previous will)'을 언급해야 하는데 이 편지에는 1994년 유언장에 대한 어떠한 언급도 없다"라고 주장했다. 이에 대해 법원은, 피상속인의 2회에 걸친 재산 '이전(transfer)' 시도를 고려하여 "편지를 작성한 피상속인의 의사는 장래의 의사가 아닌 몬태나에 있는 재산을 이전하려는 현재의 유언 의사이며, 1997년에 작성된 편지는 자필유언으로서의 요건을 충족시키고 있을 뿐만 아니라, 그 내용은 상속재산 전체에 대한 유증이 아닌 특정 재산에 대한 유증이기 때문에 유언보충서라고 보아야 한다"라고 판결했다.

c. 적용범위의 확대

유언보충서는 원래 유효하게 존재하는 유언장을 전제로 한다. 따라서 유언보충서가 작성될 당시 실제 유효한 유언이 존재하지 않는다면 이 이론은 적용될 수 없다. 즉 원래의 문서가 부적절한 작성이나 유언능력의 흠결, 부당한 영향 등의 이유로 무효인 경우에는 그 유언장은 '추완'될 수 없는 것이 원칙이다.

그런데 뉴욕주는 형식적 하자 이외의 다른 이유(유언능력의 흠결 또는 부당한 영향 등)로 무효가 된 유언장에 효력을 부여하기 위해 추완 이론을 사용한다. 뉴욕주가 이와 같이 추완이론을 확대 적용하는 이유는, 뉴욕주의 경우에는 뒤에서 살펴볼 '인용에 의한 포함' 이론을 인정하지 않고 있기 때문에 그로 인한 공백을 메우기 위해서이다.[79]

---

79) Jesse Dukeminier, supra 272, 278.

3. 의미의 독립성(Facts of Independent Significance)

a. 의 의

유언의 수익자 또는 유언에 따라 이전될 재산을 특정하기 위해 외부증거를 허용하는 이론으로 '의미의 독립성(Facts of Independent Significance)' 이론이 있다. 유언으로부터 독립된 의미를 가지는 행위 또는 사건에 의해 유언의 수익자 또는 재산이 특정된다면, 그 증여는 이 이론에 의해 유효성이 인정될 수 있다. 그러한 행위 또는 사건은 유언과는 독립된, 비(非)유언적인 것이어야 한다. 이런 뜻에서 이 이론을 '비유언적 행위의 원칙(Doctrine of Non-testamentary Acts)'이라고도 부른다.[80] "내가 사망할 당시의 나의 종업원들에게 유증한다" 또는 "내가 사망할 당시 나의 별장에 있는 모든 가구들을 유증한다" 등의 유언이 대표적인 예이다. 이러한 유언장을 작성한 후 유언자는 새로운 종업원을 채용할 수도 있고, 별장에 새로운 가구를 비치할 수도 있다. 유언 후의 이러한 행위들은 비유언적인 행위들로서 일반적으로 유언과는 독립된 의미를 가지기 때문에—비록 그러한 행위들이 오로지 유언자의 의사에 달려 있을지라도— 유효한 유언으로서 허용될 수 있다.[81] 현재 모든 주에서 이 원칙을 인정하고 있으며, UPC(§2-512)와 제3차 재산법 리스테이트먼트(§3.7)도 이 원칙을 채택했다.

b. 적용범위

오로지 유언장을 보충할 목적으로 나중에 작성된, 서명되지 않은 메모에 포함되어 있는 사실은 '독립적인 의미를 가지는 사실'이 아니기 때문에 허용되지 않는다. 예컨대 유언장에 "나의 금고에 있는 채권을 거기에 표시된 대로 유증한다"라고 기재되어 있고 그 금고 안에서 채

---

80) Jesse Dukeminier, supra 285.
81) Elias Clark, supra 332.

138 미국상속법(American Wills and Trusts)

권과 함께 수익자들의 목록이 기재된 유언자의 자필 메모가 함께 발견
된 경우, 비록 유언자의 유언의사는 명백하지만 그 메모는 독립적 의
미를 가지지 않기 때문에 그 유언장에 의한 유증은 허용되지 않는다
(Walsh v. St. Joseph's Home For the Aged[82]).

　다른 사람의 유언은 피상속인의 유언 행위가 아니기 때문에 독립
적 의미를 가진다. 따라서 다른 사람의 유언에 따라 재산을 분배할 것
을 지시한 유언장은, 설사 그 다른 사람의 유언장이 유언자의 유언장
보다 더 나중에 작성되었을지라도 유효하다.

　예컨대 In re Tipler 사건[83]의 유언자는 자신이 남편보다 먼저 사
망할 경우 자신의 재산을 모두 남편에게 남긴다는 인증유언을 작성했
다. 그 후 남편이 자신보다 먼저 사망할 경우 자신의 재산이 남편의 유
언에 따라 분배될 것을 지시하는 자필유언보충서를 작성했다. 그런데
그 당시 남편은 아직 유언장을 작성하지도 않은 상태였다. 그 후 남편
이 유언을 남기고 유언자보다 먼저 사망하자 유언자의 상속인들은 유
언보충서의 효력에 대해 이의를 제기했다.[84] 이에 대해 법원은, 의미
의 독립성이론에 따라 유언자의 유언보충서가 남편의 유언을 언급하
는 것은 허용될 수 있다고 하면서 다음과 같이 판시했다.

　"이 사건 문서가 유효한 자필유언보충서라면, 의미의 독립성이론에 따
　라 유언자의 유언보충서가 남편의 유언을 언급하는 것은 허용될 수 있
　다. 모든 중요조항이 유언자의 자필로 이루어졌는지 여부를 결정하기
　위해서는 유언자의 의사를 고려해야 한다. 유언자는 자신의 재산이 남
　편이 원하는 사람에게 이전되기를 원했고 그러한 의사는 유언자의 자필

---

82) Court of Chancery of Delaware, 303 A.2d 691 (1973).
83) Court of Appeals of Tennessee, 10 S.W.3d 244 (1998).
84) 당시 유언자의 상속인들은 다음과 같은 두 가지 주장을 했다. ① 유언보충서는
　　아직 존재하지 않는 문서를 언급하고 있기 때문에 효력이 없다. ② 테네시주법
　　은 자필유언장의 모든 중요조항들이 유언자의 자필로 이루어질 것을 요구하고
　　있는데, 남편의 유언장은 유언자의 자필로 된 것이 아니다.

로 모두 기재되어 있기 때문에, 유언보충서는 유언자의 자필로 이루어
진 모든 중요조항들을 포함하고 있다고 할 수 있다. 따라서 유언보충서
가 유언자의 남편이 아직 작성하지 않은 유언장을 언급하고 있더라도,
그것은 자필유언보충서로서 유효하다."[85]

4. 인용에 의한 포함(Incorporation by Reference)

a. 의 의

유언의 수익자 또는 유언에 따라 이전될 재산을 특정하기 위해 외
부증거를 허용하는 또 다른 이론으로 '인용에 의한 포함(Incorporation
by Reference)' 이론이 있다. 유언장과는 별개의 어떤 문서가 유언장 또
는 유언보충서로서의 법정 형식요건을 충족하지도 못하고 유언장과
통합되지도 않으며 독립적인 의미도 가지지 못할지라도, 인용에 의해
유언장에 포함시킴으로써 그 문서에 의한 처분을 유효하게 만들 수 있
다. 현재 거의 모든 주에서 이 이론을 인정하고 있지만, 일부 주에서
는, 이 이론이 결코 유효하게 작성된 적이 없는 어떤 문서를 유언장의
일부로 포함시킨다는 점에서 유언의 형식요건을 형해화시킬 위험이
있다고 하여 이를 인정하지 않고 있다.[86]

이 이론은 1990년 UPC에 의해 성문화되었다. 즉 1990년 UPC에
따르면, 유언장이 작성될 당시 현존하는 문서는 인용에 의해 유언장에
포함될 수 있다(§2-510). 제3차 재산법 리스테이트먼트도 이 이론에 관
하여 다음과 같이 규정하고 있다. "유언장으로서는 유효하지 않더라도
유언장 작성 당시 현존하는 문서는 인용에 의해 유언장에 포함될 수
있다. 다만 그 유언장은 이러한 의도를 명시해야 하고, 그 문서는 합리
적인 정도로 구별될 수 있어야 한다(§3.6)."

---

85) 이 판결에 대해서는 상고가 제기되었지만 기각되었다.
86) 뉴욕, 루이지애나, 코네티컷주만 이 이론을 허용하지 않고 있다. Lawrence W.
   Waggoner, supra 4-88.

b. 요 건

이처럼 별개의 문서가 인용에 의해 유언장에 포함되기 위해서는 일반적으로 다음과 같은 요건을 충족해야 한다(Wagner v. Clauson[87]). 아래 요건은 이 이론을 인정하는 대부분의 법원에서 일반적으로 받아들여지고 있다.

① 그 별개의 문서가 유언장 작성 당시 현존할 것

② 유언장이 그 별개의 문서를 유언장 작성 당시 현존하는 것으로 언급하고 특정할 것

③ 유언장이 그 별개의 문서를 유언장에 포함시킬 의도를 명백히 할 것

이 이론은 별개의 문서가 유언장 '작성 당시' 현존할 때에만 적용된다. 따라서 유언장 작성 이후에 문서가 만들어지거나 수정될 경우에는 그 문서에 의한 처분은 허용되지 않는다. 그러나 1990년 UPC는 이러한 문서의 현존요건을 크게 완화시켰다. 이에 따르면 유언자의 '사망 당시' 현존하는 문서도 인용에 의해 포함될 수 있다. 따라서 유언장 작성 이후에 만들어지거나 수정된 문서도 유언장에 포함될 수 있다. 다만 이처럼 완화된 요건은 '유형자산(tangible property)'에 대해서만 적용된다(§2-513).

이 이론에 관한 대표적인 판결인 Clark v. Greenhalge 사건[88]을 소개한다. 이 사건에서 피상속인인 Helen Nesmith는 1977년에 유언장을 작성하면서 그녀의 사촌인 Frederic Greenhalge를 유언집행인으로 지명했다. 유언장에 따르면, 그녀가 사망한 후 Greenhalge가 그녀의 모든 동산을 취득하는 것으로 되어 있었다. 그런데 이 유언장은 제5조에서 "Greenhalge는 내가 메모(memorandum)로 적시한 사람에게 특정 동산을 분배해 주어야 한다"라고 규정하고 있었다. Helen의 소유물 중에는 값비싼 유화(농장 그림)가 있었다. Nesmith는 1972년에 "메

---

87) Supreme Court of Illinois, 78 N.E.2d, 203 (1948).

88) Supreme Judicial Court of Massachusetts, 582 N.E.2d 949 (1991).

모(MEMORANDUM)"라는 제목하에 자신의 동산에 관한 특정 유증목록을 작성했고, 1976년에 이를 수정했는데, 이 메모에는 위 유화에 관한 어떠한 언급도 없었다. Helen은 1979년에 "Helen Nesmith로부터 재산을 받을 수익자 목록 1979"라는 제목이 붙어 있는 노트에 "어머니의 방 벽난로 위에 걸려 있는 농장 그림은 Clark에게"라고 썼다. Clark는 Helen의 절친한 친구였다. 한편 Helen은 1980년에 그녀의 1977년 유언장에 대한 유언보충서를 작성했다. Helen이 사망한 후 Greenhalge는 유언장을 집행하면서 위 유화를 Clark에게 인도하기를 거부했다. 그러자 Clark는 Greenhalge를 상대로 위 유화에 대한 인도청구소송을 제기했다. 쟁점은 Helen이 1979년에 작성한 노트가 과연 유언장 제5조에서 인용하고 있는 메모에 해당하느냐는 것이었다. Greenhalge는 "이 노트는 제목이 '메모'가 아닐 뿐만 아니라 유언장이 작성된 이후에 만들어진 것이므로 인용에 의해 유언장에 포함될 수 없다"고 주장했다.[89] 그러나 법원은, "유언자의 밝혀진 의사는 그것이 법에 위반되지 않는 한 최대한 존중되어야 하는바, 문서의 제목에 상관없이 이 사건 노트에 유언장 제5조의 메모와 같은 효과를 부여하고 이 노트를 통해 유화를 Clark에게 주는 것이 Helen의 의사라는 점은 분명하다. 따라서 이 노트는 유언장 제5조에서 인용한 메모에 해당할 뿐만 아니라, 1980년 유언보충서가 작성될 당시 현존하고 있었으므로 인용에 의해 유언장의 일부로 포함되었다"라고 판결하고, Clark에게 유화에 대한 권리를 인정했다. 메사추세츠주 대법원은 이 판결의 결론 부분에서 다음과 같은 유명한 판시를 통해, 피상속인의 유언의사를 성실히 집행해야 할 수탁책임이 있는 유언집행인이 사회상규에 어긋나게 행동하는 것을

---

[89] 판결원문에 따르면, 유언장에는 "a memorandum"이라고 기재되어 있었다고 한다. 여기서 "a"라고 되어 있는 점을 기화로 Greenhalge는 "복수의 메모는 인정되지 않고 오직 하나의 메모(즉 1972년 메모)만 인용에 의해 유언장에 포함될 수 있다"는 주장도 했다. 그러나 법원은, 유언장 제5조의 의미가 복수의 메모의 존재를 배제하는 것이 아니라고 해석하여 Greenhalge의 주장을 받아들이지 않았다.

준엄하게 꾸짖었다.

> "'공정(equity)'을 요구하는 사람은 그 자신이 공정하게 행동해야 하며, 법원은 법원이 가진 '공정한 권능(equitable powers)'을 사용해서 '불공정(injustice)'한 결과를 야기해서는 안 된다."

만약 위 사건에서 Helen이 1980년에 유언보충서를 작성하지 않았다면 결과가 어떻게 되었을까? 1990년 UPC §2-513를 채택하지 않는 한, 위 노트는 유언장 작성 당시 현존하지 않았기 때문에 인용에 의해 유언장에 포함될 수 없을 것이다. 예컨대 Estate of Richardson 사건[90]에서 피상속인은 1998년에 유언장을 작성하면서 자신의 두 아들들(John과 James)에 대한 아무런 언급도 하지 않았다. 다만 생전신탁문서를 유언장에 인용했는데, 이 신탁문서는 John을 상속으로부터 배제시켰다. 그 후 유언자는 신탁문서를 수정하면서 James를 상속으로부터 배제시킨다고 명시했다. 피상속인이 유언장을 수정하거나 추완하지 않고 사망하자, 법원은 "유언장 작성 당시 현존했던 신탁문서는 인용에 의해 유언장에 포함되었지만, 수정된 문서는 유언장에 포함될 수 없다"고 판시했다. 결과적으로 John은 상속으로부터 배제되었고, James는 누락된 상속인으로 취급되어 무유언상속분을 인정받았다.

D. 유언의 철회(Revocation of Wills)

1. 유언에 관한 계약

a. 의　의
유언은 본질적으로 가변적인 성격을 가진다. 유언은 유언자가 사

---

90) Court of Civil Appeals of Oklahoma, 50 P.3d 584 (2002).

망할 때까지는 아무런 효력도 없으며, 유언자가 자유롭게 철회할 수 있다. 그러나 유언자는 특정한 조건(내용)을 가진 유언장을 작성하기로 약속할 수도 있고 어떤 유언장을 철회하지 않기로 약속할 수도 있는데, 이러한 약속은 그것이 타당한 고려하에 이루어지고 공익에 반하지 않는 한 다른 계약과 마찬가지로 구속력을 가진다. 이러한 계약의 위반에 대한 구제조치는 유언법이 아닌 일반 계약법에 의해 이루어지게 된다.[91]

즉 유언에 관한 계약이 구속력을 가진 후에 계약의 당사자가 계약에 반하는 유언을 남기고 사망한 경우, 그 유언은 검인이 승인될 수 있지만, 계약의 수익자는 계약위반으로 인한 구제를 받을 권리가 생긴다. 구제방법과 관련해서는 상속재산에 대한 의제신탁을 인정하는 경우가 많지만, 손해배상 등으로 해결하기도 한다.[92]

b. 유언에 관한 계약의 입증방법

당사자들이 유언에 관한 계약의 존재 및 그 내용을 공시할 법적 의무는 없지만, 이를 외부에 알리지 않을 경우 나중에 분쟁의 원인이 될 수 있다. 그리하여 UPC는 유언에 관한 계약(유언을 하거나 유증을 하기로 하는 계약, 유언이나 유증을 철하지 않기로 하는 계약, 유언을 하지 않기로 하는 계약)은 다음 세 가지 경우에만 입증될 수 있다고 명시하고 있으며(§2-514), 여러 주에서 이를 채택하고 있다.

① 유언장 자체에서 직접 계약의 내용을 기술하고 있는 경우
② 유언장에서 계약을 명시적으로 인용하고 있고 그 계약의 조건을 증명할 만한 외부증거가 있는 경우
③ 피상속인이 서명한 계약서가 있는 경우

---

91) Elias Clark, supra 344.
92) Jesse Dukeminier, supra 286.

c. 부부간의 유언에 관한 계약

유언에 관한 명시적인 계약이 없을지라도, 부부의 유언은 일반적으로 부부 공동의 유언계획이나 공감을 반영한다. 이러한 유언은 '공동유언(joint wills)'이나 '상호유언(mutual wills)'의 형태로 나타날 수 있다. 공동유언은 두 당사자에 의해 작성된 하나의 유언장인데, 각자의 유언으로 보아 두 번 검인절차가 진행된다. 그리고 상호유언은 서로 유사한 '상호조항들(reciprocal provisions)'을 담은 두개의 유언장이다.93) 이처럼 부부 사이에 공동유언이나 상호유언이 작성된 경우 유언에 관한 계약이 성립되었다고 볼 여지가 많다. 실제로 판례들을 살펴보면, 공동유언이나 상호유언을 근거로 유언에 관한 계약을 인정한 예들이 적지 않다.

예컨대 Estate of Graham 사건94)에서, Graham 부부는 상호유언장을 작성했는데, 부부 중 일방이 먼저 사망하자 생존배우자가 상호유언을 철회하고 새로운 유언장을 작성한 후 사망했다. 그러자 철회된 유언의 수익자들은 유언자가 계약상의 의무를 위반했다고 주장했다. 이에 대해 법원은, 철회된 유언은 형식상으로는 상호유언이지만 실제로는 유언자들의 재산을 동등한 지분으로 그들의 딸들에게 나누어주기로 하는 계약이라고 하면서, 이에 대한 적절한 구제방법은 철회된 상호유언하에서의 수익자들을 위해 상속재산에 대한 (의제)신탁을 설정하는 것이라고 판시했다.

그러나 UPC에 따르면, 공동유언이나 상호유언을 작성했다는 사실만으로 유언을 철회하지 않기로 하는 계약의 존재가 추정되지는 않는다(§2-514).

부부 사이의 상호유언과 유언에 관한 계약이 쟁점이 되었던 최근의 중요한 판결이 Garrett v. Read 사건95)이다. John Humble은 전처

---

93) Dennis R. Hower, supra 92.

94) Supreme Court of Iowa, 690 N.W.2d 66 (2004).

95) Supreme Court of Kansas, 102 P.3d 436 (2004).

와의 사이에서 Garrett을 포함한 4명의 자녀(원고들)를 두고 있었는데, Sarah와 재혼했다. Sarah에게도 Read를 포함한 2명의 딸(피고들)과 한 명의 아들이 있었는데, 이 아들은 Sarah보다 먼저 사망하면서 그녀에게 3명의 손자녀(제3당사자)를 남겼다. John과 Sarah는 1984년에 서로 거의 동일한 내용의 유언장을 각자 작성했다. 각 유언장에 따르면, 어떤 한 배우자가 먼저 사망하면 생존배우자가 재산을 상속하고 그 후 그 생존배우자도 사망하면 John의 4명의 자녀들과 Sarah의 2명의 딸들, 그리고 Sarah의 손자녀들(3명을 하나로 보아)에게 똑같이 1/7씩의 재산을 주기로 되어 있었다. John이 사망하자 Sarah가 전 재산을 상속했는데, 그 후 1993년에 Sarah는 새로운 유언장을 작성하면서 1984년 유언을 철회했다. 이 새로운 유언장은 그녀의 전 재산을 그녀의 두 딸에게만 남긴다는 내용을 담고 있었다. 이에 따라 John의 자녀들과 Sarah의 손자녀들은 상속으로부터 배제되었다. 그리고 2001년에 Sarah는 사망했다. 원고들은, 1984년 유언은 계약으로서 구속력이 있다고 주장하며 상속재산의 4/7에 대한 의제신탁을 청구했다. 그러면서 1984년 유언장의 '상호조항들(reciprocal provisions)'이 John과 Sarah 사이의 계약에 관한 증거라고 주장했다. 법원은 다음과 같이 판시하면서 원고들의 청구를 받아들였다.

"John과 Sarah가 작성한 1984년 유언장은 상속재산의 처리에 관한 두 사람 사이의 공감을 보여준다. 즉 John과 Sarah 사이에는 생존배우자의 사후 그들 재산의 분배에 관한 계약이 있었다고 보아야 한다. 이들 부부 사이의 관계는 일종의 신뢰관계로 규정지을 수 있다. 이러한 신뢰관계에 기초하여 John과 Sarah 사이에 재산의 4/7를 John의 자녀들에게 분배해주기 위한, 즉 원고들을 위한 의제신탁이 성립했다고 볼 수 있다. Sarah는 이 계약에 의해 의무를 부담하는데, 그녀는 1993년 유언장을 작성하고 원고들을 상속으로부터 배제시킴으로써 이러한 의무를 위반했다."

1984년의 유언은 Sarah에 의해 철회되었기 때문에 유언으로서의 효력이 없다. 그러나 그것은 여전히 계약으로서의 효력을 가지므로 그녀는 이러한 계약상의 의무를 부담한다. 원고들의 변호사가 이미 무효가 되어 버린 1984년 유언장에 대한 검인을 신청하는 대신 의제신탁에 의한 구제방법을 택한 것은 현명한 선택이었다.96)

2. 유언 철회의 방법

현대 유언법은 유언의 철회에 관하여 크게 세 가지 방법을 제시하고 있다. 문서에 의한 철회와 행위에 의한 철회, 그리고 이혼에 의한 철회가 그것이다. 문서에 의한 철회와 행위에 의한 철회는 현재 모든 주에서 인정하고 있으며, 이혼에 의한 철회도 대부분의 주에서 인정하고 있다. 그러나 구두에 의한 철회는 사기의 위험이 너무 커서 허용되지 않는다.97)

a. 문서에 의한 철회

기존의 유언을 철회하는 가장 일반적인 방법은 철회의 의사를 명시한 새로운 유언장을 작성하는 것이다. 실제로 변호사에 의해 초안이 작성된 대부분의 유언장은 "이전의 유언을 철회한다"는 문구로 시작된다. 역사적으로 보면 기존 유언의 특정 조항을 수정하기 위해 유언보충서가 주로 사용되었다. 그런데 유언보충서를 사용할 때에는 유언장과 유언보충서 사이에 예상치 못한 모순이 생기는 경우가 있다. 이것을 막기 위해 유언보충서는 명시적으로 유언장을 언급해야 하고, 수정

---

96) 그러나 이 사건에서 제3당사자들의 청구는 기각되었다. 당시 유언장을 작성했던 변호사의 증언과 1984년 유언장의 내용을 면밀히 살펴보면, John과 Sarah는 각자 자신의 자녀들에 대한 상속분은 추후 변경할 수 있도록 권리를 유보해 두었다고 보아야 한다는 것이 그 이유였다.

97) Jesse Dukeminier, supra 251-252.

되는 조항을 특정해야 하며, 대체되거나 추가되는 새로운 조항을 규정하고, 유언장의 남은 조항들을 재확인해야 한다. 기존 유언장에 대한 명시적인 철회의 표현이 없는 경우에 유언보충서는 일반적으로 단지 새로운 조항이 유언장과 모순되는 한도 내에서만 유언을 철회하는 것으로 본다.[98]

유언장 이후에 작성된 어떤 문서가 기존 유언장을 언급하고 있지 않을 경우 법원으로서는 그 문서를 두 번째 유언장으로 보는 것이 보편적이다. 유언자는 복수의 유언장을 통해 각각 다른 재산의 처리에 관해 규정함으로써 복수의 유언장이 동시에 효력을 가지게 할 수 있다. 이런 경우 연속적으로 작성된 두 번째 유언장은 유언보충서로서 기능한다. 즉 그 문서가 기존 유언장에 대한 철회조항을 두고 있지 않고 단지 상속재산의 일부에 대해서만 규정하고 있다면 그 문서는 유언보충서라고 본다. 이처럼 유언에 관한 복수의 문서가 있을 때 법원은 가급적 복수의 문서들이 모두 효력을 유지할 수 있도록 해석하려고 하는 경향이 있다. 그리하여 복수의 유언장 중에 어떤 한 유언장을 철회하려는 유언자의 의사가 분명한 경우에만 하나의 유언장은 또 다른 유언장을 철회할 수 있으며, 이 경우에조차 철회는 필요한 정도까지만 인정된다(Gilvert v. Gilvert[99]).

어떤 새로운 유언장이 기존 유언장을 철회하는지 여부에 관하여 1990년 UPC는 유언자의 재산에 대한 '완전한 처분(complete disposition)'을 하는지에 따라 다른 추정을 하고 있다. 즉 새로운 유언장이 유언자의 재산을 완전히 처분하는 것으로 규정하는 경우에는 기존 유언장을 전부 철회하고 그것을 대체하는 것으로 추정한다. 그러나 완전히 처분하지 않는 경우에는 새로운 유언장과 모순되는 한도 내에서만 기존 유언장을 철회하고 이를 보충하는 것으로 추정한다[§2-507(b)-(d)].

---

98) Elias Clark, supra 356.

99) Court of Appeals of Kentucky, 652 S.W.2d 663 (1983).

Gilvert v. Gilvert 사건100)에서 피상속인인 Frank Gilvert는 1976년에 타자기로 8페이지짜리 유언장을 작성했고, 1978년에 명함의 뒷면과 급여명세서의 뒷면을 이용하여 자필로 문서를 작성했다. 그 명함과 급여명세서는 봉인된 봉투 속에 함께 접혀진 채로 발견되었다. 명함의 뒷면에는 "12/8/78 Jim과 Margaret에게, 내 금고 안에 5천불이 들어 있다. 무슨 일이 생기면 Buzz를 만나라"라고 기재되어 있고 Frank의 서명이 있었다. 한편 급여명세서 뒷면에는 "Jim과 Margaret에게 2천불을 주고, 나머지는 다른 생존한 형제자매들에게 동등하게 나누어 준다. 12/8/78"라고 기재되어 있고 역시 Frank의 서명이 있었다. Jim은 Frank의 형이었고, Margaret은 Jim의 아내(Frank의 형수)였다. Frank가 1979년에 사망하자, Frank가 작성한 1976년 유언장과 1978년 자필문서에 대한 유언검인이 신청되었고, 그 신청은 허용되었다. 그러자 Frank의 다른 형제자매들이 이 유언에 대한 이의를 제기하면서 1978년 자필문서는 1976년 유언장을 대체하는 새로운 유언장에 해당된다고 주장했다. 즉 그들은 "급여명세서 뒷면의 기재는 유언으로서의 의미를 가지는 유일한 자필문서이다. 따라서 그것은 1976년 유언장을 완전히 철회하는 새로운 유언장이다. 그리고 명함 뒷면의 기재는 단순한 정보(자신의 금고에 5천불이 있다는 정보)에 불과한 것이다"라고 주장했다. 이러한 해석에 따를 경우 Jim은 2천불(엄밀히 말하면 Margaret이 받게 될 1천불을 제외한 나머지 1불)을 제외하고는 Frank의 다른 재산에 대하여 아무런 권리도 주장할 수 없게 된다. 이 사건에서 쟁점은 ① 명함과 급여명세서가 하나의 통일된 문서인지 아니면 각자 별개의 문서인지, ② 그 문서가 유언보충서인지 아니면 기존 유언장을 철회하는 새로운 유언장인지이다.

이에 대하여 법원은 다음과 같이 판시했다.

---

100) Court of Appeals of Kentucky, 652 S.W.2d 663 (1983).

① "명함과 급여명세서가 한 봉투 속에 함께 접혀진 채 발견된 것으로 볼 때, 이 두 장의 종이를 하나의 문서로 간주하는 것이 논리적이다. 유 언자는 그 문서의 첫 번째 장에서 분배할 재산을 특정("금고 속의 5천 불")하고 그 재산에 접근하는 방법을 설명("Buzz를 만나라")한 후 두 번 째 장에서 그 재산의 분배 방식을 정하고 있다. 이러한 여러 가지 정황 을 고려해 보면, 이 두 장의 종이를 하나의 문서로 보는 것이 유언자의 의사에도 부합하고 유언장의 '통합(integration)'을 요구하는 법의 정신 에도 부합한다."

② "유언자가 공들여 작성한 1976년 유언장을 단지 급여명세서 뒷면에 자필로 기재한 한 줄의 문장으로 철회할 것을 의도했다고 보기 어렵다. 더구나 그 자필문서에는 1976년 유언장에 대한 철회조항도 없다. 법원 은 각 문서의 모든 조항에 효력을 부여하기 위해 일응 모순되는 듯한 조 항들을 조화롭게 해석해야 한다. 두 장의 자필문서는 한 개의 유언장을 구성하고 있고 이것은 두 번째 유언장으로서 단지 Frank의 금고 속에 있는 돈의 분배에 대해서만 적용되는 것이라고 해석해야만 모든 문서의 모든 조항들에 효력을 부여할 수 있게 된다. 따라서 1978년 자필문서는 오로지 Frank의 금고에 있는 돈에 대해서만 규정한 것으로서 1976년 유 언장에 대한 유언보충서라고 보아야 한다."

이 판결에 의해 결국 Jim은 1976년 유언장에 따른 자신의 상속분 과 1978년 유언보충서에 따른 1천불(2천불 중 아내 Margaret의 권리인 1 천불을 제외한 나머지)에 대한 권리를 인정받았다.

자필유언을 인정하는 주에서는 유언자가 자필로 기재한 적절한 표기와 서명을 통해 기존 유언장—그것이 설사 인증유언이더라도—을 철회할 수 있다. 자필유언장을 이미 작성한 유언자는 그 기존 유언장 에 자필로 변경을 가함으로써 철회 또는 수정을 할 수 있다. 철회를 위 해 반드시 새로운 문서에 다시 작성해야 할 것이 요구되지 않는다.101) 기존 유언장의 여백에 "취소(cancelled)" 또는 "무효(null and void)"라고 기재하고 서명하면 충분하다는 것이 법원의 대체적인 태도이다.

예컨대 Estate of Kehr 사건[102])에서, 피상속인인 Kehr는 자신의 재산을 공익재단에게 유증한다는 내용의 유언장을 작성하고 그 원본은 변호사인 Evans에게 맡겨두고 '복사본(carbon copy)'만 소지하고 있었다. 유언장에는 피상속인의 유일한 자녀를 위한 아무런 조항도 없었다. 유언집행인으로 지명된 Evans가 유언검인을 신청하자 유일한 상속인인 딸이 이의를 제기했다. 그런데 피상속인이 사망한 후 피상속인의 침실 서랍장 안에서 유언장의 복사본이 발견되었는데, 그 윗부분 여백에 피상속인의 자필로 "null and void"라고 쓰여 있고 그 아래에 피상속인의 이니셜이 적혀 있었다. 이에 대해 법원은 유언장이 적법하게 철회되었다고 판결했다.

그리고 In re Estate of Langan 사건[103])에서, 피상속인인 Langan은 유언장의 오른쪽 여백에 "cancelled"라고 기재한 후 그 위에는 자신의 이름을 서명하고 그 아래에는 날짜를 기재했다. 그리고 "Last Will and Testament of Carol W. Langan"이라는 제목에 줄을 그었다. 이 유언장에 대해서도 법원은 적법하게 철회되었음을 인정했다.

그러나 인증유언을 자필 표기만으로 철회하는 것은 보다 엄격하게 인정하는 경향이 있다. 예컨대, 타자기로 작성된 인증유언장의 사본에 수차례 자필로 수정을 가하고 서명을 한 경우, 그 자필 수정은 "완전히 이해할 수 없는 것(wholly unintelligible)"으로서 "유언의사가 없다(devoid of testamentary intent)"고 보는 것이 타당하다는 판결이 있다(Estate of Phifer[104])). 또한 타자기로 작성된 인증유언장의 행간에 자

---

101) Elias Clark, supra 359.
102) Supreme Court of Pennsylvania, 95 A.2d 647 (1953).
103) Court of Appeals of Oregon, 668 P.2d 481 (1983).
104) Court of Appeals of California, 200 Cal.Rptr. 319 (1984). 이 판결의 1심법원은 유언자의 자필 수정을 유효한 자필유언보충서로 보았다. 그러나 항소심은 그 자필 수정이 기존 유언장의 타자기로 작성된 조항들과 따로 떨어져 있다는

필로 써넣은 것은 기존 조항들과 무관하여 무의미한 것으로서 자필유언보충서가 아니라고 한 판결도 있다(Estate of Sola[105]).

b. 행위에 의한 철회

유언자는 기존 유언장에 대해 철회를 위한 의도적인 행위(문서의 훼손 또는 폐기 등)를 함으로써 유언을 철회할 수 있다. 이에 관하여 UPC는 "유언자가 유언을 철회할 의도와 목적을 가지고 유언장을 불태우거나 찢거나 취소하거나 지우거나 폐기한 경우 그 유언장 또는 그 일부는 철회된다"고 규정하면서, 유언자의 '의식적 현존상태(conscious presence)' 하에서 유언자의 지시에 따라 다른 사람이 이러한 행위를 한 경우에도 동일한 효과를 인정하고 있다[§2-507(a)(2)].

유언자가 생존해 있는 동안 자신이 유언장을 소지하고 있었고 그가 사망한 후 그 유언장이 훼손된 상태로 발견된 경우, 유언자가 철회의사를 가지고 그 유언장을 훼손했을 것이라고 추정된다.[106] 예컨대 유언자가 유언장을 배타적으로 소지하고 있었는데 그 유언장에서 유언자의 서명이 삭제된 경우, 유언자가 유언을 철회할 의사로 그와 같은 행위를 한 것으로 추정된다(In re Estate of Bakhaus[107]). 그리고 유언자가 유언장을 소지하고 있었는데 유언자의 서명이 기재된 페이지가 사라진 경우에도, 유언을 철회할 의도로 유언자에 의해 폐기된 것으로 추정된다(Board of Trustees of University of Alabama v. Calhoun[108]).

그렇다면 유언자가 유언장을 작성하여 소지하고 있었다는 점은 입증되었지만 유언장 자체는 발견되지 않은 경우에도 유언자가 유언을 철회한 것으로 추정될까? 많은 법원들이 이러한 경우에도 유언자가

점을 지적하면서 1심 판결을 번복했다.

105) Court of Appeals of California, 275 Cal.Rptr. 98 (1990).
106) Lawrence W. Waggoner, supra 5-10.
107) Supreme Court of Illinois, 102 N.E.2d 818 (1951).
108) Supreme Court of Alabama, 514 So.2d 895 (1987).

철회할 의사로 유언장을 제거한 것으로 추정하고 있다.[109] 그러한 대표적인 판례가 Harrison v. Bird 사건[110]이다.

이 사건에서 Daisy Speer는 1989년에 유언장을 작성하면서 Katherine Harrison을 주요 수익자로 지정했다. 유언장 원본은 Speer의 변호사가 가지고 있었고, Harrison이 그 사본을 가지고 있었다. Speer는 1991년에 전화로 자신의 변호사에게 유언을 철회하고 싶다고 말했다. 그러자 Speer의 변호사는 그 유언장 원본을 네 조각으로 찢은 후 유언이 철회되었다는 내용의 편지와 함께 조각난 유언장 원본을 그녀에게 보냈다. Speer가 사망한 후 그녀의 개인 물품들 속에서 변호사로부터 받은 편지가 발견되었다. 그러나 조각난 유언장 원본은 발견되지 않았다. 유언검인법원은 Speer가 유언 없이 사망했다고 보아 무유언상속법에 따라 상속재산을 분배하기 위해 Speer의 사촌인 Mae Bird에게 '상속재산관리장(letters of administration)'을 발부해 주었다. 그러자 Harrison은 유언장 사본에 대한 유언검인을 요구하면서 이 문서가 Speer의 유언장이라고 주장했다. 그러면서 Speer의 유언장 원본은 Speer의 변호사가 Speer도 없는 상태에서 찢은 것이기 때문에 적법하게 철회되지 않았다고 주장했다. 이에 대하여 법원은 다음과 같이 판결했다.

"Speer의 유언장은 Speer가 없는 상태에서 그녀의 변호사에 의해 찢어졌기 때문에 그것이 비록 그녀의 지시와 의사에 따라 이루어진 것이라 하더라도 유언이 적법하게 철회되지 않았다는 주장은 옳다[Alabama Code 1975, §43-8-136(b)]. 그러나 그 찢어진 유언장 조각이 Speer의 집으로 배달되었고 그녀가 사망한 후 그 조각이 발견되지 않았다는 점에 비추어 볼 때, Speer가 나중에 그 유언장 조각을 스스로 폐기함으로써

---

109) Thomas E. Atkinson, *HANDBOOK OF THE LAW OF WILLS*(Second Edition), WEST PUBLISHING CO., §101 (1953).

110) Supreme Court of Alabama, 621 So.2d 972 (1993).

자신의 유언을 철회한 것으로 추정된다. Speer가 자신의 수중에 있지도 않은 유언장 사본을 폐기하지 않았다는 사실이 이러한 추정을 복멸시키는 증거가 될 수는 없다. Harrison이 검인을 요구하며 제출한 유언장 사본은 검인의 대상이 되는 유언장이라고 볼 수 없고, 따라서 Speer의 상속재산은 무유언상속법에 따라 분배되어야 한다.”[111]

물론 이러한 추정도 반증에 의해 복멸될 수 있으나, 그 입증책임은 유언검인신청인에게 있다. 예컨대, 한 장의 자필 유언장이 노트에서 찢겨져 나갔고 왼쪽 여백의 글자가 지워진 경우 유언의 철회가 추정되지만, 유언자가 사망하기 3일 전에 자신이 유언장을 가지고 있다고 진술한 경우 그 추정은 복멸된다(Estate of May[112]).

c. 법령에 의한 철회

Common law에서는 혼인 전에 작성된 유언은 혼인(아내의 경우) 또는 혼인과 출산(남편의 경우)에 의해 자동으로 철회되었다. 이러한 관습법은 배우자와 자녀가 상속으로부터 배제되는 것을 막았다.[113] 그러나 그 효과는 유언 전체를 무효로 만드는 것이었다. 설사 유언자가 유언 이외의 방법으로 배우자와 자녀를 위한 배려를 해두었더라도 유언은 무효가 되었다.

그러나 오늘날 대부분의 주에서는 ‘혼인에 의한 유언의 철회’라는 이러한 관습법을 폐기했다. 그 대신 거의 모든 주에서 ‘이혼에 의한 유언의 철회’에 관한 법령을 마련했다, 즉 이혼 전에 작성된 유언장에 있는 ‘종전(former)’ 배우자를 위한 모든 조항들은—유언장에 반대의사가

---

111) 이와 같이 법원이 행위에 의한 철회를 추정해 줌으로써, Speer의 변호사는 Speer의 상속인들로부터 ‘위법행위(malpractice)’에 대한 책임을 져야 할 위기에서 가까스로 빠져 나왔다.

112) Supreme Court of South Dakota, 220 N.W.2d 388 (1974).

113) Thomas E. Atkinson, supra §85.

명시되어 있지 않는 한—이혼에 의해 철회된다는 규정이다. 종전 배우자를 위한 조항이 아닌 나머지 조항들은 모두 그대로 효력을 유지한다.114) 이러한 법령의 대표적인 예가 바로 1969년 UPC §2-508이다. 이에 따르면 이혼에 의해 유언이 철회된 경우 종전 배우자를 위한 재산은 그 종전 배우자가 유언자보다 먼저 사망한 것처럼 처리된다. 그리고 이혼에 의해 철회된 유언은 동일한 종전 배우자와의 재혼에 의해 부활한다. 한편 법원의 '별거결정(Decree of Separation)'은 배우자로서의 법적 상태에 변화를 가져오지 않기 때문에 별거 결정이 내려지더라도 유언은 철회되지 않는다.

1969년 UPC는 검인대상재산의 이전에 대한 철회에 관해서만 규정하고 있었으나, 1990년 UPC는 철회가능신탁, TOD계좌,115) 생명보험이나 연금에 관한 수익자지정 등 비검인대상재산의 이전까지 포섭하고 있고(§2-804), 여러 주에서 이를 채택하고 있다.

유언으로 배우자가 아닌 배우자의 친족을 수익자로 지정한 후 그 배우자와 이혼을 한 경우에는 어떻게 될까? 이에 관한 명문의 규정이 없는 경우에 배우자의 친족에 대한 유언은 철회되지 않는 것으로 보는 것이 법원의 대체적인 경향이다. 예컨대 Clymer v. Mayo 사건116)의 피상속인은 남편과 남편의 조카들에게 재산을 이전하는 내용의 유언장과 생전신탁문서를 작성한 후 이혼을 하고 사망했다. 이에 대해 메사추세츠주 법원은 전 남편에 대한 유증은 철회되지만 전 남편의 조카들을 위한 유증은 법령에 의해 철회되지 않는다고 판결했다. 그 밖에 펜실베이니아주 법원(Bloom v. Selfon117))과 미네소타주 법원(In re

---

114) Elias Clark, supra 374, 381.

115) 'Transfer-On-Death Accounts'의 약자이다. 계좌주가 사망한 후에 예금을 지정된 수익자에게 이전시키는 계좌로서 유언검인절차를 거치지 않는다.

116) Supreme Judicial Court of Massachusetts, 473 N.E.2d 1084 (1985).

117) Supreme Court of Pennsylvania, 555 A.2d 75 (1989). "남편이 피상속인보다 먼저 사망하면 남편의 삼촌에게 재산을 이전하기로 하는 내용의 유언조항은, 만

Estate of Kehr[118])도 이와 같은 결론을 내렸다.

그러나 캘리포니아주 법원은, 유언장에 반대의사가 분명히 표시되지 않는 한 의붓자식을 위한 유언은 이혼에 의해 철회되는 것으로 추정하고 있다(Estate of Hermon[119]). 캘리포니아주 법원의 해석이 유언자의 의사에 부합하고 보다 현실에 가깝다고 생각된다. UPC도 이러한 현실에 부응하여 개정되었다. 그리하여 1990년 UPC 하에서는, 이혼에 의한 철회 규정은 배우자뿐 아니라 그 친족에 대해서도 동등하게 적용된다(§2-804).

3. 철회된 유언의 부활(Revival)

a. 역사적 전개

유언자가 첫 번째 유언장을 작성한 후 그 유언을 철회하는 두 번째 유언장을 작성했는데 결국 그 두 번째 유언을 철회한 경우 첫 번째 유언은 다시 부활하는가? 영국에서 1837년 「유언법(Wills Act)」이 제정되기 전 Common law 하에서는, "철회는 철회를 철회한다"는 법리에 의해 첫 번째 유언은 유언자의 의사와 상관없이 자동으로 부활하는 것으로 보았다. 이러한 common law의 원칙을 '자동부활의 원칙(Rule of Automatic Revival)'이라고도 부른다. 한편 영국 '종교재판소(ecclesiastical court)'에서는, 제반 사정을 고려해 볼 때 유언자가 부활을 의도한 것으로 보일 때에만 부활을 허용했다. 그러나 유언법은 "부활시키려는 의

약의 사태를 대비하여 보충적 수익자를 지정하는 전통적인 표현이지 절대적인 조건부 증여의 표현이 아니다. 따라서 남편이 피상속인과의 이혼으로 인해 유증을 받을 수 있는 자격을 박탈당한 이후에는 남편의 삼촌이 그 재산에 대한 권리를 가진다."

118) Court of Appeals of Minnesota, 520 N.W.2d 512 (1994). 이 사건에서 유언자는 배우자의 의붓자식에게 유증을 한 후 이혼을 하였다. 이혼 당시 유언자는 행위무능력자였고 유언을 변경할 기회도 없었지만, 유증은 철회되지 않았다.

119) Court of Appeals of California, 46 Cal.Rptr.2d 577 (1995).

도를 보여주는 유언장의 재작성이나 유언보충서에 의해서만 부활된
다"고 규정했다. 이를 '반부활 원칙(Anti-Revival Rule)'이라고 한다.[120]

현재 부활에 관한 법령이 없는 주에서는 대체로 common law의
원칙이나 종교재판소의 원칙을 따르고 있다.[121] 그러나 미국의 대다
수 주들은 부활에 관한 법령을 가지고 있는데, 이들 중 1/3 정도의 주
들은 영국 유언법과 유사한 반부활 규정을 두고 있고, 나머지 주들은
영국 종교재판소의 원칙 또는 아래에서 살펴볼 UPC의 규정과 유사한
방향으로 입법을 함으로써 유언법의 엄격한 요건을 완화시키고 있
다.[122]

b. 반부활(Anti-Revival) 규정의 문제점

반부활 규정들은, 두 번째 유언장의 철회를 둘러싸고 있는 제반
사정들에 대한 탐구를 억제하고 오로지 첫 번째 유언장이 재작성되거
나 추완될 것만을 요구한다. 따라서 유언자가 유언장의 잔여재산에 관
한 조항을 수정하는 유언보충서를 작성한 후 그 유언보충서를 철회한
경우, 잔여재산에 관한 조항은 부활하지 않고 결국 잔여재산은 무유언
상속법에 따라 상속되게 된다(In re Estate of Lagreca[123]; In re Will of
Farr[124] 등).

---

120) Robert Whitman, "Revocation and Revival: An Analysis of the 1990 Revision
of the Uniform Probate Code and Suggestions for the Future," 55 *Albany Law
Review* 1035 (1992).

121) 루이지애나, 코네티컷, 미시시피, 뉴햄프셔, 텍사스, 버몬트, 와이오밍주가 부
활에 관한 법령을 가지고 있지 않은데, 텍사스, 버몬트, 와이오밍주는 종교재판
소의 원칙을 따르고 있고, 루이지애나와 코네티컷주는 common law의 원칙을
따르고 있다. Lawrence W. Waggoner, supra 5-27, 5-28.

122) Lawrence W. Waggoner, supra 5-28.

123) Superior Court of New Jersey, Appellate Division, 687 A.2d 783 (1997). "유
언보충서의 작성은 이전 유언장의 모순되는 조항을 철회시킨다. 그 후 유언보
충서를 폐기한 것은, 부활의 의도를 명시한 새로운 유언장이나 유언보충서를 재
작성하지 않은 한, 원래의 유언조항을 부활시키지 않는다."

In re Estate of Greenwald 사건[125]에서, 유언자는 1973년에 첫 번째 유언장을 작성한 후 1988년에 첫 번째 유언장을 철회하는 두 번째 유언장을 작성했다. 그런데 그녀가 사망한 후 두 번째 유언장은 발견되지 않았고, 결국 유언자에 의해 철회된 것으로 추정되었다. 법원은 '반부활' 규정을 적용하여 두 유언장 모두 검인을 승인하지 않았다. 즉 첫 번째 유언은 두 번째 유언에 의해 철회되었고, 두 번째 유언은 유언자의 행위에 의해 철회되어 결국 유언이 없는 상태가 되어 버린 것이다. 이러한 결과에 대해 법원은 다음과 같이 변명했다.

"첫 번째 유언을 철회하는 내용의 두 번째 유언도 철회되었다고 하면서 그 두 번째 유언이 첫 번째 유언을 철회하는 한도 내에서는 효력을 가진다는 결론이 이상하게 보일 수도 있다. 그러나 이것이 법이다. 1988년 유언장이 유효하게 작성되었다는 점에 관해서는 다툼이 없는바, 그로 인해 1973년 유언은 철회되었다. 다만 그 후 1988년 유언장이 사라졌을 뿐이다."

c. 전부철회와 일부철회의 구별

1969년 UPC는 두 번째 유언장이 첫 번째 유언장을 완전히 철회한 경우와 일부만 철회한 경우를 구별하지 않고, 두 번째 유언장이 철회된 경우 첫 번째 유언장의 반부활 추정 규정을 두고 있었다. 그러나 1990년 개정을 통해 부분적으로 부활을 인정했다. 즉 두 번째 유언이 첫 번째 유언을 '완전히(wholly)' 철회한 경우에는 반부활이 추정되지만, '부분적으로만(partly)' 철회한 경우에는 부활을 추정하고 있다. 그러면서도 제반 사정을 고려해 볼 때 부활 여부에 관한 유언자의 의사가 분명히 확인된 경우에는 그에 따르도록 하고 있다(§2-509). 이처럼

---

124) Supreme Court of North Carolina, 175 S.E.2d 578 (1970).

125) Supreme Court of Iowa, 584 N.W.2d 294 (1998).

전부 철회된 경우와 일부 철회된 경우를 구분하는 근거는 무엇일까? 1990년 UPC의 '공식 주석(Official Comment)'은 다음과 같이 설명하고 있다.

"두 번째 유언이 첫 번째 유언을 부분적으로만 철회한 경우에는 두 번째 유언은 단지 첫 번째 유언의 보충서에 불과하다고 볼 수 있고, 유언자는 첫 번째 유언이 계속 효력을 유지하는 것으로 생각하게 된다."

캘리포니아주 법원은 UPC가 개정되기 전에 이미 이와 같은 취지의 판시를 한 바 있다. 즉 첫 번째 유언이 유언보충서에 의해 부분적으로 철회된 경우 반부활 규정을 적용하지 않았다(Estate of Hering[126]).

1990년 UPC 하에서는, 반부활의 추정을 복멸시키기 위해, 즉 첫 번째 유언을 부활시키려는 유언자의 의사를 확인하기 위해 외부증거가 사용될 수 있다. 이 외부증거에는 유언자 자신의 진술도 포함된다. In re Estate of Heibult 사건[127]에서, 유언자는 자신과 함께 살면서 자신을 돌보아 주던 아들에게 우호적인 유언장을 작성했다. 그 후 다른 자식들의 집을 방문해 있는 동안 새로운 유언장을 작성했는데, 그 내용은 4명의 자식들에게 재산을 똑같이 나누어준다는 것이었다. 유언자가 사망한 후 두 번째 유언장은 발견되지 않았다. 두 번째 유언은 첫 번째 유언을 완전히 철회하였으므로 1990년 UPC에 의하더라도 첫 번째 유언은 부활하지 않는 것이 원칙이다. 그러나 이 사건에서 유언자가 사망하기 전에 자신의 변호사에게 첫 번째 유언의 효력을 계속 유지하기를 원한다고 말한 사실이 밝혀졌다. 법원은 1990년 UPC §2-509와 동일한 주법을 적용하여, "유언자가 변호사에게 한 진술은 첫 번째 유언을 부활시키려는 유언자의 의사에 관한 충분한 증거"라고 판결했다.

---

126) Court of Appeals of California, 166 Cal.Rptr. 298 (1980).

127) Supreme Court of South Dakota, 653 N.W.2d 101 (2002).

4. 상대적 철회의 원칙(Dependent Relative Revocation)

a. 의 의

유언자가 형식적으로는 하자 없이 유언을 철회했으나 그 철회가 실제로는 어떤 사실이나 법률에 대한 오인에 기인하는 것으로 밝혀지는 경우가 있다. 이런 경우를 구제하기 위해 법원이 개발한 형평법적 이론이 '상대적 철회의 원칙(Dependent Relative Revocation)' 또는 '조건부 철회의 원칙(Conditional Revocation Doctrine)'이다. 유언자가 어떤 법률이나 사실에 관한 오인에 기하여 유언을 철회했는데 만약 유언자가 제대로 알았었더라면 철회하지 않았을 것이라고 인정될 경우 그 철회는 효력이 없다는 것이다. 이 원칙은 추정적 의사이론의 일종으로서, '철회가 조건부였다는 가정하에 실수로 행한 철회를 의도적으로 무시하는 허구의 절차'라고 묘사된다.[128]

철회가 그 근거가 된 사실과 반대되는 사실의 부존재와 조건적으로 관계되어 있고 이러한 조건에 의존하고 있다는 의미에서 이 원칙의 이름에 '조건적(conditional)', '의존적(dependent)', '관계적·상대적(relative)'이라는 용어가 붙은 것이다.[129] 제3차 재산법 리스테이트먼트는 이 원칙을 규정하면서 그것을 '효력없는 철회의 원칙(Doctrine of Ineffective Revocation)'이라고 부르고 있다(§4.3).

b. 적용영역

이 원칙은, 유언자가 새로운 유언이 유효하다고 믿고 이전 유언장을 폐기했는데 새로운 유언이 어떤 이유로 인해 효력이 없게 된 경우에 주로 문제된다. 유언자가 새로운 유언이 효력이 없음을 알았더라면 이전 유언장을 폐기하지 않았을 것이라는 점이 확인될 경우, 법원은

---

128) Thomas E. Atkinson, supra §88.
129) Joseph Warren, "Dependent Relative Revocation," 33 *Harvard Law Review* 337 (1920).

이 원칙을 적용하여 철회를 취소하고 폐기된 이전 유언장에 대한 검인을 승인할 수 있다.[130]

예컨대 유언자가 유언장의 어떤 조항 위에 줄을 그어 지우거나 새로운 조항을 적어 넣음으로써 유언장을 수정하려고 했으나 그 시도가 성공하지 못한 경우, 문제된 조항이 철회된 것으로 처리하는 것보다는 유언장의 원래 내용을 회복시키는 것이 유언자의 시도에 더욱 근접하는 것일 수 있다. 이런 경우 법원은 쉽게 이 원칙을 적용할 수 있다(In re Estate of Eastman[131]).

이 원칙을 적용하여 문제를 해결한 리딩케이스가 Schneider v. Harrington 사건[132]이다. 이 사건에서 유언자인 Letitia Bliss는 남편과 자식이 없었고 상속인으로 4명의 여동생들과 22명의 조카들이 있었다. Letitia는 자신이 사망하면 전 재산을 다음과 같이 분배한다는 내용의 유언장을 작성했다.

1. 질녀인 Phyllis H. Schneider에게 삼분의 일(1/3)

2. 여동생인 Margaret J. Sugarman에게 삼분의 일(1/3)

3. 여동생인 Amy E. Harrington에게 삼분의 일(1/3)

이 유언장에는 다음과 같은 조항도 들어 있었다. "나는 나의 다른 형제자매들을 의도적으로 상속에서 누락시켰다. 그들은 이미 잘 살고 있기 때문이다." 그리고 이 유언장에는 잔여재산에 관한 규정은 없었다. 그런데 얼마 후 Letitia는 유언장 제3항을 취소하고 제1항과 제2항의 상속분을 1/3에서 1/2로 증가시키기로 결심했다. 그리하여 연필로 3항 전체에 횡선을 긋고, 1항과 2항의 "1/3"이라는 숫자 부분에도 횡선을 그었다. 그리고 1항과 2항에 "삼분의 일"이라는 글자는 그대로 둔 채 연필로 "1/2"이라는 숫자를 적어 넣었다. 이 유언장에 대한 어떠한 유언보충서도 없었고, 유언장이 추완되거나 재작성되지도 않았다. 이

---

130) Jesse Dukeminier, supra 259.

131) Court of Appeals of Washington, 812 P.2d 521 (1991).

132) Supreme Judicial Court of Massachusetts, 71 N.E.2d 242 (1947).

에 대해 유언검인판사는 줄이 그어진 부분만 제외하고 나머지 부분에 대한 유언검인을 허용했다. 이에 따르면 Schneider와 Sugarman은 1/3 씩 유증을 받게 되고 나머지 1/3은 무유언상속법에 따라 상속되게 된다. 당연히 Harrington은 상소했다. 이에 대해 메사추세츠주 대법원은 유언검인법원의 결정을 파기하고, 유언이 철회되지 않은 것으로 보아 변경 전의 상태 그대로 유언장을 검인하도록 명했다. 그 판시 근거는 다음과 같다.

> "'취소(cancellations)'와 '대체(substitutions)'는 하나의 처리과정의 일부분으로서 서로 불가분적으로 결합되어 있다. 대체가 유효한 경우에 한해서만 취소가 효력이 생기도록 하는 것이 유언자의 의사임은 분명하다. 그러나 이 사건의 대체는 법정요건을 갖추지 못하여 효력이 없고, 결과적으로 취소의 효과는 결코 일어나지 않는다. 이러한 결론이 타당함을 뒷받침하는 부수적인 근거로서 이 사건 유언장에 잔여재산에 관한 규정이 없다는 점을 들 수 있다. 유언검인법원의 결정대로라면 부분적인 무유언상속이 일어나게 되는데, 이러한 결과는 유언자가 의도하지 않은 것이다."

유언장에 횡선을 그은 것은 철회로서 유효하다고 보는 것이 원칙이다. 그러나 연필로 1/2이라고만 기입하고 새로이 서명을 하지 않은 것은 자필유언보충서로서의 요건을 갖추지 못하여 효력이 없다. 그렇다면 결국 유언장 제3항만 철회된 것으로 보아 1/3을 무유언상속법에 따라 상속시킬 것인지, 아니면 철회 자체가 효력이 없다고 보아 애초의 유언대로 세 사람에게 각 1/3씩 나누어 줄 것인지를 선택해야 한다. 법원은 후자의 결론이 유언자의 의사에 보다 부합한다고 보아 상대적 철회의 원칙을 적용하여 후자를 선택했다. 그러나 유언자가 Harrington을 미워해서 Harrington에 대한 유증을 철회하려고 했던 것이라면, 법원의 결론이 반드시 유언자의 의사에 부합한다고 보기는 어려울 것 같다.

E. 유언의 해석(Construction of Wills)

유언장의 작성과 그 효력 발생(유언자의 사망) 사이에는 상당한 시간적 간격이 있는 경우가 많고, 그 사이에 유언을 둘러싼 환경에 변화가 생길 수 있다. 즉 유언자가 상속재산 중 일부를 처분하거나 새로운 재산을 취득할 수도 있고, 상속재산의 가치가 변동할 수도 있다. 수익자가 새로이 추가될 수도 있고(출생), 사라질 수도 있다(사망). 이처럼 환경이 극적으로 바뀌지 않을지라도, 유언장 자체에 모호한 용어가 사용될 수도 있고 어떤 조항이 실수로 누락되거나 포함될 수도 있다. 이런 경우에 법원이 유언장을 해석해야 할 필요성이 생긴다.

1. 유언이 불명료한 경우의 해석

a. 불명료의 종류

유언이 불명료한 경우에 법원은 그 유언을 해석해야 하는데, 불명료한 유언에는 두 가지 종류가 있다. 하나는 '명백한 의미 불명료(Patent Ambiguity)', 즉 유언장 자체의 문면에 모호함이 분명히 나타나는 경우이다. "갑에게 1/2, 을에게 1/2, 병에게 1/2을 유증한다"와 같은 유언이 그 예이다. 다른 하나는 '잠재적 의미 불명료(Latent Ambiguity)', 즉 유언장 자체로는 모호함이 나타나지 않지만 유언장 밖의 사실들, 즉 외부증거로 인해 유언장의 모호함이 나타나는 경우이다. "내 동생 갑에게 유증한다"라고 유언했는데, 실제 유언자의 동생은 갑이 아니라 을과 병인 경우가 그 예이다. 제3차 재산법 리스테이트먼트도 불명료를 이와 같이 구분하고 있다(§11.1).

외부증거는 잠재적 의미 불명료를 해결하기 위해서는 사용될 수 있지만 명백한 의미 불명료에서는 사용될 수 없다는 것이 전통적인 견해이다. 이에 따르면 명백한 의미 불명료가 있는 경우에는 결국 유언이나 유증이 실패하게 된다. 여전히 많은 법원들이 아직도 이 용어들을 사용하며 양자를 구별하고 있다.133) 그리고 의미 불명료가 명백한지 아니면 잠재적인지 여부는 유언장을 읽는 사람이 누구냐에 달려 있다고 한다.134)

예컨대 Estate of Black 사건135)에서, 유언자는 자신의 재산을 "The U.C.L.A라고 알려져 있는 University of Southern California"에게 유증하는 것으로 유언을 했다.136) 이 사건의 1심 법원은, 이 유언에는 의미 불명료가 존재하지 않으며 "The U.C.L.A라고 알려져 있는 Southern California에 소재한 대학"에게 유증한 것으로 해석해야 한다고 판결했다. 그러나 항소심은 이 유언에는 잠재적 의미 불명료가 존재하기 때문에 유언자가 어떤 대학을 수익자로 의도했는지 여부를 확인하기 위해 외부증거를 허용해야 한다고 판결하면서, 그 이유에 관해 다음과 같이 설명하고 있다.

"남부 캘리포니아에 두 개의 대학(University of Southern California와 U.C.L.A)이 있다는 사실을 모르는 사람은, 위 유언조항이 U.C.L.A라는 이니셜로 알려져 있는 University of Southern California라는 이름을 가진 대학을 의미한다고 여길 것이다."

그러나 명백한 의미 불명료의 경우에도 외부증거에 의한 유언의 해석을 허용하는 경우가 점차 늘어나고 있다. 예컨대 어떤 유언장이

---

133) Lawrence W. Waggoner, supra 12-11, 12-12.

134) Jesse Dukeminier, supra 370.

135) Court of Appeals of California, 27 Cal.Rptr. 418 (1962).

136) UCLA는 University of California, Los Angeles의 약자로서, 서던캘리포니아대학교(University of Southern California)와는 전혀 다른 대학이다. 서던캘리포니아대학교의 약자는 USC이다. 두 학교 모두 남부 캘리포니아(Southern California)의 로스엔젤레스에 소재하고 있다.

제1항에서는 "나의 재산 중 이용가능한 부분을 나의 딸 A에게 남긴다"
라고 되어 있고, 바로 다음 항에서는 "나의 전 재산을 나의 딸들인 A와
B에게 남긴다"라고 되어 있는 경우, 법원은 명백한 의미 불명료를 해
석하기 위해 외부증거를 허용했다(Succession of Neff137)). 이러한 이유
로 오늘날 의미 불명료를 두 가지로 구분하는 것은 실익이 없다는 견
해도 유력하게 제기되고 있다.138)

b. 명백한 의미의 원칙(Plain Meaning Doctrine)

유언의 해석과 관련한 가장 전통적인 원칙이 바로 '명백한 의미의
원칙(Plain Meaning Doctrine)'이다. 이 원칙하에서 외부증거는 유언장
의 '명백한 의미(plain meaning)'에 변화를 주거나 이를 반박하기 위한
목적으로는 사용될 수 없다. 또한 유언장의 누락된 조항을 추가시키기
위한 목적으로도 사용될 수 없다. 유언의 해석에 관한 법원의 임무는
"유언자가 말한 것을 통해 유언자가 의도한 것을 발견하는 것"이지 "유
언자가 말하려고 했거나 말했어야 하는 것을 가정하는 것"이 아니기
때문이다(Aldridge v. First & Merchants Nat'l Bank139)). 따라서 외부증거
는 오로지 모호함을 해결하기 위해서만 사용될 수 있다. 유언의 해석
에 있어서 최우선의 원칙은, 유언장에 표현된 유언자의 의사에 따라
해석하고 이러한 의사는 가능한 한 효력이 주어져야 한다는 것이다.
이러한 원칙의 목적은, 유언자가 사용한 언어에 의해 유언자가 의미한
것을 확인하는 것이다. 유언장의 문언이 모호하거나 불명확한 경우에
만 유언자의 의사를 확인하기 위해 외부증거가 허용될 수 있다(In re

---

137) Court of Appeal of Louisiana, 716 So.2d 410 (1998). 이 사건의 원심은 유언
  자의 변호사의 증언은 허용되지 않는다고 판결했으나, 항소심은 유언자의 유언
  의사를 확인하기 위해 변호사의 증언도 허용된다고 판결했다.
138) 제3차 재산법 리스테이트먼트는 불명료를 두 가지로 구분하면서도 "구별로 인
  한 법적 결과의 차이는 없다"라고 코멘트하고 있다.
139) Supreme Court of Virginia, 60 S.E.2d 905 (1950).

Estate of Russell[140]). 그래서 이 원칙을 '외부증거 금지의 원칙(No Extrinsic Evidence Rule)'이라고도 부른다. 현재 대부분의 법원이 이 원칙을 따르고 있다.[141]

　명백한 의미의 원칙에 대한 이해를 돕기 위해 이 원칙을 적용한 대표적인 판결인 Mahoney v. Grainger 사건[142]을 소개한다. 이 사건에서 유언자인 Hellen Sullivan에게는 유일한 법정상속인으로 이모가 한 명 있었고, 그 밖에 25명의 사촌들이 있었다. 그녀는 유언을 통해 상당한 금전을 그녀의 사촌들에게 주기로 했다. 그녀가 사망하기 10일 전에 그녀는 그녀의 돈을 누구에게 남길 것인지에 관해 변호사와 상의했다. "당신의 잔여재산을 누구에게 남기고 싶으냐? 당신의 가장 가까운 친척이 누구냐?"라는 변호사의 질문에 대해 그녀는 "나에게는 25명의 사촌들이 있다. 나는 그들에게 내 잔여재산을 공평하게 나누어주고 싶다"라고 대답했다. Hellen의 지시에 따라 변호사는 "잔여재산을 살아 있는 '법정상속인들(heirs at law)'에게 공평하게 나누어준다"라고 유언장 초안을 작성한 후 그것을 그녀에게 읽어주었고 그대로 유언장이 작성되었다. Hellen의 유일한 법정상속인은 이모였기 때문에 이모는 Hellen의 잔여재산은 모두 자신이 상속해야 한다고 주장했고, 사촌들은 Hellen의 유언의사는 잔여재산을 자신들에게 공평하게 나누어주는 것이었음이 분명하므로 자신들이 잔여재산을 분배받아야 한다고 주장

---

140) Supreme Court of California, 70 Cal.Rptr. 561 (1968).
141) 다만 이와 다른 접근을 한 판결로 In Estate of Taff 사건이 있다. 이 사건에서 유언자는 잔여재산을 캘리포니아주의 무유언상속법에 따라 상속인들에게 분배하도록 유언했다. 유언자의 사망 당시 캘리포니아주의 무유언상속법에 따르면, 잔여재산은 피상속인의 친족과 피상속인의 배우자의 친족들이 나누어 가지게 되어 있었다. 그러나 캘리포니아주 항소법원은, 유언장의 명백한 문언에도 불구하고 유언자가 초안 작성자에게 구두로 지시한 것과 유언자의 여동생에게 보낸 편지에 근거하여, 잔여재산을 유언자의 친족들에게만 분배하는 것으로 해석했다[Court of Appeals of California, 133 Cal.Rptr. 737 (1976)].
142) Supreme Judicial Court of Massachusetts, 186 N.E. 86 (1933).

했다. 이에 대해 법원은 다음과 같이 판결했다.

"법정상속인이라는 단어는 그 의미가 너무나 명백하여 외부증거에 의한 해석의 여지가 없다. 비록 '~들에게 공평하게 나누어준다'라는 문구가 있다고 하더라도 이것만으로 유언장 자체에 잠재적 의미 불명료가 있다고 볼 수 없다. 따라서 유언자의 유언의사를 입증하기 위해 유언자의 진술을 비롯한 외부증거를 법정에 제출하는 것은 허용되지 않는다. 유언자가 초안 작성자에게 지시했던 내용과 유언장이 일치하지 않거나 유언자가 실수를 했다 하더라도 그러한 사실이 법원으로 하여금 유언장을 변경할 권한을 부여하지는 않는다. 유언장은 유언자의 손에서 나온 그대로 해석되어야만 한다."

위 사건에서 Hellen의 변호사는 유언장 초안을 작성함에 있어서 Hellen의 유언의사를 제대로 반영하지 못했다고 볼 수 있다. 이런 경우에 상속을 받지 못하게 된 사촌들은 Hellen의 변호사를 상대로 불법행위에 따른 손해배상청구(malpractice)를 하거나, 또는 유언장 수익자들인 위 사촌들은 비록 변호사와 계약관계가 없더라도(third-party beneficiary) 변호사가 유언장의 수익자에 대해서도 주의의무를 부담한다는 법리하에서 변호사를 상대로 계약위반을 원인으로 손해배상을 청구할 수 있을 것이다.[143]

c. 개인적 어법의 예외(Personal Usage Exception)

한편 법원은 명백한 의미의 원칙에 대한 예외를 인정하고 있는데,

---

143) 그러나 텍사스주에서는 당사자 관계를 엄격하게 해석하여, 유언자의 변호사는 유언자에 대해서만 주의의무를 부담할 뿐 '유언자에 의해 의도된 수익자(intended beneficiaries)'에 대해서는 주의의무가 없다는 이유로 변호사의 책임을 부인하고 있다[Barcelo v. Elliott, Supreme Court of Texas, 923 S.W.2d 575 (1996)].

그것이 바로 '개인적 어법의 예외(Personal Usage Exception)'이다. 유언
장의 특정 단어나 표현이 유언자의 개인적이고도 독특한 언어 사용을
반영하는 경우에 이러한 예외가 적용될 수 있다. 예컨대 유언자가 언
제나 개인적인 독특한 방식으로 어떤 사람을 언급해 왔다는 사실을 외
부증거가 보여줄 경우, 유언장에서 표시된 수증자가 실제로는 다른 사
람을 의미하는 것이라는 사실을 입증하기 위해 외부증거가 허용된
다.[144]

　　이러한 예외가 적용된 대표적인 판결이 Moseley v. Goodman 사
건[145]이다. 이 사건에서 유언자는 'Mrs. Moseley'에게 유증한다고 유
언했다. 그러자 유언자가 거래했던 'Moseley 담배회사' 소유주의 아내
인 Mrs. Lenoir Moseley라는 여성이 이 유언에 따른 유증을 청구했는
데, 정작 유언자는 이 여성을 개인적으로 전혀 알지 못했다. 법원은,
유언자가 습관적으로 Mrs. Lillian Trimble이라는 여성을 Mrs.
Moseley라고 불렀다는 사실에 대한 증명을 위해 외부증거를 허용했
다. Mrs. Lillian Trimble은 유언자가 병들었을 때 그를 돌봐준 사람이
었으며, 그녀의 남편은 'Moseley 담배 회사'의 판매사원이었다.

d. 외부증거 허용여부의 구별

　　유언장의 수익자 표시에 '오기(misdescription)'가 있는 것이 분명한
경우 많은 법원들이 유언장의 모호함을 발견하고 이를 해결할 목적으
로 외부증거를 허용한다. 이것은 상속재산이 유언자가 의도하지 않은
자에게 넘어가는 것을 막기 위한 것이다.[146] 예컨대, "미시간 암 협회
에게 유증한다"라는 유언에 대해 '미시간 암 협회'와 '미국 암 협회 미
시간 지부(통상 '미시간 암 협회'로 알려져 있었다)'가 서로 수증자임을 주
장한 사건에서, 법원은 수익자를 확정하기 위해 외부증거를 허용했다

---

144) Jesse Dukeminier, supra 368.

145) Supreme Court of Tennessee, 195 S.W. 590 (1917).

146) Elias Clark, supra 394.

(In re Estate of Kremlick[147])).

외부증거가 허용되는 경우와 허용되지 않는 경우를 어떻게 구별하는지에 관한 지침을 제공하는 중요한 판결이 In re Estate of Russell 사건[148])이다. 이 사건에서 Thelma L. Russell은 자신의 모든 재산을 Chester Quinn과 Roxy Russell에게 남긴다고 유언했다. 그러자 유언자의 질녀이자 유일한 상속인이었던 Georgia Russell은, "Roxy Russell 은 사람이 아니라 개이고, 개는 유증을 받을 수 없으므로 Roxy Russell 에게 유증한 재산은 무유언상속법에 따라 자신이 상속해야 한다"고 주장했다. 이에 대해 유언자의 절친한 친구였던 Quinn은, "유언자가 사망하고 나면 자신이 Roxy Russell을 돌보기로 되어 있었으므로, Roxy Russell에게 유증한 유언자의 진정한 의도는 결국 자신에게 모든 재산을 유증하는 것이었다"라고 주장했다. 원심은 "유언자가 Roxy Russell 에게 유증한 것은 Quinn이 Roxy Russell을 잘 돌보아 주기를 희망하는 간절한 뜻의 직설적인 표현에 불과하다"라고 하면서 Quinn이 모든 재산을 유증받아야 한다고 판결했다. 그러나 캘리포니아주 대법원은 "Roxy Russell이 개라는 점에 관하여 Georgia가 제출한 외부증거는 잠재적 의미 불명료를 해결하기 위해 허용된다. 그러나 유언자의 진정한 의도가 Quinn에게 모든 재산을 유증하는 것이라는 점에 관한 외부증거는 허용되지 않는다. 유언장 자체의 문언상으로 유언자가 재산을 Quinn과 Roxy Russell에게 유증한 것이 명백하기 때문이다"라고 판시하고, 무유언상속법에 따라 Georgia에게 상속재산의 절반(Roxy Russell 에게 유증했던 부분)에 대한 권리를 인정했다.

---

147) Supreme Court of Michigan, 331 N.W.2d 228 (1983). 이 사건에서는 외부증거에 따라 유언자가 평소 '미국 암 협회 미시간 지부'에 특별한 관심이 있었다는 사실이 밝혀졌고, 결국 '미국 암 협회'가 수증자로 결정되었다.
148) Supreme Court of California, 70 Cal.Rptr. 561 (1968).

e. 유언의사에 관한 직접 진술(Direct Declaration of Intent)

위에서 살펴본 바와 같이, 외부증거는 불명료를 해결하고 해석하기 위해서 사용된다. 그런데 불명료를 해석하기 위한 경우라도 일반적으로 사용이 금지되는 유형의 외부증거가 있다. 즉 유언장의 언어가 무엇을 의미하고자 했던 것인지에 대한 유언자의 진술에 관한 증언은 전통적으로 허용되지 않는다. John H. Wigmore 교수에 따르면, 이처럼 '유언의사의 진술에 관한 증언'을 허용하지 않는 것은, "유언장의 문언과 '다투고(compete)' 이를 '전복시키는(throw)' 외적 표현을 금지하는 원칙으로부터 기인한다"고 한다.149) 따라서 유언자가 유언장 초안 작성자에게 구술 또는 문서로 지시한 것과 같은 '유언의사에 관한 직접 진술(direct declaration of intent)'은 원칙적으로 이러한 외부증거에서 배제된다(Estate of Utterback150)).

그러나 뉴저지주 법원은, 유언자가 만약 실제로 일어난 상황을 예상했더라면 아마도 그가 원했을 처분을 발견하고 그것을 완성해야 한다는 신념으로 '추정적 의사이론(Doctrine of Probable Intent)'을 발전시켰다.151) 뉴저지주 법원은, "유언장에 모호함이 존재하는지 여부를 확인하고, 만약 모호함이 존재한다면 유언자의 진정한 의사를 구현하기 위해" 유언의사에 관한 직접진술을 허용하고 있다(Wilson v. Flowers152)). 이 이론에 따라 법원은, 유언장 밖에서 유언자가 한 유언의사에 관한 직접진술을 고려하여 상당히 융통성 있는 판결을 할 수 있게 되었다.

---

149) Lawrence W. Waggoner, supra 12-12. Wigmore 교수는 미국 증거법의 대가로서, 메이지유신 때 일본 게이오대학교에서 법학을 가르쳤고, 그 후 노스웨스턴대학교 로스쿨의 학장으로 재직했다(Wikipedia).

150) Supreme Judicial Court of Maine, 521 A.2d 1184 (1987). 이 사건에서 메인주 대법원은, 유언의사에 관한 유언자의 구술 진술과 유언장 작성을 둘러싼 객관적인 환경을 구분한 후, 유언장의 모호함을 해결하기 위한 증거로 후자는 인정했지만 전자는 인정하지 않았다.

151) Elias Clark, supra 394.

152) Supreme Court of New Jersey, 277 A.2d 199 (1971).

그리하여 애리조나주 법원도 Estate of Smith 사건153)에서, '명백한 의미 불명료'를 해결하기 위해 외부증거로서 유언장 초안을 작성했던 변호사의 증언(유언자의 유언의사에 관한 증언)을 허용했다.

이 이론을 적용한 대표적인 판결 중 하나가 Engel v. Siegel 사건154)이다. 이 사건에서 어떤 부부가 '상호 유언장(reciprocal wills)'을 작성했는데, 그 내용은 "만약 부부가 동시재해로 인해 사망할 경우 부부의 재산을 남편의 어머니(Rose Siegel)와 아내의 어머니에게 동등하게 유증한다"라는 것이었다. 그런데 정말로 동시재해가 일어났고 부부는 사망했다. 그러나 Rose Siegel은 그 이전에 이미 이들 부부보다도 먼저 사망한 상태였다. 뉴저지주 대법원은, 이들 부부가 유언장 초안을 작성했던 변호사에게 했던 유언의사에 관한 구술 진술에 의지하여, "Rose Siegel에게 주기로 한 재산은 잔여 수익자가 아니라 Rose Siegel의 자녀들에게 돌아가야 한다"라고 판결했다.

2. 유언 이후 재산이 변화된 경우의 해석

a. 유증의 종류

유증은 다음 네 가지 종류로 구분한다. 아래 구분은 증여에도 동일하게 적용된다. 이처럼 유증을 구분하는 이유는 다음에서 살펴볼 '유증철회(ademption)'와 '실효(abatement)'에서 필요하기 때문이다.

① '특정유증(specific devise)'은, 유언자의 나머지 재산과 구별되는 특정한 재산의 유증을 말한다. 특정유증의 대상은 모든 다른 재산과 구별되는 특정물이다. 이러한 유증은 그 특정물이 인도되어야만 완성된다. "내 별장 주차장에 있는 2007년형 아우디 A4를 유증한다" 또는 "캘리포니아주 로스엔젤레스시 401 사우

---

153) Court of Appeals of Arizona, 580 P.2d 754 (1978).
154) Supreme Court of New Jersey, 377 A.2d 892 (1977).

스 번사이드 애비뉴에 소재한 파크라브레아 아파트 3907G를 유증한다" 등이 그 예이다.

② '일반유증(general devise)'은, 유언자의 일반 재산으로부터 지급할 수 있는 지분 또는 분량의 유증을 말한다. 이러한 유증은 어떤 특정 재산의 인도나 어떤 특정 재원으로부터의 지급을 요구하지 않는다. "10만불을 유증한다"와 같이 일정한 액수의 돈을 유증하는 것이 대표적인 예이다.

③ '제한적 일반유증(demonstrative devise)'155)은, 특정 재원으로부터 주로 지급되지만 필요하면 궁극적으로 일반 상속재산으로부터 지급되는 지분 또는 분량의 유증을 말한다. "나의 Bank of America의 저축예금계좌로부터 10만불을 유증한다"와 같은 유증이 그 예이다. 이러한 유증은 실제로는 희귀하다.

④ '잔여유증(residuary devise)'은, 다른 모든 처분이 완성되고 난 후 남는 잔여재산에 대한 유증을 말한다.

그런데 때로는 특정유증과 일반유증의 구별이 모호한 경우가 있다. 양자의 구별이 애매한 경우에 법원은 특정유증으로 보기보다는 일반유증으로 보아 유증철회의 원칙을 회피할 수 있다. 예컨대 In re Blomdahl's Will 사건156)에서, 법원은 "오하이오 석유회사의 주식 100주"에 대한 유증을 일반유증으로 해석했다. 그러나 이러한 해석방식은, 그 유증을 '실효'의 위험에 노출시키는 부수적인 효과를 가져온다. 이러한 관점에서 볼 때, 제한적 일반유증은 특정유증과 일반유증의 장점을 모두 가지고 있다. 즉 제한적 일반유증은 철회에 있어서는 일반유증처럼 취급되고, 실효에 있어서는 특정유증처럼 취급된다.157)

---

155) demonstrative devise를 사전적 의미대로 번역하면 '지시유증' 정도가 될 것이다. 그러나 지시유증이라는 용어로는 demonstrative devise의 의미를 제대로 살릴 수 없다고 생각되어 이를 '제한적 일반유증'이라고 의역하였다.

156) Supreme Court of Wisconsin, 257 N.W. 152 (1934).

157) John C. Paulus, "Special and General Legacies of Securities—Whither

b. 소멸에 의한 유증철회(Ademption by Extinction)

(1) 의 의   일반적으로 특정유증은 유증의 목적물이 상속재산의 일부로서 존재할 때에만 효력이 발생한다. 그 재산이 유언자가 사망하기 전에 파괴되거나 처분될 경우에는 그 유증은 성공할 수 없다. 유언이 작용할 수 있는 대상이 없기 때문이다. 이러한 법리를 '소멸에 의한 유증철회(Ademption by Extinction)' 또는 '유증철회의 원칙(Doctrine of Ademption)'이라고 부른다. 이 원칙은 오직 특정유증에만 적용된다. 유언자가 특정유증을 했는데 그 대상인 재산이 유언자의 재산 중에 존재하지 않는다면, 유증은 철회되고 결국 수증자는 아무 것도 받지 못하게 된다.[158]

특정유증에 대해 유증철회의 원칙을 적용한 대표적인 판결이 In re Estate of Nakoneczny 사건[159]이다. Michael Nakoneczny는 그의 아들인 Paul에게 '펜실베이니아주 피츠버그시 프레블 애비뉴 3039에 소재한 부동산'을 주는 것으로 유언했다. 그런데 이 부동산은 나중에 시에 의해 수용되었다. 그리고 Michael은 그 수용보상금으로 채권을 구입했다. Michael이 사망하자 Paul은 이 채권에 대한 권리를 주장했다. 즉 그는 "이 부동산은 유언자가 자발적으로 매도한 것이 아니라 예상치 못하게 수용에 의해 어쩔 수 없이 처분된 것이고(예상치 못한 처분) 그 부동산에 대한 수용보상금으로 구입한 채권은 추적 가능하기 때문에(추적가능성) 이 채권은 자신에게 귀속되어야 한다"고 주장했다. 이에 대해 법원은 다음과 같이 판결했다.

"유언자가 특정유증을 했는데 그의 사망 이후 유증 목적물인 재산이 존재하지 않거나 유언자에게 속하지 않게 된 경우에는 그 특정유증은 소멸한다는 것이 펜실베이니아주 법원의 일관된 결정이다. 어떤 유증이

Testator's Intent," 43 *Iowa Law Review* 467 (1958).

158) Thomas E. Atkinson, supra §134.

159) Supreme Court of Pennsylvania, 319 A.2d 893 (1974).

특정유증인 것으로 결정되면, 수증자는 그 특정물에 대해서만 권리를 가지게 된다. 그런데 그 특정물이 상속재산 중에 존재하지 않게 된다면 유증은 철회된 것이 된다. 이 경우 수증자에게 그 특정물 대신 돈을 받을 권리가 인정되지 않는다. 이러한 원칙은 설사 그 특정물이 유언자의 자발적인 의사가 아닌 법의 작용에 의해 소멸한 경우에도 동일하게 적용된다. 따라서 이 사건에서 유일한 쟁점은 이 사건 유언이 특정유증인지 여부이다. 유언장을 살펴보면 유언자는 '펜실베이니아주 피츠버그시 프레블 애비뉴 3039에 소재한 부동산'이라는 특정물을 유증한 것이지 그 부동산의 대가로 얻은 수익금을 유증한 것이 아니다. 따라서 이 사건 유증은 특정유증이고, 유언자의 사망 당시 그 특정물이 상속재산 중에 존재하지 않았으므로 유증은 철회되었다."

그런데 이처럼 특정유증의 목적물이 소멸했다고 하여 언제나 유증이 철회된 것으로 보는 것은 사안에 따라 매우 불합리한 결과를 가져오는 경우가 있다. 그리하여 법원이 판례를 통해 철회의 원칙에 대한 예외를 만들어 왔다. 후견인이 유증 목적물을 처분한 경우(후견인 예외)와 소멸된 유증 목적물에 대한 보험금이 지급된 경우(대체물 예외)가 그러한 예외에 해당한다.

(2) 후견인 예외(Guardianship Exception)   법원이 만들어 낸 유증철회의 원칙에 대한 대표적인 예외로서, 후견인 또는 재산관리인에 의해 특정유증의 목적물이 처분된 경우를 들 수 있다. 유언자가 특정유증을 한 후 무능력자(금치산 선고 등)가 될 수 있다. 그 후 유언자의 후견인 또는 재산관리인이 유언자의 치료 등을 위한 자금마련 목적으로 특정유증의 목적물을 처분하는 경우가 있다. 이처럼 예상치 못한 상황에서 처분이 이루어지고(예상치 못한 처분), 그 재산 처분의 수익금이 추적 가능한 경우(추적가능성)에는 유증이 철회되지 않은 것으로 보고 있다.[160] 이를 '후견인 예외(Guardianship Exception)'라고 부른다. 위 In re Estate of Nakoneczny 사건에서 Paul은 바로 이 예외의 적용

을 주장했던 것이다. 그러나 이러한 예외는 '예상치 못한 처분'과 '추적 가능성' 요건만 충족되면 언제나 적용되는 것이 아니라, 유언자가 무능력자가 되어 더 이상 새로운 유언을 할 수 없게 된 경우에만 적용되는 것이다.

예컨대 즉시 현금으로 바꿀 수 있는 유일한 재산이 주식뿐인 상황에서 피후견인(유언자)의 부양을 위해 재산관리인이 그 주식을 매도한 경우, 비록 그 주식이 특정유증된 것이라 하더라도 피후견인이 사망할 당시 재산관리인의 수중에 소비되지 않고 남아 있던 잔액에 관하여는 철회의 원칙이 작용하지 않는다(Walsh v. Gillespie[161]). 무능력자가 된 유언자를 대리하여 활동하는 '지속적 대리인(Durable Agent)'이 특정유증의 목적물을 처분하는 경우에도 위와 같이 해석한다(In re Estate of Graham[162]).

UPC도 이 예외를 명시적으로 채택했다. UPC에 따르면, 무능력자인 본인을 위해 재산관리인이나 지속적 대리인이 특정유증의 목적물을 처분한 경우 또는 그 목적물에 대한 수용보상금, 손해보험금, 손해배상금이 재산관리인이나 지속적 대리인에게 지급된 경우 그 특정유증의 수증자는 일반유증으로서 금전적 권리를 가진다[§2-606 (b)].

(3) 대체물 예외(Replacement Exception)   법원이 만들어 낸 유증철회의 원칙의 두 번째 예외는, 특정유증의 목적물이 소멸되어 그에 대한 손해보험금이 지급되는 경우이다. 예를 들어, 유언자가 자동차 사고로 사망한 경우 그 자동차의 수증자는 파괴된 자동차에 대한 손해

---

160) Elias Clark, supra 404.

161) Supreme Judicial Court of Massachusetts, 154 N.E.2d 906 (1959).

162) Supreme Court of Kansas, 533 P.2d 1318 (1975). 유언자가 손자에게 부동산을 특정유증한 후 무능력자가 되자 유언자의 대리인(지속적 대리인)이 유언자를 부양하기 위해 그 부동산을 매도한 사건이다. 이에 대해 법원은, 부동산의 매매대금 중 유언자가 사망한 후 대리인의 수중에 남아 있는 잔액에 대해서는 철회의 원칙이 적용되지 않고 유언장에서 특정유증한 대로 수증자에게 지급되어야 한다고 판결했다.

보험금에 관한 권리를 가지며(In re Estate of Wolfe[163]), 화재로 소실된 부동산의 수증자는 화재보험금에 대한 권리를 가진다(In re Estate of Kolbinger[164]).

UPC는 이 예외도 채택했다. 다만 UPC는 이 예외를 더욱 확장시켰다. 즉 UPC에 따르면, 다음과 같은 경우에는 유증철회의 원칙이 적용되지 않고, 수증자는 특정유증의 목적물 대신 다음의 재산에 대한 권리를 가진다[§2-606 (a)].

① 목적물이 매도되고 매매대금이 아직 지불되지 않은 경우 그 매매대금

② 목적물이 수용되고 보상금이 아직 지불되지 않은 경우 그 수용보상금

③ 목적물이 소멸되고 손해보험금 또는 손해배상금이 아직 지불되지 않은 경우 그 손해보험금 또는 손해배상금

④ 목적물에 대한 담보권이 실행되고 남은 돈

⑤ 유언자가 부동산 또는 유체동산에 대한 대체물로서 취득한 다른 부동산 또는 유체동산(이것은 1990년 개정에 의해 추가된 것이다)

(4) 의사이론(Intent Theory)   소멸에 의한 철회와 관련해서는 '동일성이론(Identity Theory)'과 '의사이론(Intent Theory)'의 대립이 있다. 동일성이론에 의하면, 특정유증의 목적물이 유언자의 재산 중에 존재하지 않을 경우 그 유증은 소멸한다. 철회의 원칙에 관한 전통적인 이론으로서, 유언자의 의사를 문제삼지 않는다. 한편 의사이론에 의하면, 특정유증의 목적물이 유언자의 재산 중에 존재하지 않을 경우 수익자는 그 특정물의 가치에 상응하는 금전에 대한 권리를 가질 수 있다. 다만 이를 위해서는 그것이 유언자의 의사라는 점을 수익자가

---

163) Supreme Court of Iowa, 208 N.W.2d 923 (1973).

164) Appellate Court of Illinois, 529 N.E.2d 823 (1988).

보여주어야 한다. 결국 의사이론에서는 철회여부가 유언자의 주관적인 의사에 달려 있게 된다.[165]

전통적으로 미국의 법원들은 동일성이론을 받아들여 왔으며, 현재도 대다수 법원들이 이 이론에 따라 철회의 원칙을 적용하고 있다.[166] 그러나 최근 일부 법원들이 이 이론을 벗어나 의사이론에 따라 사건을 해결하고 있다. 예컨대 Estate of Austin 사건[167]의 유언자는 친구에게 약속어음을 유증했는데, 유언자가 사망하기 전에 그 어음이 지급되었다. 당시 유언자가 먼저 어음의 지급을 요구한 것도 아니었고, 어음의 유증에 대해 유언자의 마음이 바뀌었음을 보여주는 어떠한 조짐도 없었다. 그리고 유언자는 어음지급금을 쉽게 추적할 수 있는 방식으로 예금해두었다. 이에 대해 캘리포니아주 항소법원은 "이와 같은 상황에서 유언자에게는 어음의 유증을 철회하려는 어떠한 의도도 없었다. 그러므로 유증은 철회되지 않았고, 어음지급금은 잔여재산으로 귀속되지 않는다. 어음의 수증자는 유증받은 어음의 가치에 상응하는 금전을 받을 권리가 있다"고 판결했다.[168]

1969년 UPC도 전통적인 동일성이론을 따르면서 '후견인 예외'와 '대체물 예외'를 인정했다. 그러나 1990년 UPC는 동일성이론을 포기하고 의사이론을 채택했다. 즉 특정유증의 수증자는, 유증철회의 원칙을 적용하면 유언자의 의사와 부합하지 않을 경우 그 재산가치에 상응하는 금전에 대한 권리를 가진다. 다만 이 경우 수증자는 유증철회가 유언자의 의사와 일치하지 않는다는 것을 입증해야 한다[§2-606 (a) ⑥].

---

165) Jesse Dukeminier, supra 406.

166) Lawrence W. Waggoner, supra 6-8.

167) Court of Appeals of California, 169 Cal.Rptr. 648 (1980).

168) 이 사건의 원심(Superior Court, Kern County)은 동일성이론에 따라 "어음의 유증은 특정유증인데 유언자가 사망하기 전에 이미 지급되었으므로 유증은 철회되었다. 따라서 어음지급금은 잔여재산이 되었으므로 잔여재산의 수익자에게 돌아간다"고 판결했다.

그러나 의사이론이나 이 이론을 채택한 1990년 UPC에 대해서는
비판도 만만치 않다. 의사이론은 특정유증의 본질에 맞지 않으며, 유
언자의 추정적 의사를 둘러싸고 많은 분쟁을 야기시킨다는 것이다. 나
아가 이 이론은 유언장의 명확한 언어를 흐리게 만들고, 유언자가 하
지도 않은 유증을 끼워 넣는다는 비판도 제기된다.[169]

c. 만족에 의한 유증철회(Ademption by Satisfaction)

유증은 '유언자의 의사에 기해서' 생전증여를 통해 전체적으로 또
는 부분적으로 만족될 수 있다. 유증이 생전증여에 의해 만족된 경우 그
유증은 철회된 것으로 보는데, 이러한 법리를 '만족에 의한 유증철회
(Ademption by Satisfaction)' 또는 '만족의 원칙(Doctrine of Satisfaction)'
이라고 부른다. 이 원칙은 무유언상속법에서 적용되는 '생전증여의 법
리(Doctrine of Advancement)'와 마찬가지로 이중의 혜택을 막기 위한
정책적 고려에서 나온 것이다. 이 원칙의 핵심은, 유증을 만족시키려
는 '유언자의 의사'이다.

유언자가 수증자의 부모이고 유언장 작성 후에 유증의 목적물과
유사한 성질의 재산을 수증자에게 이전한 경우 그 증여는 유증을 만족
시킬 의도로 이루어졌다고 추정된다.[170] 그렇지만 증여한 재산이 유
언장에 기재된 재산과 동등한 가치를 가지지 않거나 같은 성질의 재산
이 아니라는 사실은 유언자가 만족을 의도하지 않았다는 추론에 힘을

---

169) Mark L. Ascher, "The 1990 Uniform Probate Code: Older and Better, or
   More Like the Internal Revenue Code?," 77 *Minnesota Law Review* 639 (1993).
   Ascher 교수는 의사이론에 대하여 다음과 같은 예를 통해 비판하고 있다. "의사
   이론을 채택한 1990년 UPC는, 유언자가 '나의 다이아몬드 반지'를 유증한 경우
   이것을 '나의 다이아몬드 반지 또는 그 등가물'로 그 의미를 변질시킨다." 그는
   미국의 대표적인 상속법 교과서 중 하나인 *GRATUITOUS TRANSFERS*를 Elias
   Clark 교수 등과 함께 공동 저술했으며, 현재 텍사스대학교(University of Texas
   at Austin) 교수로 재직하고 있다.

170) Jesse Dukeminier, supra 413.

실어줄 수 있다. 그러나 이러한 사실이 결정적인 것은 아니다. 유증을 만족시키려는 의도는 증여와 관련된 제반 사정—여기에는 유언자의 진술도 포함된다—을 통해 드러날 수도 있다.171)

그런데 '유언자의 의사'는 통상 확인하기 어렵기 때문에 현재 상당수의 주에서는 유언자의 의사가 문서에 나타날 것을 요구하는 법령을 만들어 시행하고 있다. 이러한 법령에 따르면, 다음 세 가지 경우에만 만족에 의한 철회가 허용된다(UPC §2-609).

① 유언장이 증여에 의한 공제를 규정하고 있는 경우

② 증여가 유증에 대한 만족이거나 증여의 가치가 유증의 가치로부터 공제된다는 것을 유언자가 문서로써 선언한 경우

③ 증여가 유증에 대한 만족이거나 증여의 가치가 유증의 가치로부터 공제된다는 것을 수증자가 문서로써 인정한 경우

이것은 생전증여에 관한 UPC §2-109(a)의 내용과 상당히 유사하다. 이러한 법령하에서는 결국 유증의 목적물과 유사한 성질의 재산을 자녀에게 증여한 것만으로는 만족이 추정되지 않게 된다.

이 원칙의 가장 분명한 예는 일반유증과 잔여유증에서 나타난다. 예를 들어 유언자가 갑에게 4만불을 주기로 유언을 한 후 갑에게 2만불을 생전증여 했다면, 그 증여는 부분적인 유증의 만족으로 작용할 수 있다. 물론 이에 관한 유언자의 의사가 존재해야 할 것이다. 그러나 특정유증의 경우에는 일반적으로 이 원칙이 적용되지 않는다. 예를 들어 유언자가 갑에게 알퐁스 무하의 '조디악(Zodiac)'이라는 그림을 주기로 유언을 한 후 갑에게 그 그림을 생전증여했다면, 유언자의 사망 당시 상속재산 중에는 그 그림이 존재하지 않기 때문에 유증철회의 원칙에 따라 그 유증은 철회된다.

---

171) Elias Clark, supra 407.

d. 실효의 원칙(Doctrine of Abatement)

유언집행인은 유언에 따라 수증자들에게 상속재산을 분배하기에 앞서 모든 상속채무, 관리비용, 세금, 법정수당을 지급해야 한다. 이에 따라 분배를 위한 재산이 제한될 수도 있고, 유언에 의한 처분 중 일부 또는 전부가 축소되거나 제거될 수도 있다. 상속재산이 모든 유증을 만족시키기에 부족하게 된 경우, 유언장에 반대 규정이 없는 한 유언에 의한 처분은 다음과 같은 순서로 실효된다.[172]

① 유언에 의해 처분되지 않은 재산, 즉 무유언상속에 따른 재산

② 잔여유증

③ 일반유증 및 일반재산으로부터 지급되는 제한적 일반유증

④ 특정유증 및 특정 재원으로부터 지급되는 제한적 일반유증

상속재산이 위 카테고리 내의 유증을 모두 만족시키기에 부족한 경우 같은 카테고리에 있는 유증들은 비례적으로 실효된다(UPC §3-902).

이와 같은 실효의 순서에 관한 원칙을 '실효의 원칙(Doctrine of Abatement)'이라고 부른다. 결국 실효의 원칙은 상속재산이 모든 채무와 유증을 만족시키기에 부족한 경우에만 적용된다. 이 원칙에 대한 이해를 돕기 위해 다음과 같은 사례를 가정해보자. 유언자가 갑에게 2만불 상당의 자동차를, 을에게 3만불 상당의 주택을, 병에게 1만불을, 정에게 4만불을, 나머지 잔여재산을 무에게 주기로 유언했다. 그런데 유언자에게는 10만불의 채무가 있었다. 이 사례에서 두 개의 특정유증의 합계가 5만불이고, 두 개의 일반유증의 합계가 5만불이다.

ⓐ 상속재산이 25만불인 경우 : 잔여재산은 15만불이고, 상속채무는 이 잔여재산으로부터 모두 만족을 얻는다. 따라서 무는 5만불의 잔여유증을 받게 된다.

ⓑ 상속재산이 20만불인 경우 : 잔여재산은 10만불이고, 상속채무

---

172) Elias Clark, supra 408.

는 이 잔여재산으로부터 모두 만족을 얻는다. 따라서 무만 유증을 받지 못하게 된다.

ⓒ 상속재산이 15만불인 경우 : 잔여재산은 5만불이고, 상속채무는 먼저 이 잔여재산으로부터 만족을 얻은 후 모자라는 5만불에 대해서는 일반유증으로부터 만족을 얻는다. 따라서 무와 병, 정은 유증을 받지 못하게 된다.

ⓓ 상속재산이 10만불인 경우 : 잔여재산은 0이고, 상속채무는 먼저 일반유증으로부터 만족을 얻은 후 모자라는 5만불에 대해서는 특정유증으로부터 만족을 얻는다. 따라서 모든 수증자가 유증을 받지 못하게 된다.

ⓔ 상속재산이 12만 5천불인 경우 : 잔여재산은 2만 5천불이고, 상속채무는 먼저 이 잔여재산으로부터 만족을 얻은 후 모자라는 7만 5천불에 대해서는 먼저 일반유증으로부터 만족을 얻고 그러고도 모자라는 2만 5천불에 대해서는 특정유증으로부터 만족을 얻는다. 따라서 갑은 1만불(2.5×2/5)을, 을은 1만 5천불(2.5×3/5)을 각 상속채권자들에게 지급하고 난 후 남는 금액, 즉 갑은 1만불을, 을은 1만 5천불을 최종적으로 유증받고, 무와 병, 정은 유증을 받지 못하게 된다.

ⓕ 상속재산이 17만 5천불인 경우 : 잔여재산은 7만 5천불이고, 상속채무는 먼저 이 잔여재산으로부터 만족을 얻은 후 모자라는 2만 5천불에 대해서는 일반유증으로부터 만족을 얻는다. 따라서 병은 5천불(2.5×1/5)을, 정은 2만불(2.5×4/5)을 각 상속채권자들에게 지급하고 난 후 남는 금액, 즉 병은 5천불을, 정은 2만불을 최종적으로 유증받게 되고, 무는 유증을 받지 못하게 된다.

e. 면책의 원칙(Doctrine of Exoneration)

유언자가 담보의 부담이 있는 부동산을 특정유증한 경우에 그 부동산의 수증자는 담보의 부담이 있는 부동산을 받게 되는지, 아니면 피담보채무는 잔여재산으로부터 변제되도록 하고 담보의 부담이 없는 부동산을 받을 수 있는지 여부가 문제된다. 이것은 부동산의 수증자와 잔여재산의 수증자가 다른 경우에 특히 문제된다. 예컨대 유언자가 20만불 상당의 주택을 갑에게 유증했고 잔여재산 10만불을 을에게 유증했는데 그 주택에는 피담보채무가 8만불인 저당권이 설정되어 있었다고 가정해보자. 갑이 저당권의 부담을 가진 주택(실질가치 12만불)을 받고 을은 잔여재산 10만불을 고스란히 받게 되는지, 아니면 갑은 아무런 부담이 없는 주택(실질가치 20만불)을 받고 을이 피담보채무를 변제하고 남는 2만불의 잔여재산을 받게 되는지의 문제이다.

Common law의 원칙에 따르면, 잔여재산으로 담보를 청산해야 하고 특정유증자는 담보로부터 면책되었다. 이것을 '면책의 원칙(Doctrine of Exoneration)'이라고 부른다. 면책의 원칙은, 유언장에 반대의 문언이 없는 한, 유언자가 다른 채무와 마찬가지로 부동산에 대한 피담보채무도 잔여재산으로부터 변제되기를 원한 것으로 추정한다.[173]

그러나 이러한 원칙은 토지의 수증자(일반적으로 장남)를 우대하는 구시대적 관습의 반영일 뿐 아니라 평균적인 유언자의 추정적 의사와도 맞지 않는다는 비판을 받아 왔다. 그리고 담보를 면책시켜 줌으로써 잔여재산이 대폭 감소하게 되는 위험성도 제기되었다.[174] 그리하여 현재 대부분의 주에서는 이 원칙을 포기하고 부동산의 수증자는 담보의 부담으로부터 면책되지 않는 것으로 추정하고 있다. 이를 '반면책의 추정(Presumption Against Exoneration)'이라고 한다. UPC §2-607이 전형적인데 이에 따르면, 특정수증자는 면책의 특권이 없으며 유언자의 사망 당시 존재하는 담보의 부담을 가진다. 그러나 이처럼 면책에 반대되는 추정은, 특정수증자를 면책시키려는 유언자의 의사(즉, 일반재산으로 피담보채무를 변제하려는 의도)가 증명되면 복멸될 수 있다.

---

173) Elias Clark, supra 409; Jesse Dukeminier, supra 414.

174) Robert Whitman, "Exoneration Clauses in Wills and Trust Instruments," 4 *Hofstra Property Law Journal* 123 (1992).

3. 수증자가 유언자보다 먼저 사망한 경우의 해석

a. 소멸의 원칙(Doctrine of Lapse)

Common law에서는 수증자로 의도된 자가 유언자보다 먼저 사망하면 그 유증은 허용되지 않았다. 특히 수증자가 유언장 작성 후에 사망한 경우에는 '소멸(lapse)'이라고 불렀고, 유언장 작성 전에 사망한 경우에는 '무효(void)'라고 불렀다. 그러나 무효인 유증은 소멸한 유증과 동일하게 취급되었다.175) 특정유증과 일반유증이 소멸하면, 유언장에 반대규정이 없는 한 그 유증의 목적물은 잔여재산의 일부가 되어 잔여유증의 수익자에게 귀속된다[UPC §2-604(a)]. 그런데 만약 잔여유증의 유일한 수익자가 유언자보다 먼저 사망하면, 잔여유증은 소멸하고 그 잔여재산은 무유언상속법에 따라 상속된다.

잔여재산이 둘 이상의 수익자에게 유증되었는데 수익자들 중 일부가 유언자보다 먼저 사망하여 그들에 대한 유증이 소멸한 경우, 그 소멸한 유증의 목적물이 누구에게 귀속되는지에 관하여는 견해의 대립이 있다. "잔여물의 잔여물은 있을 수 없다(no residue of a residue rule)"는 전통적인 common law의 원칙을 고수하여 소멸한 잔여분은 무유언상속법에 따라 상속된다는 견해와, 소멸한 잔여분은 남아 있는 잔여유증의 수익자들에게 각자의 지분에 비례하여 귀속된다는 견해가 그것이다. 지금도 전자의 견해를 따르는 법원이 있지만(In re Estate of McFarland176)), 현재 대다수의 법원은 후자의 견해를 따르고 있으며,177) UPC도 마찬가지이다[§2-604(b)].

이와 같은 소멸의 법리는 '집단에 대한 유증(class gifts)'에는 거의 필요하지 않다. 예컨대 "자녀들," "직계비속들," "형제자매들," "조카들"

---

175) Elias Clark, supra 409.

176) Supreme Court of Tennessee, 167 S.W.3d 299 (2005).

177) 대표적인 판결들에 관해서는 Lawrence W. Waggoner, supra 6-20 각주 13 참조.

과 같은 식으로 집단으로 수증자를 지정하는 것이다. 집단의 구성원은 고정된 것이 아니라 유언장이 작성되고 유언자가 사망하기까지 사이에 증감변동이 있을 수 있다. 집단의 구성원들은 통상 유언자가 사망한 후에야 확정되고 그 당시 현존하는 구성원들에게 유증의 목적물이 분배된다[Restatement(Third) of Property §13.1]. 어떤 구성원이 유언자보다 먼저 사망하면 그 사람은 집단에서 빠지고 전체 유증 목적물은 생존해 있는 구성원들에게 온전히 귀속된다. 따라서 집단 구성원 전부가 유언자보다 먼저 사망하는 이례적인 경우 외에는 집단에 대한 유증에는 소멸의 법리가 적용될 여지가 없게 된다.178)

b. 반소멸법령(Anti-Lapse Statutes)

Common law의 소멸법리는 '반소멸법령(Anti-Lapse Statutes)'에 의해 크게 변화되었다. 이 법령은 유언자보다 먼저 사망한 수증자에 대한 증여를 그 수증자의 자녀에게 주기 위하여 common law의 원칙을 변경시켰다. 현재 루이지애나주를 제외한 모든 주에서 반소멸법령을 시행하고 있다. 그러나 반소멸법령이 소멸 자체를 막는 것은 아니므로 이 용어는 오해의 소지가 있다. 즉 반소멸법령하에서도 수증자가 유언자보다 오래 살아야 한다는 요건은 변함없이 유지되고 있다. 다만 원래의 수증자를 대신하여 유증 목적물을 취득할 사람, 즉 '대체수익자(substitute beneficiaries)'를 위해 소멸한 유증을 전용하고 있다. 이러한 대체수익자는 보통 원래 수증자의 생존 자녀인 경우가 많다. 이 법령은 폭넓게 적용되는 것이 아니라 다음과 같은 요건이 충족된 경우에만 제한적으로 적용된다.179)

① 사망한 수익자가 유언자와 특별한 관계를 가지고 있을 것

② 적어도 한 사람 이상의 자격 있는 대체수익자가 유언자보다 먼

---

178) A. James Casner, "Class Gifts: Effect of Failure of Class Member to Survive the Testator," 60 *Harvard Law Review* 373 (1947).

179) Elias Clark, supra 410; Jesse Dukeminier, supra 392.

저 사망하지 않을 것

③ 유언장에 이와 반대되는 유언의사가 나타나지 않을 것

대부분의 법령은 사망한 수증자가 유언자와 가까운 친족관계―주로 유언자의 조부모 또는 그들의 직계비속―에 속해 있을 것을 요구한다. 그리고 일부 법령에서는 사망한 수증자가 유언자의 직계비속일 것을 요구하기도 한다. 한편 거의 모든 법령에서는 자격 있는 대체수익자가 사망한 수증자의 자녀일 것을 요구한다.

1969년 UPC도 반소멸규정을 두었으며, 상당수의 주에서 이를 채택했다. 1969년 UPC의 규정은 다음과 같다. "수증자가 유언자의 조부모이거나 그들의 직계비속인 경우에 수증자가 유언자보다 먼저 사망하면 그 수증자의 자녀가 사망한 수증자를 대신해서 유증 목적물을 취득한다. 다만 수증자를 대신해서 유증을 받을 사람은 유언자보다 적어도 120시간 이상 오래 살아 있어야 한다(§2-605)." 이처럼 반소멸규정이 적용되는 예외적인 경우를 제외하고는 원칙적으로 유증(잔여유증이 아닌 유증)이 어떤 이유로 실패하면 그 유증의 목적물은 잔여재산의 일부가 되었다[§2-606(a)]. 그런데 UPC의 반소멸법령은 1990년에 완전히 개정되었다. 개정법의 주요내용에 관해서는 아래에서 별도로 설명한다.

c. 생존(survivorship)조건부 유증과 반소멸법령

유언자가 명시적으로 수익자의 생존을 유증의 조건으로 붙이는 경우가 있다. 예컨대, "갑이 나보다 오래 살면 갑에게 나의 집을 준다"는 식의 유언이 그것이다. 그러면서 갑을 대신해서 유증을 받을 사람, 즉 대체수익자에 관해서는 규정하지 않은 경우에, 갑이 유언자보다 먼저 사망하면 갑에게 주기로 한 몫은 누구에게 귀속되는지에 관하여 "명시적인 생존조건부 유증은 반소멸법령을 거부하고 소멸된 유증을 잔여재산으로 처리하거나 무유언상속법에 따라 상속시키려는 유언의사를 나타낸 것"이라는 것이 일반적인 판례이다.

예컨대 Mrocko v. Wright 사건[180]에서, 유언자는 자신의 두 여동

생에게 동등한 비율로 특정유증과 잔여유증을 하면서 자신이 사망할 때 생존해 있을 것을 요구했다. 그런데 그 중 한 여동생이 유언자보다 먼저 사망했다. 이에 대해 법원은, "사망한 수증자를 위한 특정유증은 자동적으로 잔여유증이 되었으며, 사망한 수증자를 위한 잔여유증은 무유언상속법에 따라 처리되지 않고 남아 있는 잔여수증자들에게 각자의 지분에 비례하여 승계된다는 법령에 따라 처리된다"고 판결했다. 결국 생존한 여동생이 모든 상속재산에 대한 권리를 가지게 되었다.

한편 유언으로 복수의 수증자를 지정하면서 그 중 일부가 유언자보다 먼저 사망하면 그 사망한 수증자의 몫은 생존한 수증자들에게 귀속된다는 취지의 규정을 두는 경우가 있다. 이런 경우 수증자들 중 한 사람이라도 유언자보다 오래 살아 있는 한 반소멸법령은 적용되지 않는다. 결과적으로 수증자들 중 한 사람이 유언자보다 먼저 사망하면, 그 사망한 수증자의 몫은 그 수증자의 자녀가 아니라 다른 생존 수증자들에게 돌아가게 된다. 명시적 유언의사에 따른 당연한 결론이다.

그런데 만약 수증자 전원이 유언자보다 먼저 사망한 경우에는 어떻게 될까? 사망한 수증자들 중 자녀를 남긴 사람이 있는 경우에 반소멸법령을 적용하여 그 자녀에게 유증 목적물을 귀속시킬 것인지 아니면 유증이 소멸한 것으로 보아 무유언상속법에 따라 법정상속인들에게 상속시킬 것인지 문제된다. 이 문제에 관한 중요한 판결이 In re Estate of Burns 사건[181]이다.

이 사건에서 피상속인은 1949년에 유언장을 작성했는데, 그 유언장 제20절은 "나의 모든 잔여재산을 Clara Davison, Fannie Wells, Ida Hust에게 똑같이 나누어준다. 이들 중 누군가가 사망할 경우 잔여재산은 생존자들이 똑같이 나누어 갖는다"라고 규정하고 있었다. 이 세 사람의 수증자들은 피상속인의 자매들이었는데, 모두 피상속인보다 먼

---

180) Supreme Court of Appeals of West Virginia, 309 S.E.2d 115 (1983).

181) Supreme Court of South Dakota, 100 N.W.2d 399 (1960).

저 사망했다. Ida는 1951년에 사망했고 Clara는 1952년에 사망했는데
이들은 자식이 없었고, Fannie는 1951년에 사망했는데 5명의 자녀를
두었다. 유언검인법원은 "잔여유증은 소멸했고 피상속인은 잔여재산
에 관하여 유언을 하지 않고 사망한 것이 되었다"고 판결하고, 잔여재
산을 21명의 법정상속인들에게 분배해 줄 것을 명령했다. 항소심 역시
이 명령을 지지했다. 이들 법원은, "유언자가 유언장 제20절에서 '생존
(survivorship)'을 언급함으로써 수증자들이 유언자보다 먼저 사망하면
유증을 받지 못하게 하겠다는 유언의사를 밝혔다"고 보았다. 그러자
Fannie의 5명의 자녀들이 상고했다. 이 상고인들은 법정상속인에 포
함되어 있었지만, 반소멸법령에 의해 자신들만이 잔여재산을 유증받
을 자격이 있다고 주장했다.[182] 이에 대해 사우스다코타주 대법원은
상고를 인용하고 원심판결을 파기했다. 판시요지는 다음과 같다.

> "사망한 수증자를 대신해서 다른 사람으로 대체하려는 유언의사는 분
> 명해야 하고, 만약 유언의사가 불분명하다면 가급적 법령을 적용하는
> 방향으로 해결되어야 한다. 그리고 수증자가 유언자보다 오래 살아야
> 만 유증을 허용하려는 유언의사 역시 분명해야 하고, 만약 유언의사가
> 불분명하다면 역시 법령을 적용하는 방향으로 해결되어야 한다. 유언
> 장 제20절에 규정되어 있는 '생존(survivorship)'은 세 사람의 수증자 전
> 원이 유언자보다 먼저 사망한 경우까지를 고려한 것이 아니다. 그것은
> 단지 세 사람의 수익자들 중 일부가 유언자보다 먼저 사망한 경우를 상
> 정한 것이다. 이 경우에만 유증을 받을 '생존자(survivor)'가 존재할 수
> 있기 때문이다. 따라서 이 사건과 같이 수증자 전원이 유언자보다 먼저

---

182) 이 사건의 관할지역인 사우스다코타주의 반소멸법령은 다음과 같이 규정하고
있었다. "수증자가 유언자보다 먼저 사망하면, 대체수익자에게 유증을 해주려
는 유언의사가 나타나지 않는 한, 그 유증은 소멸한다. 그러나 그 수증자가 유언
자의 자녀이거나 유언자와 어떤 친족관계에 있는 자인 경우에는, 그 수증자의
직계비속(유언자보다 오래 살아야 함)이 그 유증 목적물을 취득한다."(SDC
56.0232).

사망한 경우에 누가 유증의 목적물을 취득할 것인지에 관해서는 유언장
에 아무런 규정도 없다. 한편 유언자는 반소멸법령을 적용하지 않으려
는 의사를 아주 쉽게 드러낼 수 있었음에도 불구하고 그렇게 하지 않았
다. 이와 같이 법령을 적용하지 않으려는 유언의사가 분명하지 않은 경
우에는 법령을 적용하는 것이 타당하다. 따라서 이 사건 유증의 목적물
은 반소멸법령에 따라 Fannie의 직계비속인 상고인들이 취득한다."

미네소타주 대법원 역시 In re Estate of Ulrikson 사건183)에서 이
와 유사한 취지의 판결을 했다. 이 사건에서 유언자는 11명의 조카들
에게 각각 1천불씩 유증하고 잔여재산은 남동생인 Melvin Hovland와
여동생인 Rodine Helger에게 똑같이 나누어준다고 유언했다. 그러면
서 Melvin과 Rodine 중 누군가가 자신보다 먼저 사망한 경우에는 잔
여재산 전부를 생존자에게 준다고 규정했다. 그런데 Melvin과 Rodine
는 모두 유언자보다 먼저 사망했다. 그리고 Melvin만 두 명의 자녀가
있었다(그 자녀들은 유언자보다 오래 살았다). 미네소타주 대법원은 UPC
의 반소멸규정을 적용하여 다음과 같이 판결했다.

"유언자는 자신보다 어린 동생들인 Melvin과 Rodine이 모두 자신보다
먼저 사망할 것을 고려하지 못했고, 반소멸법령은 자유롭게 적용될 수
있다. 따라서 Melvin의 두 자녀가 잔여재산 전부를 취득한다."

결국 Melvin의 두 자녀는 일반유증에 따라 각 1천불씩을 받음과
동시에 잔여유증도 받게 되었다.184)

---

183) Supreme Court of Minnesota, 290 N.W.2d 757 (1980).

184) 이러한 결론은 부당하고 잔여재산은 법정상속인들에게 분배하는 것이 유언자
    의 의사에 부합한다는 견해로는, Susan F. French, "Antilapse Statutes Are
    Blunt Instruments: A Blueprint for Reform," 37 *Hastings Law Journal* 335
    (1985).

d. 잔여재산에 관한 조항(residuary clause)과 반소멸법령

유언자가 "나의 집을 조카인 갑에게 준다. 그리고 잔여재산은 질녀인 을에게 준다"라고 유언했는데 갑이 유언자보다 먼저 사망한 경우, 갑에게 주기로 한 집은 반소멸법령에 의해 갑의 자녀에게 넘어가는지 아니면 잔여재산에 관한 조항에 따라 을에게 넘어가는지 문제된다. 생존조건부 유증과 달리 반소멸법령을 거부하는 명시적인 의사가 표현되지 않았으므로 반소멸법령에 따라 갑의 자녀가 집을 취득하게 될 것으로 생각된다. 그런데 1990년 UPC는 이 문제를 명문으로 해결했다. 즉 1990년 UPC에 따르면, 유증이 소멸된 경우에 그 유증 목적물은 잔여재산에 관한 조항에 따라 처리된다고 유언장에 명시한 경우에만 잔여재산에 관한 조항에 따라 처리된다[§2-603(a)(1)]. 결론적으로 유언장에 특별한 규정이 없으면 반소멸법령에 따라 해결되게 된다.

그러나 만약 유언장에 "나의 집을 조카인 갑에게 준다. 그리고 소멸한 유증과 실패한 유증을 포함하여 모든 잔여재산은 질녀인 을에게 준다"라고 되어 있는데 갑이 유언자보다 먼저 사망했다면, 그 집에 관한 특정유증은 소멸되었으므로 잔여재산이 되어 결국 을이 취득하게 될 것이다.

e. 1990년 UPC의 반소멸규정

UPC의 반소멸규정은 1990년에 완전히 개정되었고, 조항의 번호도 §2-603으로 다시 매겨졌다. 개정법은 상당히 정교하고 복잡하게 규정되어 있는데, 여러 주에서 채택되고 있다. 위에서 이미 언급한 사항 이외에 1990년 UPC에 따른 반소멸법령의 주요 내용을 살펴보면 다음과 같다.[185]

---

185) 이하의 내용 이외에 1990년 UPC의 반소멸법령에 관한 보다 자세한 내용은, Edward C. Halbach Jr. / Lawrence W. Waggoner, "The UPC's New Survivorship and Antilapse Provisions," 55 *Albany Law Review* 1091 (1992). Halbach 교수와 Waggoner 교수는 1990년 UPC의 개정작업을 주도했던 사람들이다.

① 의붓자녀 : 개정법은 반소멸규정에 의해 보호되는 친족의 범위에 의붓자녀를 포함시켰다. 그러나 대부분의 반소멸법령과 마찬가지로 1990년 UPC 역시 유언자의 배우자는 여기에 포함시키지 않았다. 즉 유언자가 배우자를 수증자로 지정했는데 그 배우자가 유언자보다 먼저 사망하더라도 배우자의 몫은 그 배우자의 자녀에게 넘어가지 않고 무유언상속법에 따라 처리된다. 이것은 배우자의 과거 혼인에 의해 태어난 자녀에게 유증목적물이 넘어가는 것은 유언자의 의사가 아닐 것이라는 추정에서 기인한다.

② 생존조건부 유증 : 1990년 UPC는 명시적인 생존조건부 유증에 관한 전통적인 결론을 변경했다. 즉 1990년 UPC에 따르면, 다른 추가적인 증거 없이 유언장에 '생존'이라는 용어가 있다는 것만으로는 반소멸규정을 적용하지 않으려는 것이 유언의사라고 볼 수 없다고 한다[§2-603(b)(3)]. 결국 1990년 UPC 하에서는, "갑이 나보다 오래 살면 갑에게 나의 집을 준다"라는 유언은, "갑이 나보다 오래 살면 갑에게 나의 집을 준다. 만약 갑이 나보다 먼저 사망하면 나보다 오래 산 갑의 자녀에게 나의 집을 준다"라는 의미로 해석되어야 한다. 이러한 해석이 유언자의 진정한 의도가 아니라면, 유언장 초안을 작성하는 변호사는 반소멸법령을 적용하지 않겠다는 명시적인 의사를 초안에 담아내야 할 의무를 지게 되었다.[186]

---

186) 이에 대하여는, 가식적이고 어색하며 유언장을 문자 그대로 해석하지 않고 유언자의 의사를 반영한다는 미명하에 유언장을 개조한다는 비판이 제기된다. Mark L. Ascher, supra 652-655. 이러한 Ascher 교수의 비판에 대해서는, Waggoner 교수의 추종자인 Mary L. Fellows 교수가 재반박하는 글을 같은 잡지에 게재하여 눈길을 끌었다. Mary L. Fellows, "Travelling the Road of Probate Reform: Finding the Way to Your Will (A Response to Professor Ascher)," 77 *Minnesota Law Review* 659 (1993).

③ 대안유증(alternative devise) : 유언장 자체에 수증자가 유언자
보다 먼저 사망할 경우 그 수증자의 몫을 대신받을 사람을 지
정할 수 있다. 1990년 UPC는 이러한 대체증여에 관해 명시하
고 있다. 이에 따르면, '명시적 대안유증(express alternative
devise)'은 반소멸법령에 의한 '묵시적 대체증여(implied substitute
gift)'보다 우선한다. 즉 유언자가 "갑이 나보다 오래 살면 나의
집을 갑에게 준다. 만약 갑이 나보다 먼저 사망하면 을에게 나
의 집을 준다"라고 대안유증을 명시한 경우에는 설사 갑에게
생존한 자녀가 있더라도 갑의 몫은 갑의 자녀가 아닌 을에게
넘어가게 된다[§2-603(b)(4)]. 유언자의 의사가 분명한 이상 이러
한 결론은 너무나 당연하다.

그런데 만약 갑과 을이 모두 유언자보다 먼저 사망하고 갑은 자녀
A를 남겼고 을은 자녀 B를 남겼다면 과연 누가 유언자의 집에 대한 권
리를 취득하게 될까? 원래 갑이 을보다 우선권을 가지고 있었으므로
갑의 자녀 A가 을의 자녀 B보다 우선권을 가진다고 보는 것이 유언자
의 의사에 보다 부합할 것으로 보인다. 1990년 UPC 역시 이러한 유언
의사의 추정에 기해서 갑의 자녀 A에게 대체증여에 대한 우선권
("primary substitute gift")을 인정하고 있다[§2-603(C)(1)]. 그러나 만약 을이
갑의 자녀였다면 을의 자녀인 B가 대체증여에 대한 우선권("younger-
generation substitute gift")을 가지게 된다[§2-603(C)(2)].

F. 유언에 대한 이의제기사유

1. 유언능력(Testamentary Capacity)

유언을 할 수 있기 위해서는 유언자가 두 가지 요건을 갖추어야
한다. 첫째는 나이요건이고, 둘째는 정신요건이다. 이에 관해 UPC는

명확한 규정을 두고 있다. 즉 이에 따르면, "'온전한 정신(sound mind)' 을 가진 18세 이상인 자"가 유언을 할 수 있다(§2-501). 현재 미국의 모든 주에서 유언자의 나이를 제한하고 있는데, 절대 다수가 유언당시 성년일 것, 즉 18세 이상일 것을 요구한다.[187]

한편 유언장을 작성할 수 있는 정신능력은, 증여를 하거나 계약을 체결할 수 있는 능력보다 낮은 정도의 능력이라고 이해된다. 유언자가 유언의 취지를 이해할 수 있고, 자신의 재산의 성격과 범위를 일반적인 방식으로 알고 있으며, 유증을 받을 대상자(친족)가 누구인지를 알고 있고, 위 요소들 간의 관계를 이해할 수 있으면 족하다[Restatement (Third) of Property §8.1]. 따라서 후견인의 보호를 받고 있는 사람도 유언장을 작성할 수 있다. 유언자가 유언을 하기 위하여 보통사람 수준의 정신능력을 가지고 있어야 할 필요는 없으며, 최저 수준의 온전한 정신상태이기만 하면 충분하다(Estate of Rosen[188]).

유언능력을 판단하는 기준시점은 유언장을 작성할 바로 그 당시이다. 따라서 유언자가 만성 치매환자이거나 상습적인 알코올중독자이더라도 일시적으로 정신이 온전한 순간에 유언장을 작성할 수 있다. Wilson v. Lane 사건[189]에서 조지아주 대법원도, 유언자가 맹인이고 치매에 걸렸으며 홍수와 화재에 대한 비이성적인 두려움을 가지고 있었더라도 유언능력이 있다고 판결했다.

이처럼 유언능력이 없다는 이유로 유언장이 무효가 될 가능성은 매우 희박하다. 유언능력이 없다고 판결한 몇 안 되는 판례 중에 하나로 Barnes v. Marshall 사건[190]을 들 수 있다. 이 사건에서 유언자인

---

187) 예외적으로 루이지애나주가 16세, 조지아주가 14세 이상일 것을 요구하고 있다. Dennis R. Hower, supra 148.

188) Supreme Judicial Court of Maine, 447 A.2d 1220 (1982). 이 사건에서 메인주 대법원은, 유언자가 약물치료로 인해 정신이 혼미하고 암으로 인해 피폐해져 있었을지라도 유언은 유효하다고 판결했다.

189) Supreme Court of Georgia, 614 S.E.2d 88 (2005).

Dr. A. H. Marshall은 신과 여성에 대해 미친 사람처럼 떠들고 다녔으며 목욕타월이나 잠옷만 걸치고 공개석상에 나타나기도 하였는데, 유언장을 작성하면서 자신의 딸인 Barnes를 유언으로부터 배제시켰다. 이에 원고였던 Barnes는 자신의 아버지가 정상적인 정신상태가 아니었고 유언을 할 만한 정신적인 능력이 결여되어 있었다는 사실에 대해 결정적인 증거를 제시했다. 이에 대해 법원은 "Dr. Marshall이 유언장 작성 당시 조울증을 앓고 있었고 피해망상에 사로잡혀 있었던 사실이 인정되는바, 그는 논리적으로 사고할 능력이 결여되어 있었다고 보아야 한다"라고 판시하면서 유언능력의 결여로 인한 유언의 무효를 인정하였다.

2. 비정상적 착오(Insane Delusion)

'비정상적 착오(Insane Delusion)'라 함은, 유언자가 모든 증거와 이유에 반해서 신봉하는 어떤 믿음, 즉 사실에 대한 잘못된 믿음을 말한다. 이것은 단순히 주어진 사실로부터 '추론을 잘못한 것(mistaken inference)'도 아니고, 존재하는 사실에 관하여 '정상적인 상태(sane mind)'에서 잘못 믿은 것도 아니다.191)

착오를 이유로 유언의 효력을 부인하기 위해서는 유언자가 착오를 일으켰다는 점만으로는 부족하고, 유언 그 자체가 착오의 부산물이라는 점과 착오가 없었더라면 하지 않았을 방식으로 재산을 유증했다는 점이 입증되어야 한다(Kingdon v. Sybrant192)). 따라서 비정상적 착오와 재산의 처분 사이에 인과관계가 없다면 유언의 효력은 유지된다. 예컨대 약물중독자인 유언자가 자신의 친구와 정부요원이 자신과 자신의 개를 위협하고 있다고 극도로 걱정한 나머지 자필유언장을 작성

---

190) Supreme Court of Missouri, 467 S.W.2d 70 (1971).

191) Lawrence W. Waggoner, supra 4-54.

192) Supreme Court of North Dakota, 158 N.W.2d 863 (1968).

하고 2일 후에 자살한 경우, 그의 유언은 유효하다. 왜냐하면 친구와 정부요원에 관한 비정상적 착오가 재산의 처분에 영향을 끼치지 않았기 때문이다(Breeden v. Stone[193]).

착오를 이유로 유언의 효력을 부인한 판결로 In re Honigman's Will 사건[194]을 들 수 있다. 이 사건에서 피상속인인 Frank Honigman은 40년간 행복한 혼인생활을 했음에도 불구하고 아내가 부정을 저질렀다고 믿고서 아내를 자신의 유언으로부터 배제시켰다. 아내는 피상속인의 믿음이 아무런 근거가 없다는 점에 관하여 배심원들을 납득시켰다. 이에 대하여 법원은 피상속인이 착오로 인해 유언을 했다고 판결했다.

착오와 유언능력의 문제는 함께 결합되어 나타날 수 있다. 실제 사건에서도 당사자들은 유언능력의 부존재와 착오를 함께 주장하는 경우가 많은데 Matter of Estate of Bonjean 사건[195]이 대표적이다. 이 사건에서 피상속인인 Armida L. Bonjean은 여러 차례 자살을 시도했었고 이로 인해 가족들은 그녀를 정신병원에 수감시키려고 했다. 그러나 정신병원에서는 그녀가 정상이라고 판단하여 수감을 허용하지 않았다. 이에 Bonjean은 그녀의 가족들에게 화가 났고 그녀의 유언에서 그들을 배제시켰다. 유언에서 배제된 가족들은, 그녀가 비정상적인 상태였기 때문에 가족들이 그녀를 도우려고 한 행동을 오해하여 착오로 그들을 유언에서 배제시켰다고 주장했다. 그러면서 그녀의 수 차례 자살시도가 이를 증명한다고 주장했다. 그러나 법원은, Bonjean이 가족들의 행동(정신병원 수감시도)을 이성적으로 해석할 수 있었고 그들을 상속으로부터 배제시킴으로써 합리적으로 그들에게 보복할 수 있을 만한 정신능력을 가지고 있었다고 판단했다. 결국 Bonjean의 유언은 유효한 것으로 인정되었다.

---

193) Supreme Court of Colorado, 992 P.2d 1167 (2000).
194) Court of Appeals of New York, 168 N.E.2d 676 (1960).
195) Appellate Court of Illinois, 413 N.E.2d 205 (1980).

3. 부당한 영향(Undue Influence)

a. 부당한 영향의 입증

유언자가 다른 사람에 의해 설득당해서 '진정한 유언의사(true testamentary wishes)'와 다른 유언장을 작성했을 때 '부당한 영향(Undue Influence)'의 문제가 발생한다. 유언자는 어쩔 수 없이 그의 주변 사람들로부터 어느 정도 영향을 받지만, 이러한 모든 영향이 부당한 영향이 되는 것은 아니다. 유언자로 하여금 자유로운 유언을 하지 못하게 하고 그러한 영향이 없었다면 하지 않았었을 유언을 하게 만드는 것만이 부당한 영향이 된다[Restatement(Third) of Property §8.3(b)].

유언장이 형식요건을 충족했음을 유언검인신청인이 입증하면, 그 유언이 부당한 영향으로 인해 작성된 것이라는 점을 유언의 효력에 대해 이의를 제기하는 사람이 입증해야 한다(UPC §3-407). 일반적으로 이의제기자가 다음의 사실을 증명할 경우 부당한 영향이 입증된 것으로 본다. ① 유언자가 부당한 영향을 받기 쉽다는 점, ② 수익자가 부당한 영향을 행사하는 기질이나 동기가 있다는 점, ③ 수익자가 부당한 영향을 행사할 기회를 가졌다는 점, ④ 유언에 의한 처분이 그러한 영향의 결과라는 점.196)

b. 부당한 영향의 추정(Presumption of Undue Influence)

부당한 영향은 보통 감지하기 힘들고 비밀스럽기 때문에, 부당한 영향이 있었다는 사실을 입증하는 것은 어려운 일이다. 그래서 오래 전부터 거의 모든 법역에서 일정한 요건이 충족된 경우에 부당한 영향을 추정함으로써 이의제기자의 입증부담을 덜어주었다. 부당한 영향을 추정하기 위한 필수불가결한 요건이 바로 유언자와 수익자 사이의

---

196) Jesse Dukeminier, supra 159; In re Estate of Unke, Supreme Court of South Dakota, 583 N.W.2d 145 (1998).

'신뢰관계(Confidential Relationship)'의 존재이다. 신뢰관계는 보통 유언자의 변호사, 배우자, 보호자, 후견인, 재정상담사, 신탁관리자, 성직자, 양로원 관계자 등의 경우에 인정된다.

그런데 부당한 영향을 추정하기 위해서는 신뢰관계의 존재만으로는 부족하고 그 밖에 추가적인 요건이 필요하다. 어떤 주에서는 '부당한 영향을 행사한 사람과 유증을 받은 사람이 동일할 것'을 요구하기도 하고, 어떤 주에서는 '의심스러운 정황(suspicious circumstances)'을 요구하기도 하며, 또 어떤 주에서는 '수익자가 상당한 크기의 재산을 받을 것'과 '피상속인의 정신상태가 쇠약할 것'을 함께 요구하기도 한다.197) 이 중 가장 보편적인 것이 의심스러운 정황의 요구이다.

제3차 재산법 리스테이트먼트의 주석에 따르면, 신뢰관계의 존재만으로는 부당한 영향을 추정하기에 충분하지 않고 유언장의 준비와 작성을 둘러싼 의심스러운 정황이 있어야 한다. 의심스러운 정황은 유언자와 수익자 사이의 신뢰관계가 남용되었음을 추론케 해준다. 의심스러운 정황이 존재하는지 여부를 판단함에 있어서는 다음과 같은 요소들을 종합적으로 고려해야 한다(§8.3 comment).

① 유언장을 작성할 당시 유언자의 정신적, 신체적 상태가 부당한 영향을 받기 쉬운 연약한 상태였는지 여부

② 수증자가 유언장 작성에 참여했는지 여부

③ 유언자가 유언장을 작성함에 있어서 변호사 또는 그에 준하는 유능하고 이해관계 없는 조력자로부터 독립적인 조언을 받았는지 여부

④ 유언장이 '서둘러서(in haste)' 또는 '비밀리에(in secrecy)' 작성되었는지 여부

⑤ 유언자와 수증자의 관계가 다른 사람에 대한 유언자의 태도변

---

197) William M. McGovern Jr. / Sheldon F. Kurtz, *WILLS, TURSTS AND ESTATES* (Third Edition), THOMSON WEST, 306-308 (2004).

화에 영향을 미쳤는지 여부

⑥ 새로운 유언장(이의가 제기된 유언장)과 '선행 유언장(earlier will)' 사이에 결정적인 불일치가 있는지 여부

⑦ 재산에 대한 확정된 처분의도를 명시한 선행 유언장의 '목적이 지속되고 있는지(continuity of purpose)' 여부

⑧ 이의가 제기된 유언장에 의한 처분이 '공정한지(fairness)' 또는 '자연스러운지(naturalness)' 여부

c. 고도의 추정과 그 복멸

신뢰관계와 의심스러운 정황이 존재하는 경우에는 부당한 영향에 대한 '고도의 추정(Stronger Presumption)'이 이루어진다. 일반적인 추정은 반증에 의해서 깨뜨릴 수 있지만, 고도의 추정은 '강력한 반증(stronger rebuttal)', 즉 '명백하고 설득력 있는 증거(clear and convincing evidence)'에 의해서만 복멸된다. 신뢰관계와 의심스러운 정황의 결합으로 인한 부당한 영향의 고도의 추정에 관한 리딩케이스가 바로 Haynes v. First National State Bank of New Jersey 사건198)이다.

이 사건에서 피상속인은 그의 딸인 Hynes가 사망할 때까지 Hynes 및 Hynes의 딸들과 살았는데, Hynes가 사망하고 나서는 다른 딸인 Cotsworth와 함께 이사를 가게 되었다. 피상속인이 이사 가기 전에 작성했던 유언장은 완전히 평등한 내용을 담고 있었다. 그런데 이사를 간 직후에 작성한 유언장은 Cotsworth에게 지나치게 우호적이었을 뿐 아니라 유언에 대해 이의를 제기한 사람은 일체 상속을 받지 못한다는 '협박조항(in terrorem clause)'까지 담고 있었다. 사망한 Hynes의 딸들은 그 유언에 대해 이의를 제기하면서 그것은 부당한 영향으로 인한 것이라고 주장했다. 그 유언장을 작성함에 있어서는 Cotsworth의 변호사가 일부 관여했고, 선행 유언장에 관여했던 변호사는 법정에

---

198) Supreme Court of New Jersey, 432 A.2d 890 (1981).

서 "피상속인이 Cotsworth에 의해 압력을 받았다"라는 취지의 증언을
했다. 이에 대해 원심은, "비록 부당한 영향은 추정되지만 Cotsworth
가 이러한 추정에 대해 적절한 반증을 제출했다"고 판단했다. 그러나
뉴저지주 대법원은, "의심스러운 정황의 존재는 고도의 추정을 만들기
때문에 이를 복멸시키려면 강력한 반증이 있어야 한다"고 판시하면서,
Cotsworth가 보다 높은 기준을 충족시켰는지 여부에 대한 사실확인이
필요하다고 하여 사건을 원심으로 환송했다.

부당한 영향이 추정된 경우에 유언검인신청인이 구체적으로 어떻
게 그 추정을 복멸시킬 수 있는지에 관하여 아이오아주 대법원은 명확
한 기준을 제시하고 있다. 이에 따르면, 유언과 관련하여 '수익자가 선
의로 행동했다는 사실'과 '유언자가 온전한 정신상태에서 자유롭고 자
발적으로 유언을 했다는 사실'을 '명백하고 만족스러우며 설득력있는
증거'로 입증해야 한다(Jackson v. Schrader[199]).

d. 변호사에 대한 유증

유언자와의 신뢰관계 측면에서 가장 많이 문제되는 사람이 바로
유언자의 변호사, 특히 유언장 작성에 관여한 변호사이다. 유언장 초
안을 작성한 변호사에게 유증하는 내용을 담고 있는 유언장이 유효하
게 될 가능성은 사실상 거의 없다. 이 경우 신뢰관계와 의심스러운 정
황(수증자가 유언장 작성에 참여)의 존재로 인해 부당한 영향이 고도로
추정되기 때문이다. 변호사는 보통 유언자와 사적으로도 대단히 밀접
한 관계를 유지할 뿐 아니라 전문적인 훈련과 지식으로 무장하고 있기
때문에, 유언자는 자신의 변호사로부터 부당한 영향을 받을 가능성이
매우 높다. 이러한 이유로 캘리포니아주 의회는 2004년에, 변호사가
유언자와 혈연관계 또는 부부관계에 있지 않는 한 유언장 초안을 작성
한 변호사에 대한 유증을 무효로 하는 법령을 제정하기까지 했다

---

199) Supreme Court of Iowa, 676 N.W.2d 599 (2003).

(California Probate Code §21350).

　　유언장 초안을 작성한 변호사가 유언자와 특별한 친족관계가 없음에도 불구하고 그 유언으로부터 유효하게 유증을 받기 위해서는, 유언자가 이해관계 없는 다른 변호사로부터 독립적인 조언을 받을 수 있도록 해야 한다(Franciscan Sisters Health Care Corp v. Dean[200]). 변호사가 이러한 의무를 위반할 경우에는 단지 유증을 받지 못하게 되는 데 그치지 않고, 비윤리적 행동을 이유로 변호사자격을 박탈당하는 등 징계처분을 받을 수도 있다. 예컨대 Committee on Professional Ethics v. Randall 사건[201]에서, 미국변호사협회 회장을 지내기까지 했던 John D. Randall 변호사는 자신의 사업 파트너의 유언장 초안을 작성하면서 자기 자신을 유일한 수익자로 지정했고 이로 인해 아이오아주 대법원으로부터 변호사 자격을 박탈당했다.

　　피상속인과 변호사 사이의 신뢰관계에 기한 부당한 영향을 인정한 유명한 판례가 In re Will of Moses 사건[202]이다. 이 사건에서 피상속인인 Mrs. Moses는 1957년에 그녀 재산의 대부분을 그녀의 여동생에게 남긴다는 취지의 유언장을 작성했었다. 그런데 1967년에 다시 유언장을 작성하면서 그녀 재산의 대부분을 그녀의 변호사인 Mr. Holland에게 남긴다는 유언을 했다. 그러자 그녀의 여동생은, "Holland가 Moses의 집에 매일 방문하면서 Moses가 나이도 많고 (Holland보다 15살이나 연상이었다) 외과수술로 인해 외모가 추해졌으며 알코올중독으로 병들었음에도 불구하고 마치 그녀와 혼인할 것 같은

---

200) Supreme Court of Illinois, 448 N.E.2d 872 (1983). 이 사건에서 유언자는 오랫동안 알고 지냈고 유언장 작성을 도와주었던 자신의 변호사에게 잔여재산의 절반을 유증하려고 했고, 그 변호사는 유언자가 유언장을 작성하기 전에 또 다른 변호사에게 자문을 구하도록 했다. 이러한 유언장 작성 경위와 기타 정황들로 인해 부당한 영향의 추정은 복멸되었다.

201) Supreme Court of Iowa, 285 N.W.2d 161 (1979).

202) Supreme Court of Mississippi, 227 So.2d 829 (1969).

암시를 주면서 부당한 영향력을 행사했다"고 주장했다. 이에 Holland 는, 1967년 유언장은 자신이 참석하지 않은 상태에서 다른 독립된 변호사에 의해 작성되었으므로 유효하다고 반박했다. 법원은 다음과 같이 판결했다.

"변호사와 의뢰인 사이의 신뢰관계는 부당한 영향을 추정시킨다. 그런데 Holland는 그러한 추정을 복멸시킬 만한 '명백한 증거(clearest proof)'를 제출하지 못했으므로 1967년 유언장은 부당한 영향으로 인해 작성된 것으로 추정되어 무효이다. 유언장 작성을 도왔던 다른 변호사는 재산의 처분에 관하여 Moses와 아무런 의논도 하지 않은 단순한 '필경사(scribe)'에 불과하다."[203]

4. 사기(Fraud)와 강박(Duress)

a. 사기(Fraud)

'사기(Fraud)'란, 유언자를 기망하여 유언자로 하여금 그러한 행위가 없었더라면 하지 않았을 재산상 처분을 하도록 만드는 것을 말한다. 기망은 묵시적으로도 할 수 있고 부작위로도 할 수 있지만, 가장 대표적인 기망수단은 '허위진술(false representation)'을 하는 것이다. 이때 진술자측에서는 그 진술이 허위라는 사실을 알고 있어야 한다. 그리고 유언자측에서는 그러한 허위진술이 없었더라면 하지 않았을 유언처분행위를 했어야 한다. 결국 허위진술에 의한 사기가 성립하기 위해서는 ① 진술이 허위일 것, ② 진술자가 진술이 허위라는 사실을 알고 있을 것, ③ 허위진술이 유언자의 처분행위에 영향을 미쳤을 것 등 세

---

203) 이 판결에 대해서는 4인의 대법관이 반대의견을 냈다. 반대의견을 작성한 Robertson 대법관은 "부당한 영향은 수익자가 유언장의 작성이나 그 준비에 적극적으로 관여했을 때에만 추정된다. 그런데 이 사건에서는 심지어 Holland가 유언장의 존재를 알았다는 증거도 없다"고 하면서 다수의견에 반대했다.

가지 요건을 갖추어야 한다[Restatement(Third) of Property §8.3(d)].

이 중에서 가장 판단하기 어려운 문제가 바로 세 번째 요건이다. 이 요건에 따르면, 진술자가 설사 고의로 유언자를 기망했더라도 유언자가 그로 인해 유언을 한 것이 아닌 경우에는 사기가 성립하지 않는다. 이 점에 관한 극적인 예가 Estate of Carson 사건204)이다.

이 사건의 유언자인 Alpha Carson은 Gamble Carson과 혼인을 했고 그 후 1년 동안 함께 행복하게 살다가 사망했다. 그녀는 그녀의 재산 대부분을 "남편 Gamble Carson에게 준다"는 유언을 남겼다. 그런데 Gamble은 실제로는 다른 여자와 이미 혼인한 상태였기 때문에 유언자와의 혼인은 무효였다. 물론 Gamble은 그러한 사실을 유언자에게 숨겼다. 이에 대해 캘리포니아주 대법원은 Gamble의 기망이 유언자의 유증과 어떻게 관련되어 있는지, 즉 유증이 기망의 결과인지 여부를 조사하기 위해 사건을 사실심으로 환송했다.

b. 강 박(Duress)

'강박(Duress)'이란, 유언자를 위협하거나 강제력을 행사하여 유언자로 하여금 그러한 행위가 없었더라면 하지 않았을 재산상 처분을 하도록 만드는 것을 말한다[Restatement(Third) of Property §8.3(c)]. 부당한 영향이 공공연하게 강압적인 경우에 그것은 강박이 된다.205)

c. 구제방법

부당한 영향이나 사기 또는 강박으로 인해 유언이 이루어진 경우 이를 구제하는 가장 일반적인 방법은, 유언검인법원에서 유언에 대해 이의를 제기하여 유언의 전부 또는 일부를 무효로 만드는 것이다. 제3차 재산법 리스테이트먼트도 부당한 영향, 사기, 강박에 의한 유언을

---

204) Supreme Court of California, 194 P. 5 (1920).
205) Jesse Dukeminier, supra 189.

무효로 하고 있다[§8.3(a)].

그런데 부당한 영향, 사기, 강박이 있었음에도 불구하고 어떤 사유로 인해 유언검인절차에서 구제가 되지 않는 경우가 있다. 예컨대 피상속인이 유언장을 작성함에 있어서 자신의 상속인에 의해 방해를 받은 경우, 유언검인절차가 상속인에 대한 어떠한 상환청구권도 규정하고 있지 않다면, 무유언상속에 대해 이의를 제기할 절차가 없게 된다. 기존 유언장에 의해 수익자로 지정된 사람이 유언자가 그 유언을 철회하려는 것을 저지한 경우에도 철회를 하지 못한 것에 대해 이의를 제기할 근거가 없다. 이런 경우에 유언검인법원이 아닌 일반민사법원이 형평법적 구제수단인 의제신탁이론에 기해서 구제를 해왔다. 즉 상속인 또는 수증자가 유언자에게 사기, 강박 또는 부당한 영향력을 행사함으로써 유언자가 제3자에게 우호적인 유언을 하는 것을 저지한 경우, 그러한 상속인 또는 수증자는 '계획된 수익자(intended beneficiaries)'를 위한 신탁의 수탁자로 간주된다. 결국 유언과 관련하여 사기, 강박 또는 부당한 영향력을 행사한 상속인 또는 수증자는 의제신탁의 수탁자가 됨으로써 신탁재산(상속재산)을 신탁의 수익자에게 넘겨주어야 할 의무를 지게 된다.[206]

수증자에 의한 사기, 강박 또는 부당한 영향에 대해 의제신탁이론을 적용한 교과서적 판결이 Latham v. Father Divine 사건[207]이다. 이 사건에서 피상속인인 Mary Sheldon Lyon은 광신적 종교단체의 지도자였던 Father Divine에게 그녀의 전 재산을 넘겨준다는 내용의 유언을 했다. 그 후 Mary는 그녀의 사촌들(원고들)을 수증자로 지정하는 내용의 새로운 유언장을 작성하고자 했다. 그런데 그녀가 새로운 유언장 작성을 완성하기 전에 그녀는 그 종교단체가 고용한 의사로부터 외과수술을 받고 사망했다. 당시 그녀의 친족들 중 어느 누구도 그 수술에

---

206) Elias Clark, supra 255.
207) Court of Appeals of New York, 85 N.E.2d 168 (1949).

동의하지 않았고 심지어 그녀가 수술받는다는 사실조차 알지 못했다. 그러자 원고들은 유언자가 Father Divine 등으로부터 부당한 영향, 사기, 강박을 당하여 자신들을 위한 새로운 유언장을 작성하지 못했다고 주장했다. 이에 대해 법원은, "계획된 수익자들인 원고들의 이익을 위한 '형평법적 의제신탁(equitable constructive trust)'이 성립하였고, Father Divine은 이러한 의제신탁에 의한 부담을 가지는 재산(신탁재산)을 취득한다"고 판시하였다.

이 사건에서 원고들은 원래 유언자의 상속인들이 아니었다. 유언자의 상속인들은 유언장에 대한 검인이 신청되었을 당시 유언검인절차에서 이의를 제기했다가 피고들과 화해계약을 체결했고, 유언검인은 승인되었다. 이때 피고들은 상속인도 아니었고 검인이 신청된 유언장의 수익자도 아니었기 때문에 이의를 제기할 수 없었다. 그래서 일반민사절차를 통해 형평법적 의제신탁을 주장했던 것이다.

Chapter 5

신 탁 법 (Trusts)

A. 서 론

1. 신탁의 개념과 신탁법

a. 개 념

신탁은 일반적으로 세 명의 당사자를 수반하는데, '위탁자(trustor)', '수탁자(trustee)' 그리고 '수익자(beneficiary)'가 그들이다. 위탁자가 수탁자로 하여금 수익자의 이익을 위하여 '신탁재산(trust property)'[1]에 대한 법률상의 소유권을 보유하도록 하는 제도를 신탁이라고 한다. 신탁은 형평법이 만들어낸 제도로서 재산에 대한 법률상의 소유자와 그 재산으로부터 실제로 이익을 얻는 경제상의 소유자를 분리시킨다는 점이 제도의 핵심이다. 즉 소유자로서의 부담은 수탁자가 지고, 재산으로부터의 이익은 수익자가 취하는 구조이다. 이때 수탁자가 신탁재산에 대해 '법률상의 소유권(legal title)'을 가지는 것에 대비하여, 수익자가 가지는 권리를 '형평법적 소유권(equitable title)'이라고 부르기도 한다.[2]

위탁자는 스스로 수탁자가 될 수도 있고, 수익자가 될 수도 있다. 그러나 유일한 수탁자와 유일한 수익자가 동일인이 될 수는 없다

---

[1] 영문서적에서는 신탁재산을 표현하는 용어로, trust property뿐 아니라 trust corpus, trust res, trust fund, trust estate, subject matter of the trust 등의 용어를 혼용하고 있다. 이하에서는 이것을 모두 '신탁재산'으로 통칭하기로 한다.

[2] Dennis R. Hower, supra 241.

[Uniform Trust Code §402(a)(5)]. 신탁의 본질은 법률상의 소유권과 형평법적 소유권의 분리인데, 유일한 수탁자와 유일한 수익자가 동일인인 경우에는 법률상의 소유권과 형평법적 소유권이 혼합되어 신탁이 종료되기 때문이다. 그러나 유일한 수탁자는 복수의 수익자들 중 하나가 될 수 있고, 유일한 수익자는 복수의 수탁자들 중 하나가 될 수 있다. 수탁자는 법률상의 소유권을 보유해야 하는데, 위탁자가 수탁자인 경우에는 이미 법률상의 소유권을 보유하고 있을 것이므로 별도의 이전절차가 필요하지 않다. 그러나 수탁자가 위탁자가 아닌 경우에는 형식적인 소유권의 이전이 필요하다.

'신탁문서(trust instrument)'는, 신탁을 설정하는 문서를 말하는데, 이러한 신탁문서로는 유언장, '신탁약정서(trust agreement)', '신탁선언서(declaration of trust)' 등이 있다. 유언장에 신탁이 포함되어 있을 때, 그것을 '유언신탁(testamentary trust)'이라고 부른다. 신탁약정서는 신탁을 설정하기로 하는 위탁자와 수탁자 사이의 계약서로서 여기에 위탁자와 수탁자가 서명을 한다. 신탁약정서에 따라 위탁자는 수탁자에게 신탁재산에 대한 법률상의 소유권을 이전시키고 스스로 형평법적 소유권을 보유하거나 이를 제3자에게 이전시킨다. 신탁선언서는 위탁자가 스스로 수탁자가 되는 신탁을 설정하기로 선언하는 문서이다. 신탁선언서에 따라 위탁자는 신탁재산에 대한 법률상의 소유권을 보유하면서 형평법적 소유권은 제3자(수익자)에게 이전시킨다.[3]

b. Uniform Trust Code

기존에 이미 신탁과 관련된 많은 모델 법령들이 있었음에도 불구하고, 그러한 법령들의 불완전함과 상속에 있어서의 신탁의 중요성으로 인하여 신탁법의 쟁점들을 포괄적으로 다루는 통일법전이 필요하다는 인식이 커졌다. 그리하여 통일법위원회는 주별로 복잡하게 달리 규정

---

3) Dennis R. Hower, supra 241-242.

되어 있는 신탁법을 통일적으로 규율할 목적으로 2000년에 Uniform Trust Code를 만들었다. 이것은 신탁법에 관한 통일적이고 포괄적인 성문화 작업으로는 최초의 시도로서, 당시 준비단계에 있던 Restatement (Third) of Trusts와 밀접하게 조화되도록 만들어졌다.[4] Uniform Trust Code를 '통일신탁법'이라고 번역할 수 있겠으나, Uniform Probate Code를 UPC라고 약칭하는 것과 호응되도록 이를 UTC라고 약칭하기로 한다. 현재 워싱턴 D.C.를 포함한 약 20개 주에서 UTC를 채택하고 있다.

2. 신탁의 분류

a. 자발성의 정도에 따른 분류

신탁은 구별기준에 따라서 다양한 방식으로 분류될 수 있다. 가장 전통적인 분류방식은 신탁설정의 자발성의 정도에 따라 '명시신탁(Express Trust)', '의제신탁(Constructive Trust)', '복귀신탁(Resulting Trust)'으로 분류하는 것이다.

명시신탁은 명시적인 계약처럼 당사자들의 명시적인 신탁설정의사에 따라 신탁이 설정되는 것이다. 이것은 당사자의 의사를 집행하는 메커니즘으로서, 신탁을 설정하려는 위탁자의 의사와 신탁재산의 확정, 그리고 수탁자의 동의가 필요하다. 수탁자가 수탁자로서 행위할 것에 동의하면 수탁자는 신탁의 조건에 부합하게 행위해야 할 의무를 지게 된다. 반면 의제신탁과 복귀신탁은 당사자들의 명시적인 의사에

---

4) Restatement(Third) of Trusts는 2003년에 간행되었다. 이하에서는 이것을 제3차 신탁법 리스테이트먼트라고 번역하기로 한다. 현재 버클리대학교(U.C. Berkeley)의 Edward C. Halbach 교수가 제3차 신탁법 리스테이트먼트의 리포터로 활동하고 있다. 1959년의 제2차 신탁법 리스테이트먼트는 하버드대학교의 Austin W. Scott 교수가 리포터로 활동했었다. Lawrence W. Waggoner, supra 1-21, 24.

따른 신탁이 아니다. 의제신탁은 당사자의 의사에도 불구하고 법이 강제로 신탁관계를 창설하는 것이고, 복귀신탁은 당사자들의 묵시적 의사를 추정하여 신탁관계를 인정하는 것이다. 전자를 '법률상의 묵시신탁(Implied Trust in Law)'으로, 후자를 '사실상의 묵시신탁(Implied Trust in Fact)'으로 부르기도 한다.5) 신탁설정의 자발성이 강한 것부터 약한 것까지 순서를 정한다면, ① 명시신탁 ② 복귀신탁 ③ 의제신탁 순이 될 것이다.

b. 철회가능 여부에 따른 분류

자발성의 정도에 따른 분류만큼이나 일반적인 분류방식이 철회가능여부에 따른 분류이다. 즉 신탁을 철회가 가능한 신탁과 철회가 불가능한 신탁으로 구분하는 것이다. 전자를 '철회가능신탁(Revocable Trust)'이라고 하고, 후자를 '철회불능신탁(Irrevocable Trust)'이라고 한다.

피상속인이 생전에 설정한 신탁 중 철회가 가능한 것을 '철회가능신탁'이라고 한다. 이것은 설정자에 의해 언제라도 철회, 변경, 수정될 수 있다. 철회권은 위탁자만이 가지는 것이기 때문에, 유언을 통해 사후에 신탁이 설정되는 유언신탁의 경우에는 철회불능신탁만이 가능하다. 철회가능신탁은 위탁자가 살아 있는 동안 언제든지 철회 또는 변경할 수 있는 융통성이 있으며, 위탁자가 신탁재산의 처분과 관리를 자신의 기호에 맞게 상세히 설계할 수 있다. 그리고 거의 아무런 형식도 요구하지 않기 때문에 이용하기가 매우 편리하다. 이러한 이유들로 인해 철회가능신탁은 모든 '유언 대용물(will substitutes)'들 중에서도 현재 가장 각광받고 있으며, 상속에 관한 가장 일반적인 수단이 되고 있다.

철회가능신탁이 성립하기 위한 요건은 두 가지이다. 첫째는, 위탁

---

5) Elias Clark, supra 585.

자가 신탁재산에 대한 법률상의 소유권을 수탁자에게 이전시키는 것
이다. 둘째는, 위탁자가 생존한 동안 신탁을 철회, 변경, 수정할 수 있
는 권한을 자신이 유보하는 것이다. 위탁자는 보통 철회권뿐 아니라
신탁재산으로부터의 '수입(income interest)'도 유보한다. 위탁자가 사
망하면 신탁재산은 분배되거나 다른 수익자들을 위해 계속 신탁에 남
게 된다.[6]

c. 설정시기에 따른 분류

신탁의 설정시기에 따라 '생전신탁(Living Trust 또는 Inter vivos
Trust)'과 '유언신탁(Testamentary Trust)'으로 분류할 수 있다. 전자는 위
탁자가 생전에 신탁을 설정하는 것이고, 후자는 위탁자의 유언에 의해
위탁자의 사후에 신탁이 설정되는 것이다.

생전신탁은 철회가능한 것이든 철회불가능한 것이든 모두 유언검
인대상이 아니다.[7] 따라서 유언신탁과 달리 신탁조건이 유언검인법원
에서의 '공적 기록(public record)'의 대상이 아니며, 단지 수익자들만이
자신들의 이익과 관련된 범위 내에서만 신탁조건을 볼 수 있을 뿐이
다. 생전신탁을 설정하면서 '승계수탁자(successor trustee)'를 지명할 수
있는데, 승계수탁자는 위탁자가 무능력자가 되었을 경우 정식 후견절
차의 개시 없이 신탁재산을 관리하게 된다. 위탁자가 사망한 경우에도
법원의 허가 없이 수탁자가 지명될 수 있다. 생전신탁의 경우에는 위
탁자가 사망했을 때 신탁재산에 즉각적으로 접근할 수 있고, 신탁재산
이 유언검인절차로 들어가지 않으며, 자동으로 유언검인법원의 감독
대상이 되지 않는다.[8]

한편 피상속인의 유언에 따라 설정되는 유언신탁의 경우, 그러한
유언은 유언검인법원에 의해 승인되어야 하지만, 신탁재산은 유언검

---

6) Jesse Dukeminier, supra 299.
7) Dennis R. Hower, supra 242-243.
8) Elias Clark, supra 470.

인절차에 의해 분배되는 것이 아니라 유언에 따라 수탁자에 의해 수익자들에게 직접 분배된다.

d. 수익자에 따른 분류

수익자가 사인인지 아니면 공익단체인지에 따라 구분할 수도 있다. 전자를 '사익신탁(Private Trust)', 후자를 '공익신탁(Charitable Trust)'이라고 부른다. 사익신탁 중에서도 위탁자와 수익자가 동일한 경우, 즉 위탁자가 자기 자신을 위해 신탁을 설정한 경우를 '자익신탁(Self-Settled Trust)'이라고 한다. 사익신탁의 경우에는 신탁을 실행할 수 있을 정도로 수익자가 확정되어 있어야 한다. 최소한 한 사람의 수익자라도 확정되어 있으면 족하다. 반면 공익신탁의 경우에는 확정된 수익자가 없어도 무방하다[UTC §402(a)(3)].

한편 사자(死者, 일반적으로 유언자)나 동물을 신탁의 수익자로 하는 경우도 있다. 이러한 신탁을 '명예신탁(Honorary Trust)'이라고 하는데, 이것이 정말 사자나 동물을 수익자로 지정한 것인지에 관해서는 논의의 여지가 있을 수 있지만, 신탁의 목적이 묘지를 관리하여 사자를 기리거나 동물을 보호하기 위한 것이라는 점을 고려할 때, 일응 그들을 수익자라고 볼 수도 있을 것이다. 전통적으로 명예신탁에 있어서는 수탁자가 위탁자의 소망을 실현하기 위해 법이 아닌 명예에 의해 구속된다고 본다. 그러한 의미에서 '명예'신탁이라는 이름을 얻게 되었다.

e. 수탁자의 재량여부에 따른 분류

수탁자가 신탁재산의 처리에 관하여 재량권을 부여받았는지 여부에 따라 분류하기도 한다. 수탁자가 신탁증서에 정해진 기준에 따라서만 신탁재산을 처리해야 하는 것을 '의무신탁(Mandatory Trust)'이라고 하고, 신탁재산으로부터의 이익을 분배할 것인지 말 것인지, 분배한다면 어떻게 분배할 것인지 등에 관하여 수탁자가 재량권을 가지는 것을

'재량신탁(Discretionary Trust)'이라고 한다.

3. 신탁의 설정방식

신탁을 설정하는 방법에는 크게 두 가지가 있다. 첫째는 위탁자가 신탁으로 재산을 '이전(transfer)'시키는 것이고, 둘째는 위탁자가 신탁을 설정한다는 '선언(declaration)'을 하는 것이다. 전자는 위탁자가 수익자를 위해 재산을 수탁자에게 이전시키는 것이고, 후자는 위탁자가 수익자를 위해 자기 스스로를 수탁자로 선언하는 것이다. 이처럼 위탁자가 자기 자신을 수탁자로 하는 신탁을 설정하는 것을 '선언에 의한 신탁설정'이라고 하고, 위탁자가 자기 아닌 다른 사람을 수탁자로 지명한 경우에는 '이전에 의한 신탁설정'이라고 한다. 이와 같이 부르는 이유는, 위탁자가 수탁자가 아닌 경우에는 신탁재산을 수탁자에게 '이전(transfer)'시켜야 하지만, 위탁자가 수탁자인 경우에는 신탁재산을 이전할 필요 없이 '선언(declaration)'만으로 신탁을 설정할 수 있기 때문이다.

유언으로 신탁을 설정한다고 선언하는 것은 불가능하다. 유언자가 사망하기 전까지는 유언은 효력이 없고, 유언이 효력을 발하게 되면 위탁자는 이미 사망하여 수탁자로서의 역할을 수행할 수 없기 때문이다. 따라서 유언에 의한 신탁의 설정은 재산의 이전을 통해서만 가능하다. 즉 유언자의 사망시에 수익자(상속인 또는 수증자)를 위해 유언자(위탁자)로부터 제3자(수탁자)에게로 재산이 이전되는 것이다.

신탁을 설정하기 위해 반드시 '신탁'이라든지 '수탁자'라든지 하는 용어를 사용해야만 하는 것은 아니며, 설사 그러한 용어를 사용했다고 해서 반드시 신탁이 설정되는 것도 아니다. 중요한 것은 신탁의 필수적인 구성요소, 특히 위탁자의 신탁설정의사가 존재하는지 여부이다 [UTC §402(a); Restatement(Third) of Trusts §13].

B. 명시신탁(Express Trust)

1. 명시신탁의 요건

명시신탁이 성립하기 위해서는 세 가지 요건이 필요한데, 위탁자의 설정의사, 신탁재산의 존재, 수익자의 확정이 그것이다. 대부분의 주에서 토지에 대한 명시신탁은 「사기방지법(Statute of Frauds, 1676)」에 따라 문서에 의할 것이 요구된다. 위탁자의 지명에 대한 수탁자의 승낙은 신탁설정의 필수요건은 아니다. 설사 수탁자가 승낙하지 않더라도 신탁은 유효하게 설정될 수 있다[Restatement(Third) of Trusts §14]. 그러나 법원에 따라서는 신탁재산에 대한 수탁자의 승인과 관리를 신탁설정의 유효요건으로 거론하기도 한다(Pizel v. Pizel[9]).

a. 신탁설정의사

신탁을 설정하기 위해서는 위탁자가 신탁관계를 창설하고자 하는 의도를 적절히 표시해야만 한다[UTC §402(a)(2); Restatement(Third) of Trusts §13]. 양도인이 양수인에게 어떤 재산을 이전시키면서 제3자의 사용과 이익을 위해 그 재산을 보유하도록 했다면, 이것은 신탁을 설정하려는 의사를 충분히 표시한 것이라고 할 수 있다. 예컨대 피상속인이 "잔여재산에 포함된 모든 부동산은 손자녀들을 위해 유지되어야 하고 가장 어린 손자녀가 21살이 될 때까지는 매도할 수 없다"라고 유언을 했다면, 피상속인은 부동산을 손자녀들에게 무조건적으로 유증한 것이 아니라 그들을 수익자로 하는 신탁을 설정한 것으로 보아야

---

9) Appellate Court of Kansas, 643 P.2d 1094 (1982). 이 사건에서 캔자스주 항소 법원은 신탁의 유효요건으로 다음 세 가지를 적시했다. ① 신탁을 설정하려는 의사와 명시적인 선언, ② 신탁재산의 확정, ③ 신탁재산에 대한 수탁자의 승인과 관리.

한다(Lux v. Lux[10]).

위탁자의 설정의사와 관련하여 자주 문제가 되는 것이 유언자의 '소망의 표현(precatory language)'을 어떻게 해석할 것인가이다. 즉 유언을 하면서 상속재산의 처분에 관하여 자신의 희망사항을 언급하는 경우가 있다('I wish~', 'I hope~' 또는 'I recommend~'). 예컨대 아들에게 전 재산을 유증하면서 혼자 사는 자신의 여동생(수증자의 고모)을 잘 돌보아 주기를 간절히 바라는 경우가 그것이다. 과거에는 이러한 소망의 표현도 의무를 수반하는 것으로 추정했지만(Levin v. Fisch[11]), 최근에는 단순히 소망의 표현만으로 의무를 부과하지는 않고, 제반 사정을 모두 고려하여 유언자의 의사를 탐구한다. 단순한 도덕적 의무가 아니라 집행가능한 법적 의무를 부과하려는 의도였다고 판단될 경우에만 신탁설정의사를 인정한다[Restatement(Third) of Trusts §13 comment d.]. 신탁을 설정하기 위해서는 의무가 부과되어야 하고, 단순한 소망의 표현은 구속력을 인정할 수 없기 때문에 이것만으로 신탁을 설정할 수는 없다(Matter of Estate of Bolinger[12]).

위 Matter of Estate of Bolinger 사건에서, 피상속인인 Harry Albert Bolinger는 1995년 3월에 사망했는데 부모와 세 명의 성년 자녀들을 남겼다. 그의 재산에 대해서는 처음에 무유언상속절차가 개시되었다. 그러나 피상속인의 아버지인 H.A. Bolinger(Hal)가 피상속인의 유언장에 대한 검인을 신청했다. 그 유언장은 Harry가 1984년 11월

---

10) Supreme Court of Rhode Island, 288 A.2d 701 (1972).

11) Court of Appeals of Texas, 404 S.W.2d 889 (1966). 이 사건에서 피상속인은 생전에 자신의 여동생에게 매달 200불씩을 주고 있었다. 그리고 자신의 모든 재산을 자녀들에게 남기면서 여동생이 혼인을 할 때까지 자신이 했던 것처럼 계속 매달 200불씩 여동생에게 주기를 간절히 열망(desire)한다는 취지의 유언을 했다. 이에 대해 법원은, "유언장에서 사용되는 desire라는 표현은 의무적인 것으로 해석된다"고 하면서 유언에 의해 여동생을 위한 신탁이 설정되었다고 판시했다.

12) Supreme Court of Montana, 943 P.2d 981 (1997).

에 작성한 것으로서, 모든 재산을 아버지 Hal에게 남기고 만약 Hal이 자신보다 먼저 사망하면 Hal의 아내인 Marian(Harry의 계모)에게 모든 재산을 남긴다는 내용이었다. 그런데 이 유언장은 제5절에서 Harry의 자녀들을 위해 다음과 같은 규정을 두었다. "나는 나의 자녀들에게는 '의도적으로(intentionally)' 아무것도 남기지 않는다. 그 이유는 나의 재산을 받게 될 아버지나 계모가 그 받은 재산을 나의 자녀들의 최선의 이익을 위해 사용할 것임을 확신하기 때문이다. 이를 위해 수익자들(아버지 또는 계모)은 배타적인 재량권을 행사할 수 있다." 이러한 유언장에 대해 Harry의 자녀들은, 그 유언이 자신들의 이익을 위한 명시신탁을 설정한 것이라고 주장했다. 그리고 원심은 유언장 제5절이 Harry의 자녀들을 위한 명시신탁을 설정한 것이라고 판결했다. 그러나 몬태나주 대법원은 다음과 같이 판시하면서 원심판결을 파기환송했다.

"신탁을 설정하기 위해서는 수탁자에게 어떤 의무가 부과되어야 하는데 피상속인은 도덕적인 의무 이상의 어떠한 의무도 수증자들에게 부과하지 않았고, 자신의 자녀들의 최선의 이익을 증진시키기 위해 재산이 어떻게 사용되어야 하는지에 관하여 최소한의 지시도 하지 않았다. 피상속인은 재산의 사용에 관하여 수증자들에게 단지 배타적인 재량권만을 부여했다. 단순한 소망의 표현은 구속력을 인정할 수 없기 때문에 이것만으로 신탁을 설정할 수는 없다. 유언장 제5절은 자녀들에 관한 소망의 표현에 불과한 것으로서 피상속인은 '의도적으로' 자신의 자녀들을 상속으로부터 배제하였다."[13]

b. 신탁재산의 존재

신탁은 재산을 관리하고 처리하는 방법이기 때문에, 신탁재산이

---

13) 이 판결에 대해서는 2인의 대법관이 원심판결을 지지하며 다수의견에 반대했다.

없다면 신탁은 존재할 수 없다. 신탁재산은 반드시 부동산이나 금전에 한하지 않는다. '무체동산(chose in action)', '임차권(leasehold)', '저작권 사용료(royalty)', '보험증서(insurance policy)' 등 양도가 가능한 모든 재산이 신탁재산이 될 수 있다.14)

단순히 미래에 재산을 취득할 수 있다는 기대나 희망 또는 아직 발생하지 않았거나 발생이 중단된 이자는 신탁재산이 될 수 없다 [Restatement(Third) of Trusts §41]. 그러나 현재 이미 존재하는 어떤 권리로부터 미래에 발생하게 될 것이 분명한 수익은 양도할 수 있으므로, 이러한 수익은 신탁재산이 될 수 있을 것이다.

Speelman v. Pascal 사건15)에서 영화감독이자 뮤지컬 제작자인 Gabriel Pascal16)은, 버나드 쇼(George Bernard Shaw)의 희곡인 '피그말리온(Pygmalion)'의 뮤지컬버전 및 영화버전—이것이 바로 그 유명한 '마이 페어 레이디(My Fair Lady)'이다—을 만들 수 있는 '독점권(License)'을 얻었다. 그러나 그가 사망할 때까지 뮤지컬버전이나 영화버전이 완성되기는커녕 작사가 A. J. Lerner 및 작곡가 F. Loewe와의 계약조차 체결되지 않았다. 그런데 그는 사망하기 직전에 자신의 비서실장이었던 Marianne Speelman(원고)에게 피그말리온의 뮤지컬버전 및 영화버전의 수익 중 자신의 지분 일부를 유증했다. 즉 유증당시 유증목적물—'미래의 저작권사용료(future loyalty)'—의 근원인 뮤지컬버전이나 영화버전은 아직 존재하지도 않았다. 그럼에도 불구하고 뉴욕주 대법원은, 미래에 발생하게 될 저작권사용료의 지분도 양도가 가능하다고 판시하여 이것이 신탁재산이 될 수 있음을 시사했다.

---

14) Jesse Dukeminier, supra 508-509.

15) Court of Appeals of New York, 178 N.E.2d 723 (1961).

16) 그가 감독을 맡은 대표작으로, 비비안 리(Vivien Leigh)가 주연한 영화 '시저와 클레오파트라(Caesar and Cleopatra)', 그리고 데보라 카(Deborah Kerr)가 주연한 영화 '바바라 소령(Major Barbara)' 등이 있다.

c. 수익자의 확정

공익신탁 등의 예외적인 경우를 제외하고는, 신탁이 설정되기 위해서는 수익자가 확정되어야만 한다. 따라서 신탁문서는, 신탁 설정당시 확정가능하거나 '영구구속금지원칙(Rule Against Perpetuities)'의 조건과 기간 내에 확정가능하게 될 수 있는 수익자를 규정해야 한다[Restatement(Third) of Trusts §44; UTC §402(b)]. 신탁의 본질은 수탁자가 누군가에 대해 신탁의무를 부담하는 것이다. 따라서 신탁이 성립하기 위해서는 수탁자가 신탁의무를 부담하는 누군가가 존재해야 한다. 그것이 바로 수익자이다. 특히 사익신탁은 수익자의 이익을 위해 존재해야 한다.[17]

수익자의 확정과 관련하여 실무상 많이 문제되는 것이 아직 태어나지 않은 자녀를 위해 신탁을 설정할 수 있는지 여부이다. 한 사람의 수익자라도 확정되어 있으면 족하기 때문에, 수익자들 중에 아직 태어나지 않았거나 확정될 수 없는 사람이 포함되어 있는 경우에도 신탁은 유효하게 설정될 수 있다는 것에는 의문의 여지가 없다. 예컨대 재산을 수탁자에게 이전시키면서 신탁으로부터의 수입은 위탁자가 생존해 있는 동안 위탁자에게 지급되도록 하고 위탁자가 사망한 후에는 신탁재산을 위탁자의 자녀들에게 동등하게 분배해 줄 것을 지시할 수 있다. 이러한 신탁은 당연히 유효하고, 신탁이 설정된 이후에 태어난 자녀 역시 당연히 수익자집단에 포함된다[Restatement(Third) of Trusts §44 comment c.].

그런데 만약 수익자 전원이 아직 태어나지 않았거나 유일한 수익자가 아직 태어나지 않은 경우에도 신탁이 유효하게 설정될 수 있을까? 아직 태어나지 않은 자녀를 수익자로 하는 '현재의' 신탁도 원칙적으로 설정 가능하다. 예컨대 자녀가 없는 어떤 독신자(위탁자)가 아직

---

17) John H. Langbein, "Mandatory Rules in The Law of Trusts," 98 *Northwestern University Law Review* 1105 (2004).

태어나지 않은 자녀의 이익을 위해 제3자를 수탁자로 지명하고 그 수탁자에게 재산을 이전하는 경우에는, 위탁자를 위한 복귀신탁이 '즉시' 설정된다. 이때 수탁자는 위탁자를 위한 '복귀수탁자(resulting trustee)'로서 신탁재산을 보유하게 된다. 그러다가 나중에 자녀가 실제로 태어나면, 위탁자를 위한 복귀신탁은 종료하고 그 자녀를 위한 명시신탁이 바로 생겨난다. 이와 같이 해석해야 하는 이유는, 현재 집행가능한 신탁의무의 존재와 신탁수익권에 대한 현재의 이전을 요구하는 것이 신탁의 근본원리이기 때문이다.

그러나 이러한 이론구성은 위탁자가 제3자를 수탁자로 지명한 경우에만 해당된다. 만약 자녀가 없는 독신자가 미래에 태어날 자녀를 위해 자기 자신을 수탁자로 지명한 경우에는 어떠한 신탁도 현재 설정될 수 없다. 그 자녀가 태어나기 전까지는 그 자녀를 위한 명시신탁은 생겨날 수 없고, 위탁자는 자기 자신을 위해 복귀수탁자로서 재산을 보유할 수 없기 때문에—형평법적 소유권과 법률상 소유권의 혼합— 위탁자를 위한 복귀신탁도 설정될 수 없다.

이와 같이 아직 태어나지 않은 자녀를 위해 위탁자가 자기 자신을 수탁자로 선언하는 경우와 제3자를 수탁자로 지명하여 그에게 신탁재산을 이전시키는 경우를 구별하는 이론구성은 원래 시카고대학(University of Chicago)의 George G. Bogert 교수의 아이디어였는데, 이것을 Morsman v. Commissioner 사건[18]에서 연방항소법원이 채택했다. 즉 이 사건에서 위탁자인 Robert Morsman은 아직 태어나지 않은 자녀를 수익자로 지정하면서 자기 자신을 수탁자로 선언했는데, 연방항소법원은 Bogert 교수의 이론에 근거하여 어떠한 신탁도 현재 설정될 수 없다고 판결했다.

이미 살펴본 것처럼, 수익자가 확정가능하지 않은 경우 신탁은 설정될 수 없다. 따라서 '불확정적인 집단(indefinite class)'의 구성원들

---

18) United States Court of Appeals, Eighth Circuit, 90 F.2d 18 (1937).

을 수익자로 하는 경우에도 신탁은 설정될 수 없는 것이 원칙이다 [Restatement(Third) of Trusts §46(1)]. 예컨대 어떤 사람(위탁자)이 "내가 살아 있는 동안에는 신탁수입을 나에게 지급하고 내가 사망하면 잔여 재산을 나의 친구들에게 이전"하도록 한 경우, "친구들"이라는 단어는 불확정적인 집단으로서 집행가능하지 않기 때문에 이러한 신탁은 설 정될 수 없다.

그런데 만약 위 사례에서 "나의 친구들 중 수탁자가 선택한 사람 에게 잔여재산을 이전"하도록 했다면, 이러한 신탁은 유효하게 설정될 수 있다. 이처럼 불확정적인 집단에서 수익자를 선택할 수 있도록 수 탁자에게 부여된 권한을 '지명권(Power of Appointment)'이라고 한 다.[19] 이러한 이론구성은 하버드대학의 Austin W. Scott 교수[20]가 개 발한 것으로서 UTC[§402(c)]와 제3차 신탁법 리스테이트먼트[§46(2)]도 이 이론을 채택했다. Leach v. Hyatt 사건[21]에서 버지니아주 대법원 역시 이러한 이론에 따라, 불확정 집단의 구성원들에게 신탁재산을 분 배해 줄 수 있는 권한을 유언집행인에게 부여한 유언의 효력을 인정했 다.[22]

d. 문서의 필요성

신탁을 설정하기 위해서 반드시 문서를 작성해야만 하는 것은 아 니다. 다만 구두에 의한 신탁의 설정과 그 조건은 명백하고 설득력 있

---

19) Austin W. Scott, *The Law of Trusts* (Fratcher / Ascher eds., Fourth Edition), LITTLE BROWN & CO., §122 (1987).

20) Scott 교수는 시카고대학의 Bogert 교수와 함께 미국의 현대 신탁법을 주조한 위대한 권위자로서, 신탁법에 관한 이들의 이론은 오늘날까지도 실무와 학계에 서 막대한 영향력을 행사하고 있다.

21) Supreme Court of Virginia, 423 S.E.2d 165 (1992).

22) 이 사건에서 유언자는 독신자로서 사망할 때까지 자녀가 없었다. 유언자의 조 카는 삼촌의 유언에 대해 이의를 제기하면서 신탁은 설정되지 않았으므로 신탁 재산은 무유언상속법에 따라 자신이 상속받아야 한다고 주장했다.

는 증거에 의해서만 입증이 가능하다(UTC §407).

그러나 사기방지법은, 토지에 대한 생전신탁은 문서에 의할 것을 요구하고 있다. 그런데 만약 위탁자가 구두로 토지에 대한 생전신탁을 설정한 경우에는 어떻게 처리해야 할까? 예컨대 갑이 을에게 토지를 이전시키면서 병이 생존한 동안 병에게 신탁수익을 지급하도록 하고 병이 사망하면 그 토지를 정에게 이전시키도록 하는 내용의 신탁을 구두로 설정했다고 가정해 보자. 사기방지법이 이러한 구두에 의한 명시신탁의 집행을 금지하고 있기 때문에 결과적으로 을이 토지를 소유하게 된다는 것이 과거 대다수 법원의 판결이었다.

그러나 이러한 판결은 근거도 부족하고 정의관념에도 반한다고 비판하면서, 을이 부당이득을 취하는 것을 막기 위해 을에게 의제신탁의 부담을 지워야 한다는 주장도 강하게 제기되고 있다. 즉 재산이 사기나 강박에 의해 부당하게 이전되었거나, 양도인과 양수인 사이에 신뢰관계가 존재하거나, 피상속인을 살해한 결과로 재산이 이전된 경우에는 수익자들을 위한 의제신탁의 부담을 지울 수 있는데, 토지에 대한 구두신탁이 문제되는 대부분의 사례들은 바로 이러한 상황들 중 하나에 속한다는 것이다.23)

구두에 의한 토지의 생전신탁의 문제를 의제신탁이론에 따라 처리한 대표적인 판례가 Hieble v. Hieble 사건24)이다. 원고인 Lucy Hieble은 1959년에 그녀의 부동산의 소유명의를 그녀의 아들이자 피고인 Armin Hieble에게 이전시켰다. 원고는 과거에 암수술을 받은 적이 있었는데 암이 재발할 것을 두려워하였고, 유언검인절차를 피하고 싶어했다. 원고와 피고는, 이 사건 부동산의 이전이 일시적인 조치로서 원고가 부동산의 관리권을 유지하고 부동산에 관한 모든 비용과 세금을 지불하는 것에 구두로 합의했다. 또한 암 재발의 위험이 지나가

---

23) Austin W. Scott, supra §45; Jesse Dukeminier, supra 528.

24) Supreme Court of Connecticut, 316 A.2d 777 (1972).

고 나면 원고의 요구에 따라 부동산의 소유명의를 다시 원고 앞으로
이전시키기로 합의했다. 원고는 1964년에 피고에게 부동산의 소유명
의를 다시 원고 앞으로 이전시킬 것을 요구했다. 그러나 피고는 이를
거절했고 결국 원고는 1969년에 이 사건 소를 제기했다. 이에 대해 코
네티컷주 대법원은 다음과 같이 판시했다.

> "사기방지법에 따르면 부동산에 관한 구두 약정은 집행할 수 없다. 그
> 러나 형평법은, 나중에 다시 돌려주겠다는 구두 약속에 따라 부동산을
> 이전받은 사람이 약속을 지키기를 거부할 경우 그 사람에게 의제신탁의
> 부담을 지울 것을 요구한다. 따라서 이 사건에서도 원고와 피고 사이의
> 구두 약정과 모자지간으로서의 신뢰관계에 근거하여 의제신탁이 성립
> 되었다고 보아야 한다."

이 사건에서 적용된 의제신탁이론은 제3차 신탁법 리스테이트먼
트에서도 채택되었다(§24).
그러나 이러한 의제신탁이론은 소위 '청렴이론(Clean Hands Doctrine)'
에 의해 제한될 수 있다. 예컨대 Pappas v. Pappas 사건[25]에서 67세
였던 Andrew Pappas는 그리스에서 만난 23세의 여성과 혼인했는데,
돌아온 후 부부관계에 문제가 생겼다. 그러자 Andrew는 젊은 아내가
이혼소송을 제기하기 직전에 아들 George에게 부동산을 이전시켰다.
당시 Andrew와 George는 이혼소송이 끝나고 나면 부동산을 다시
Andrew에게 돌려주기로 구두 합의했다. 이혼소송과정에서 Andrew
는 아들에게 부동산을 이전시킨 것이 채무의 변제를 위한 것이었다고
(허위)증언을 했다. 이혼소송이 끝나고 난 직후 Andrew는 George에게
부동산을 다시 돌려줄 것을 요구했으나 George는 이를 거절했고, 이
에 Andrew는 George를 상대로 소송을 제기했다. 원심은 Andrew를

---

25) Supreme Court of Connecticut, 320 A.2d 809 (1973).

위해 George에게 의제신탁의 부담을 지우는 판결을 했으나, 코네티컷 주 대법원은 이를 파기하면서 다음과 같이 판시했다.

"Andrew는 이혼소송에서 전처의 청구로부터 부동산을 지키기 위해 부동산의 이전에 관하여 위증을 했다. 이러한 행위는 법정사기에 해당하고, 형평법적 구제를 받을 수 없다."

2. 설정방법

생전신탁으로 신탁을 설정하는 방법으로는 재산을 신탁으로 이전 시키는 방법과 신탁의 설정을 선언하는 방법이 있다(UTC §401). 전자를 '이전에 의한 신탁설정(Transfer in Trust)'이라고 부르고, 후자를 '선언에 의한 신탁설정(Declaration of Trust)'이라고 부른다. 위에서 이미 언급한 것처럼, 유언신탁의 경우에는 이전에 의한 신탁설정만이 가능하다.

a. 이전에 의한 신탁설정

이전에 의한 신탁설정의 경우에는 재산의 현실적인 이전이 필수적이다(Pizel v. Pizel[26]). 생전신탁의 경우에 위탁자가 사망할 때까지 신탁에 재산을 유효하게 이전시키지 않은 경우에는 그 재산은 신탁재산이 될 수 없고, 상속재산으로 남게 된다(Farmers' loan & Trust Co. v. Winthrop[27]).

위 Farmers' loan & Trust Co. 사건에서, Helen Bostwick은 Farmers' loan & Trust Co.를 수탁자로 하는 철회가능신탁을 설정하고 일단 5천불을 수탁자에게 신탁재산으로 증여했다. 신탁증서에 따르

---

26) Appellate Court of Kansas, 643 P.2d 1094 (1982).
27) Court of Appeals of New York, 144 N.E. 686 (1924).

면, Helen은 자신이 생존한 동안 신탁으로부터 수익을 얻다가 그녀가 사망하면 자신의 자녀와 손자녀들이 수익을 얻는 것으로 되어 있었다. 그리고 수탁자가 나머지 신탁재산을 이전받을 수 있도록 수탁자에게 대리권을 수여했다. 그런데 Helen이 사망할 때까지 그녀의 주식이 수탁자에게 완전히 이전되지 않았다. 이에 대해 뉴욕주 대법원은 다음과 같이 판시했다.

> "Helen의 의도가 그 주식을 신탁재산으로 삼으려 했다는 것은 분명했지만, 그 의도는 완성되지 못했다. Helen이 수여한 대리권은 그녀가 사망하면서 소멸되었다. 따라서 더 이상 Helen의 재산이 신탁으로 이전될 수 없다. 수탁자는 자신에게 이전되지 않은 재산에 대한 법률상의 소유권을 가지지 못했기 때문에 그 재산을 다른 사람(수익자)를 위해 보유할 수도 없다. Helen은 그녀 스스로 수탁자가 될 의도가 없었기 때문에 이 사건 신탁이 선언에 의한 신탁으로 유효하게 인정될 여지도 없다. Helen이 사망할 때까지 완전히 이전되지 않은 재산은 신탁재산이 될 수 없고 상속재산으로 남게 된다."[28]

b. 선언에 의한 신탁설정

선언에 의한 신탁설정의 경우에는 위탁자가 수탁자로서 이미 신탁재산을 자기 명의로 소유하고 있기 때문에 별도의 재산의 이전이 필요하지도 않고 가능하지도 않다(Taliaferro v. Taliaferro[29]). 다만 위에서 이미 언급한 것처럼, 신탁재산이 토지인 경우에는 단순히 신탁설정을 구두로 선언만 해서는 안 되고, 신탁문서(신탁선언서)를 작성해야 한다.

---

28) 이 판결문을 작성한 사람이 바로 미국 사법부 역사상 가장 위대한 대법관으로 칭송받는 Benjamin N. Cardozo 대법관이다. 그는 나중에 뉴욕주 대법원장을 거쳐 후버 대통령에 의해 연방대법관으로 임명되었다.

29) Supreme Court of Kansas, 260 P.2d 803 (1996).

위 Taliaferro v. Taliaferro 사건에서, Will C. Taliaferro는 1990년 3월에 자신의 아내인 Betty Taliaferro와 그 밖에 몇 명의 수익자들을 위한 신탁증서를 작성했는데, 그것은 철회가능신탁이었다. 이 신탁증서 제1조는 다음과 같이 규정하고 있었다. "나, Will C. Taliaferro는 위탁자로서, 'Will C. Taliaferro Trust'의 설립을 선언한다. 그리고 나는 이 신탁의 수탁자로 나 자신을 지명한다. 나는 수탁자로서, 이 신탁증서에 첨부되어 있는 'Schedule A'에 기재된 재산 전체를 받아들이고 신탁으로 보유한다. 이 재산은 신탁재산을 구성하며 수탁자에 의해 보유, 관리, 분배된다." Will은 'Schedule A'에 신탁재산목록을 기재했지만, 그 중 어떤 재산의 소유권도 신탁 명의로 이전시키지는 않았다. 1990년 9월에 Will이 사망하자 Betty는, "남편은 생전에 신탁을 철회하려는 의사를 밝혔고 실제로 어떠한 재산도 신탁으로 이전되지 않았으므로 신탁은 무효이며 남편의 모든 재산은 자신이 상속받아야 한다"라고 주장했다. 이에 대해 원심은 위 Pizel v. Pizel 사건에서 설시한 신탁의 세 가지 유효요건[30]을 거론하면서, 이 사건의 경우 첫 번째 요건(신탁을 설정하려는 의사와 명시적인 선언)과 두 번째 요건(신탁재산의 확정)은 입증되었지만 세 번째 요건(신탁재산에 대한 수탁자의 승인과 관리)의 충족여부는 입증되지 않았다고 하면서 신탁이 무효라고 판결했다. 그러나 캔자스주 대법원은 원심판결을 파기했다. 판시요지는 다음과 같다.

"Will은 자기 자신을 'Schedule A'에 기재된 재산의 수탁자로 분명히 선언했다. 신탁재산은 'Schedule A'에 확정되어 있고 'Schedule A'는 신탁문서의 일부로서 작성되고 첨부되었다. 수탁자인 Will이 이미 신탁재산을 모두 소유하고 있었으므로, 신탁재산의 소유권을 이전시켜야 할 필

---

30) ① 신탁을 설정하려는 의사와 명시적인 선언, ② 신탁재산의 확정 ③ 신탁재산에 대한 수탁자의 승인과 관리.

요가 없다. 이 사건에서 Will이 신탁재산을 승인하고 수탁자로서의 역할을 수행하고자 했는지 여부는 신탁증서 그 자체에 의해 입증될 수 있고 이 점에 관한 신탁증서의 문언은 전혀 모호하지 않다. 따라서 신탁증서의 문언을 탄핵하기 위한 외부증거는 제한된다."

3. 저축예금계좌신탁(Savings Account Trust)

a. 의 의

'저축예금계좌(savings account)'에 돈을 입금시키면서 예금자가 수익자를 위한 수탁자로서 계좌를 소유하는 것이라는 취지의 문서를 은행에 제출하는 경우가 있다. 즉 예금자는 생존한 동안 예금계좌에 대한 배타적인 관리권과 소유권을 유지하다가, 그가 사망하면 계좌에 남아 있는 돈이 생존한 수익자에게 이전되도록 하는 것이다[Restatement (Third) of Trusts §26]. 이처럼 예금자가 은행계좌에 자신의 이름으로 자신의 자금을 예금하면서 다만 '다른 사람을 위한 신탁'으로 예금계좌를 소유하는 경우를 '저축예금계좌신탁(Savings Account Trust)'이라고 부른다.31)

저축예금계좌신탁은 Matter of Totten 사건32)에서 유래되었는데, 이러한 이유로 이것을 '토텐신탁(Totten Trust)'이라고 부르기도 한다. 이 사건을 간단히 정리하면 이렇다. 갑이 저축예금계좌에 돈을 입금시켰는데, 이 계좌의 명의자는 단순히 "갑"이 아니라 "을의 수탁자로서(in trust for 을), 갑"이었다. 그러면서 갑은 자신이 생존한 동안 언제라도 이 계좌에서 자금을 인출함으로써 신탁을 철회할 수 있는 권한을 유보해 두었다. 을은 단지 갑의 사망당시 계좌에 남아 있는 돈에 대해서만 권리가 있었다. 법원은 이러한 방식을 유언이 아닌 일종의 신탁으로

---

31) '당좌예금계좌(Checking Account)'에는 통상 적용되지 않고 저축예금계좌에만 적용된다. Jesse Dukeminier, supra 343.
32) Court of Appeals of New York, 71 N.E. 748 (1904).

지지하면서, 예금계좌에 대한 잠정적인 철회가능신탁이 입금시에 설정되었다고 판결했다. 구체적인 판시사항은 다음과 같다.

> "이것은 위탁자가 사망할 때까지, 또는 위탁자가 생존한 동안 증여를 완성할 때까지 신탁을 철회할 수 있는 '잠정적인 신탁(tentative trust)'이다. 증여의 완성은 수익자에게 통장을 인도하는 것과 같은 행위 또는 수익자에게 예금을 이전해 주겠다고 통지하는 것과 같은 선언에 의해서 이루어진다. 예금자가 신탁을 철회하지 않고 수익자보다 먼저 사망하거나, 신탁을 부인하는 결정적인 행위나 선언을 하지 않고 수익자보다 먼저 사망한 경우, 예금자의 사망당시 존재하던 잔액에 관하여 '확정적인 신탁(absolute trust)'이 설정된 것으로 추정된다."

예금계좌의 수익자가 예금자보다 먼저 사망한 경우에는 신탁은 종료하고 예금자가 신탁으로부터 벗어나 자유롭게 예금을 보유하게 된다(UPC §6-212). 이러한 경우 예금계좌에 아무런 변화도 없는 상태에서 예금자가 사망한다면, 신탁재산이었던 예금은 예금자 사망시에 상속재산으로 돌아가게 되고 유언검인대상이 된다. 저축예금계좌신탁은 현재 거의 모든 주에서 판례 또는 법령으로 인정되고 있으며, 유언검인절차에 비해 단순하고 비용이 적게 들기 때문에 유언의 대용수단으로 사용되고 있다. 저축예금계좌신탁은 모든 면에서 유언과 기능적으로 동등하고 단지 그 형태만 다를 뿐이다. 다만 이러한 유형의 신탁은 실질적으로 POD계좌와 매우 유사한 것으로서, 실제로 많은 법역에서 POD계좌로 대체되고 있다(UPC §6-203 comment).

b. 철회방법

저축예금계좌신탁도 위탁자, 즉 예금자가 철회할 수 있다. 제3차 신탁법 리스테이트먼트에 의하면, '잠정적인 신탁(tentative trust)'은 예금자가 생존한 동안 언제라도 철회하려는 의사를 '표명(manifestation)'

함으로써 철회할 수 있다(§26). 저축예금계좌신탁을 철회하는 방법으로 일반적으로 언급되는 것은 다음 네 가지이다(In re Rodgers' Estate).

① 예금의 이전

② 예금자의 유언

③ 신탁을 부인하는 예금자의 명백한 행동 또는 선언

④ 유증, 장례비, 상속재산관리비, 세금 기타 비용을 충족시키기에 상속재산이 부족하게 되는 결과를 야기하는 제반 사정들

철회의 방법 중에서 구두에 의한 철회가 가능한지에 관하여 의문이 제기되어 왔는데, 이 문제가 쟁점이 되었던 유명한 판례가 In re Rodgers' Estate 사건33)이다. 이 사건에서 Elizabeth Rodgers는 그녀의 여동생인 Martha Rodgers를 위해 잠정적인 신탁, 즉 저축예금계좌신탁을 설정했다. 그런데 Elizabeth가 구두 또는 유언으로 이 신탁을 철회했는지 여부가 문제가 되었다. 신탁이 철회되었다고 볼 경우 Martha를 위한 신탁재산은 Elizabeth의 상속재산의 일부가 되어 유언집행인인 John Mitchell에게 교부해야 했다. 펜실베이니아주 대법원은, Elizabeth가 그녀의 변호사이자 유언집행인인 Mitchell에게 했던 진술과 그녀의 유언 계획을 근거로, Elizabeth가 설정한 저축예금계좌신탁이 구두로 철회되었다고 판결했다.

이처럼 구두에 의한 철회도 일반적으로 허용되기는 하지만, 이것을 폭넓게 허용할 경우 위증 등을 통해 이를 남용할 위험이 발생한다. 즉 위탁자가 사망한 후 신탁이나 상속으로부터 배제된 사람들이 거짓으로 위탁자의 진술을 만들어내어 신탁을 철회시키고 신탁재산을 잔여재산으로 만들어버릴 수 있기 때문이다. 이러한 문제로 인해 뉴욕주는, 예금자가 생존해 있는 동안 ① 예금의 인출 또는 ② 철회사실을 수익자와 금융기관에 분명히 알리는 문서를 금융기관에 제출하는 방법으로만 저축예금계좌신탁의 철회가 가능한 것으로 규정하고 있다

---

33) Supreme Court of Pennsylvania, 97 A.2d 789 (1953).

[N.Y. EPTL §7-5.2(1)]. 그리하여 예금자가 사망하기 전에 은행에 인출요
청서를 보냈는데 예금자가 사망한 후에 은행이 그 요청서를 받아서 처
리한 사건에서, 뉴욕주 법원은 저축예금계좌신탁이 유효하게 철회되
지 않았다고 판결했다(Cianciulli v. Smyth[34]).

C. 묵시신탁(Implied Trusts)

1. 의제신탁(Constructive Trust)

의제신탁은, 정의의 관념상 재산권을 향유할 자격이 없는 사람이
법의 엄격한 적용으로 인해 어쩔 수 없이 법률상의 소유권을 차지하게
되었을 때 그러한 '부당이득(unjust enrichment)'을 막고 정당한 사람이
이익을 얻도록 하기 위한 목적에서 형평법이 고안해 낸 구제방법이다.
따라서 의제신탁의 경우에는 수탁자의 승낙 등 수탁자측으로부터의
어떠한 협조가 요구되지 않는다. 의제신탁의 대상 재산이 이미 처분된
경우에는 그 매매대금에 대해 추급할 수 있다. 예컨대, 도둑이 장물을
처분한 경우 법원은 도둑이 그 처분대가를 피해자에게 넘겨줄 것을 명
하는데, 그 근거로서 도둑이 피해자를 위한 의제신탁의 수탁자라는 이
론을 사용할 수 있다(Namow Corp. v. Egger[35]).

의제신탁이론이 적용되는 영역은 매우 다양하다. 미국 법원은 누
군가에게 어떤 재산권을 귀속시키는 것이 석연치 않을 때 그것을 막기
위한 방법으로 이 이론을 애용하고 있는 것으로 보인다. 의제신탁이론

---

34) Supreme Court of New York, 678 N.Y.S.2d 881 (1998).
35) Supreme Court of Nevada, 668 P.2d 265 (1983). 이 사건에서 피고인 Alison
  Egger는 원고인 Namow Corporation의 근로자였는데, 원고의 자금을 횡령하여
  그 돈으로 아파트를 구입했다. 법원은 원고에게 이 아파트에 대한 의제신탁의
  수익자로서의 권리를 인정했다.

이 적용되는 대표적인 경우는 다음과 같다.

a. 상속결격사유로서의 살인자조항의 보충

거의 모든 주법은, 피상속인을 살해한 사람은 유언에 의해서든 무유언상속법에 의해서든 피상속인의 재산을 받을 수 없다는, 이른바 '살인자조항(slayer statute)'을 가지고 있다. 그런데 살인자조항이 없거나, 있더라도 살인자조항의 적용범위를 벗어나는 사건의 경우 법원은 피상속인을 살해한 상속인의 상속권을 박탈하기 위한 수단으로 의제신탁이론을 사용한다. 이에 따르면 상속인 또는 수증자가 피상속인을 살해한 경우 그 상속인 또는 수증자는 '정당한 수익자(rightful beneficiaries)'를 위한 신탁의 수탁자로 간주된다. 결국 피상속인을 살해한 상속인 또는 수증자는 의제신탁의 수탁자가 됨으로써 신탁재산(상속재산)을 신탁의 수익자에게 넘겨주어야 할 의무를 지게 된다(Kelley v. State[36]).

b. 부당한 영향 등에 의한 유언의 효력 제한

유언자가 부당한 영향이나 사기 또는 강박을 당하여 진정한 유언의사와 다른 유언을 했을 경우 이를 구제하는 가장 일반적인 방법은, 유언검인법원에서 유언에 대해 이의를 제기하여 유언의 전부 또는 일부를 무효로 만드는 것이다. 그런데 어떤 사유로 인해 유언검인절차에서 구제가 되지 않는 경우가 있다. 이러한 경우에 유언검인법원이 아닌 일반민사법원이 의제신탁이론에 기해서 구제를 해왔다. 즉 상속인 또는 수증자가 유언자에게 사기, 강박 또는 부당한 영향력을 행사함으로써 유언자가 제3자에게 우호적인 유언을 하는 것을 저지한 경우, 그러한 상속인 또는 수증자는 '계획된 수익자(intended beneficiaries)'를 위한 신탁의 수탁자로 간주된다. 결국 유언과 관련하여 사기, 강박 또

---

36) Supreme Court of New Hampshire, 196 A.2d 68 (1963). 이 판결의 내용은 앞의 '상속결격사유' 중 '피상속인에 대한 살인행위' 부분에서 자세히 언급했다.

는 부당한 영향력을 행사한 상속인 또는 수증자는 의제신탁의 수탁자
가 됨으로써 신탁재산(상속재산)을 신탁의 수익자에게 넘겨주어야 할
의무를 지게 된다(Latham v. Father Divine[37]).

c. 신뢰관계 위반에 대한 구제

당사자 사이에 특별한 신뢰관계가 존재하는데 일방 당사자가 이
러한 신뢰관계에 위반하는 행위를 한 경우 의제신탁이론을 적용하여
상대방을 구제한다. 즉 특별한 신뢰관계가 인정되는 경우에 그 신뢰에
기하여 신탁관계를 창설하는 것이다.

특별한 신뢰관계에 기한 의제신탁을 인정하여 당사자를 구제한
대표적인 판례가 Sullivan v. Rooney 사건[38]이다. 이 사건에서 원고인
Sullivan은 비행기 승무원이었고 피고인 Rooney는 육군 장교였다. 두
사람은 혼인은 하지 않았지만 13년 이상 관계를 유지하였고 그 중 7년
간은 함께 살았다. 그리고 언젠가는 혼인하기로 약속도 했다. Sullivan
은 가정을 유지하기 위해 승무원으로서의 직업도 포기했다. Sullivan
과 Rooney는 서로 합의하에 이 사건 주택을 구입하였고, 그것이 두 사
람의 공유재산이라고 생각했다. 다만 참전용사관리기금을 100% 받기
위한 목적으로 그 주택을 Rooney의 단독 명의로 해 두었다. Sullivan
과 Rooney는 3년간 이 주택에서 함께 살았다. Rooney가 낮에는
R.O.T.C. 교관으로서 돈을 벌고 밤에는 로스쿨에 다니는 동안,
Sullivan은 가사노동을 전담했다. Rooney는 그 주택을 공동명의로 만
들겠다고 여러 차례 Sullivan에게 약속했지만, 결코 이 약속을 지키지
않았다. 둘 사이의 관계는 악화되었고 1983년에 결국 별거했다. 그리
고 Sullivan은 1984년에 주택의 소유명의를 공유로 만들기 위해 이 사
건 소송을 제기했다. 이에 대해 메사추세츠주 대법원은, Rooney에 대

---

37) Court of Appeals of New York, 85 N.E.2d 168 (1949). 이 판결의 내용은 앞의
'유언에 대한 이의제기사유' 중 '사기와 강박' 부분에서 자세히 언급했다.

38) Supreme Judicial Court of Massachusetts, 533 N.E.2d 1372 (1989).

한 Sullivan의 특별한 신뢰에 기하여 Sullivan을 수익자로 하는 이 사건 주택의 1/2에 대한 의제신탁이 인정된다고 판시하였다. 이 판결은, 의제신탁을 인정하기 위한 신뢰관계란 어떤 것인지를 확실히 보여주는 리딩케이스이다. 이 부분에 관한 판시요지는 다음과 같다.

"형평법의 원리는, 신탁의무에 위반하여 상대방의 비용으로 재산을 취득한 당사자가 부당한 이익을 취득하는 것을 막기 위해 그 재산에 대해 의제신탁의 부담을 지운다. 원고와 피고 사이에는 신탁관계가 존재하는데 피고는 원고에 대한 수탁자로서의 의무를 위반했다. 원고는 피고보다 더 적은 교육을 받았고 더 적은 직업적 경험을 얻었다. 그리하여 원고는 장기간 동안 중요한 문제들에 있어서 피고에게 의지했다. 이러한 의존은 합리적인 것이었으며, 피고는 원고가 자신을 신뢰하고 있음을 인지했고 이를 수인했다. 따라서 이 사건에서 피고에게 의제신탁의 수탁자로서의 의무를 부과하는 것은 전혀 부당하지 않다. 원고는 피고와의 가정을 유지하기 위해 자신의 직업을 포기했고 가사를 전담했다. 피고는 이 사건 주택의 명의를 공유로 하겠다고 반복적으로 약속했고, 원고는 이 약속을 합리적으로 신뢰했다. 원고의 피고에 대한 특별한 신뢰는, 원고를 수익자로 하는 이 사건 주택의 1/2에 대한 의제신탁의 부담을 요구한다."[39]

---

39) 이 판결문은 Herbert P. Wilkins 대법관이 작성했다. 그는 1972년부터 1996년까지 메사추세츠주 대법관으로 일하다가 1996년에 대법원장에 임명되어 1999년까지 메사추세츠주 대법원을 이끌었다. 현재는 보스턴칼리지(Boston College) 로스쿨에서 후학을 양성하고 있다. 그는 메사추세츠주 대법원 역사상 최장수 대법관이자 부자(父子) 대법원장으로 유명하다. 즉 그의 아버지인 Raymond S. Wilkins도 1956년부터 1970년까지 메사추세츠주 대법원장으로 재직했다 (Wikipedia).

2. 복귀신탁(Resulting Trust)

복귀신탁은 '원래 돌아가야 할 곳으로 돌아간다'는 의미에서 붙여진 이름이지만, 일률적으로 정의하기가 매우 어려운 개념이다. 일반적으로 다음 세 가지 국면에서 복귀신탁이 논의된다.[40)

a. 실패한 신탁(Failed Trust)

위탁자가 설정한 명시신탁이 어떤 이유로 실패하거나 무효가 되어 신탁의 목적달성이 불가능하게 되었는데 수탁자가 신탁재산의 소유명의를 그대로 보유하고 있을 때 복귀신탁이 인정되는데, 이것을 '실패한 신탁(Failed Trust)'이라고 부른다[Restatement(Second) of Trusts §411]. 이때 수탁자는 위탁자 또는 위탁자의 상속인을 위해 신탁재산을 보유하고 있는 것으로 본다. 다만 위탁자가 애초에 의도했던 명시신탁이 어떤 불법적인 목적을 위한 것인 경우에는 복귀신탁이 인정되지 않고 법원은 그 신탁의 무효를 선언한다. 따라서 이러한 경우 위탁자는 수탁자로부터 신탁재산을 회복할 수 없다.

b. 초과기부신탁(Excessive Endowment Trust)

신탁재산이 신탁목적달성에 필요한 정도를 초과하거나 신탁목적이 달성되었는데 신탁재산이 완전히 소비되지 않고 남아 있을 때에도 위탁자 또는 위탁자의 상속인을 위한 복귀신탁이 인정되는데, 이것을 '초과기부신탁(Excessive Endowment Trust)'이라고 부른다[Restatement (Second) of Trusts §430]. 명시신탁의 종료 등으로 인해 수탁자가 신탁재산의 소유명의를 보유할 권한이 없어진 경우, 즉 권한 없는 사람이 법적 소유권을 가지게 되었는데 그것이 누구의 잘못으로 인한 것이 아

---

40) 이하의 내용은 Dennis R. Hower, supra 277-278 및 Elias Clark, supra 585 부분을 참고한 것이다.

닌 경우에 권한 없는 사람(수탁자)이 권한 있는 사람(위탁자 또는 위탁자의 상속인)을 위해 복귀신탁재산을 보유한 것으로 보는 것이다. 이러한 논리구성은 위에서 살펴본 실패한 신탁에도 동일하게 적용된다. 즉 초과기부신탁과 실패한 신탁은 동일한 이론적 근거를 가진다.

c. 구입자금복귀신탁(Purchase-Money Resulting Trusts)

갑이 을의 토지를 매수하기 위해 을에게 매매대금을 지급하고 그 토지에 대한 소유명의를 병에게 이전시키도록 지시한 때, 병은 갑을 위한 복귀신탁재산을 보유한 것으로 보는 것이다. 즉 토지를 매수함에 있어서 소유명의를 획득하는 사람과 구입자금을 부담하는 사람이 다른 경우에 구입자금부담자를 위한 복귀신탁을 인정한다. 이를 '구입자금복귀신탁(Purchase-Money Resulting Trusts)'이라고 부른다[Restatement (Second) of Trusts §440]. 이것은 구두에 의한 토지의 명시신탁을 구제하기 위한 것이다. 사기방지법하에서는 토지의 명시신탁은 반드시 문서에 의해야 하는데 구두로 토지에 대한 신탁을 설정한 경우에 이를 구제하기 위해 복귀신탁이론이 사용된다.

제3차 신탁법 리스테이트먼트에 따르면, 어떤 재산이 A에게 이전되었는데 그 재산의 구입자금은 B가 부담한 경우 자금을 부담한 사람(B)을 위한 복귀신탁이 성립한다. 다만 B가 복귀신탁의 성립을 원하지 않는다는 의사를 명시했거나, A에게로의 재산 이전이 불법적인 목적을 달성하기 위한 것인 때에는 복귀신탁이 인정되지 않는다[§9(1)]. 한편 A가 B의 배우자이거나 직계비속인 경우에는 B가 반대의사(A가 재산으로부터 이익을 가질 수 없다는 의사)를 명시하지 않는 한 복귀신탁이 성립하지 않는다[§9(2)].

D. 특수한 수익자를 위한 신탁

1. 공익신탁(Charitable Trusts)

a. 의   의

'공익신탁(Charitable Trusts 또는 Public Trusts)'이란, '공중(public)' 또는 '지역사회(community)'를 위한 사회적 이익을 증진시킬 목적으로 설정된 명시신탁을 말한다. 이처럼 공익신탁이 공중을 위한 것이기는 하지만 그 수익자가 반드시 '일반대중(general public)'이어야 하는 것은 아니다. 다만 신탁재산은 일반대중 또는 합리적으로 넓고 불확정한 범주의 사람들의 이익을 위해 지정되어야 한다. 소아병원을 위한 공익신탁이 전자의 예이고, 특정 도시의 농아자들을 위한 공익신탁이 후자의 예이다.[41]

공익신탁과 사익신탁의 가장 큰 차이점은, 공익신탁의 경우에는 영구구속금지원칙이 적용되지 않는다는 점이다. 따라서 공익신탁은 무제한의 존속기간을 가질 수 있다. 그리고 공익신탁을 설립할 경우에는 면세의 혜택을 받을 수 있다. 그러나 신탁재산이 상속인에게 복귀하면 면세의 혜택은 주어지지 않는다. 공익신탁의 경우에는 확정가능한 수익자가 없어도 유효하게 성립할 수 있다는 점은 앞에서 언급한 바와 같다.

b. 공익목적

공익신탁을 설정하기 위해서는 반드시 공익목적이 존재해야 한다. 어떠한 것이 공익이냐에 관하여 UTC와 제3차 신탁법 리스테이트먼트는 다음과 같이 설명하고 있다. "빈곤의 구제, 지식, 교육, 종교의

---

41) Dennis R. Hower, supra 271.

진흥, 건강의 촉진 등을 위한 목적 기타 국가나 지방자치단체 또는 지역사회에 이익이 되는 목적을 위해 공익신탁을 설정할 수 있다"[UTC §405(a); Restatement(Third) of Trust §28]. 만약 공익신탁의 조건이 특정한 공익목적이나 수익자를 지정하지 않으면 법원이 이를 지정할 수 있다. 다만 법원에 의한 지정은 확인이 가능한 정도까지 위탁자의 의사에 부합해야 한다[UTC §405(b)].

목적의 성격이 공익적인 것인지 여부는 위탁자의 주관적인 의사를 기준으로 판단하는 것이 아니라 객관적으로 볼 때 공중 또는 지역사회에 이익이 되는지를 기준으로 판단한다. 공익신탁으로 인정받기 위해서 오로지 공익만을 위한 것이어야 할 필요는 없다. 실제로 대부분의 공익신탁들을 살펴보면, 일반대중보다는 일부 사인이 신탁재산으로부터 보다 직접적인 이익을 향유하고 있는 것이 사실이다. 그렇지만 그 신탁의 주목적이 객관적으로 볼 때 공익을 위한 것이고 실제로 공익을 증진시키는 한, 그 신탁의 목적은 공익적인 것이기 때문에 공익신탁이라고 해야 한다.

예컨대 Evangelical Lutheran Charities Society of Charleston v. South Carolina National Bank 사건[42]에서, John Muller는 도시의 역사적인 건물들을 구입한 후 그 건물들을 복구하고 보존하기 위한 목적으로 유언신탁을 설정했다. 다만 그 건물들의 내부는 공중에 개방되지 않았고, 수탁자가 건물의 유지 및 보수비용에 충당하기 위해 그 건물들을 사인에게 임대했다. 이처럼 건물의 내부가 공중에 개방되어 있지 않고 수탁자가 건물을 사인에게 임대했다는 이유로, 원심은 이 사건 신탁을 공익신탁이라고 하기에는 공익목적이 부족하다고 판단했다. 그러나 사우스캐롤라이나주 대법원은, "역사적인 건물의 외관을 유지하고 보수하는 것은 공익신탁을 인정하기에 충분한 공익적 이익을 가지는 것이다. 일반대중보다 임차인이 그 건물로부터 더 많은 이익을

---

42) Supreme Court of South Carolina, 495 S.E.2d 199 (1997).

향유한다고 하여 공익신탁으로서의 성격이 변하는 것은 아니다"라고 판시하면서 이 부분에 관한 원심판결을 취소했다.

목적과 동기는 구별해야 한다. 이기적인 동기로 인해 기증을 했더라도 공익성을 인정하는 데 장애가 되지 않는다. 신탁설정에 관한 유언자의 이기적인 동기를 외부증거로 들춰내어 그것을 이유로 공익성을 부정하는 것은 타당하지 않다. 예컨대 Runser v. Lippi 사건[43]에서, 유언자인 Armond Lippi는 자신의 조카들에게 도움을 주기 위한 동기에서 빈곤계층 학생들에게 장학금을 제공하는 교육재단을 만들어 거기에 유증을 했다. 그리고 조카들에게 장학금 수혜의 우선권을 주는 유언조항을 삽입했다. 이에 대해 원심은, 유언자의 일반적인 의도가 공익신탁을 설정하려는 것이었음을 인정하면서도, 유언자의 조카들에게 우선권을 주는 조항을 공격하면서 유언자의 의사를 확정하기 위한 외부증거를 채택했다. 그러나 항소법원은, 신탁설정에 관한 유언자의 동기를 외부증거로 밝혀내서 그것을 이유로 공익성을 부정할 수는 없다는 이유로 원심판결을 취소했다.

한편 수익자 집단이 지나치게 작은 경우에는 공익성이 인정되지 않을 수 있다. 예컨대 공원의 개발과 유지는 일반적으로 공익적이지만, 그 공원이 위탁자의 토지를 구입한 사람들의 배타적인 이익을 위한 것이라면 공익적이라고 볼 수 없다(Butler v. Shelton[44]).

c. 공익신탁 설정의사

특정 목적을 위해 공익단체에 재산을 기증했다고 하여 언제나 공익신탁이 설정되는 것은 아니다. 공익신탁이 설정되기 위해서는 위탁자의 설정의사가 존재해야 한다. 공익신탁 설정의사의 핵심은, 수탁자에게 집행가능한 의무를 부과하려는 의도를 명시하는 것이다. 재산의

---

43) Court of Appeals of Ohio, 664 N.E.2d 1355 (1995).
44) Court of Appeals of Texas, 408 S.W.2d 530 (1966).

기증자가 수탁자에게 집행가능한 어떤 의무를 부과할 의사를 명시하지 않으면 신탁은 설정되지 않는다[Restatement(Second) of Trust §351]. 공익단체에 재산을 기증하면서 그 재산의 사용에 관하여 특별한 제한을 두기를 원할 경우에는 반드시 그러한 내용을 명시해야 한다.

한편 재산의 소유자가 그 재산을 공익신탁하에서 보유하는 것이라는 선언을 함으로써 공익신탁을 설정할 수도 있다[Restatement (Second) of Trust §349]. 그러나 신탁의 설정을 인정하기 위한 말과 행동은, 어떤 재산이 신탁으로 보유되는 것이라는 해석 이외의 어떠한 다른 해석의 여지도 없을 정도로 분명해야 한다(Lefkowitz v. Cornell University[45]).

위 코넬대학교 사건(Lefkowitz v. Cornell University)은, 공익신탁이 설정되기 위해 어떠한 요건이 필요한지를 잘 보여주는 리딩케이스이다. 이 사건에서 비행기 제조회사인 Curtiss-Wright Corporation은 공기의 흐름이 비행기에 미치는 영향을 실험하기 위한 '터널형 실험실(wind tunnel)'을 코넬대학교에 기증했다. 그런데 코넬대학교는 이 실험실을 25년 동안 연구목적으로 사용하다가 영리법인에게 매도하고자 했다. 그러자 뉴욕주 법무부장관인 Lefkowitz는 "이 실험실은 교육과 과학의 진흥이라는 목적을 위해 코넬에게 기증된 것으로서 이것은 공익신탁이므로 공익적인 목적으로만 사용되어야 한다. 설사 이 실험실이 원래는 신탁 목적으로 기증된 것이 아니라 할지라도, 코넬이 그 동안 이 실험실을 사용하면서 했던 말과 행동들은 코넬이 과학과 교육목적을 위한 공익신탁을 설정하려고 했음을 보여주며, 이 실험실은 공익신탁에 봉헌되었다고 보아야 한다. 따라서 코넬이 실험실을 영리법인에게 매도하는 것은 허용되어서는 안 된다"라고 주장하며 법원에 '영구적 금지명령(permanent injunction)'을 신청했다.[46] 원심이 원고의

---

45) Supreme Court of New York, Appellate Division, 316 N.Y.S.2d 264 (1970).
46) 법무부장관은 공익신탁과 관련된 문제에 있어서 언제나 당사자 지위를 가지며 보통은 필수적인 당사자이다. 법무부장관이 주정부를 대표해서 이 사건 소를

청구를 받아들여 이 매매를 금지시키자, 코넬대학교가 항소했고, 항소 법원은 "이 실험실의 매매대금은 과학과 교육의 진흥을 위해 사용되어 야 한다는 제한만이 있을 뿐 실험실의 처분을 영구히 금지하는 것과 같은 제한은 존재하지 않으므로, 코넬은 이 실험실을 영리법인에게 매 매할 수 있다"라고 판시하면서 원심판결을 취소했다. 판시요지는 다음 과 같다.

> "기증자가 이 사건 실험실을 코넬에 양도하는 대가가 '1달러 및 과학과 교육의 진흥'이라는 점, 기증자가 이 실험실에 대한 자신의 권리를 포기 하고 이를 코넬 및 코넬의 계승자와 양수인에게 영구히 양도한 점, 코넬 이 실험실을 공익을 위해 영구히 연구실 내지 실험실로 사용해야 한다 는 등의 어떠한 제한도 증여의 조건으로 포함되어 있지 않다는 점 등에 비추어 볼 때, 기증자에게 공익신탁을 설정하려는 의사가 있었다고 인 정할 수 없다. 나아가 이 사건의 증거들은 코넬이 스스로 신탁의 설정을 의도했다는 점을 보여주기에도 부족하다. 코넬이 25년간 이 사건 실험 실을 사용하면서 보여주었던 말이나 행동들은, 코넬이 스스로에게 법적 의무를 지우려고 했음을 보여주지 않는다. 즉 코넬이 신탁을 설정하려 는 의사가 있었음을 인정할 증거가 없다. 결론적으로 코넬은 실험실을 공익신탁으로서 보유하고 있던 것이 아니라고 보아야 한다."

d. 근사(近似)의 원칙(Doctrine of Cy Pres)

기증자나 유언자의 의사를 문자 그대로 따르는 것이 현실적으로 불가능한 경우에 실행 가능한 가장 가까운 방식으로 그 의도가 완성되 어야 한다는 원칙을 '근사(近似)의 원칙(Doctrine of Cy Pres)'이라고 부 른다. '씨프레(Cy Pres)'라는 말은 '가급적 가깝게(as near as possible)'라

제기했던 이유는, 실험실이 대학교에서 영리법인으로 넘어가게 되면 그 실험실 에서 근무하던 근로자들이 감원되고 연봉이 삭감될 것을 우려했기 때문이다.

는 의미의 프랑스어인 'cy pres comme possible'의 약자이다. 기증자
나 유언자가 공익신탁을 위한 특정한 지시를 했는데, 그러한 지시가
실행 불가능하거나 불법적인 것으로 판명되고, 기증자나 유언자가 '일
반적인 공익의사(general charitable intent)'를 가지고 있었던 경우라면
이 원칙이 적용될 수 있다. 이 원칙은 위탁자의 의사가 실현되지 못하
는 것을 막기 위해 위탁자의 의사에 최대한 가깝게 신탁조건을 수정할
수 있는 권한을 법원에 부여한다[Restatement(Second) of Trust §399;
UTC §413(b)].47)

　이 원칙이 적용되는 대표적인 경우는, 신탁목적이 이미 완성되었
거나 불가능하거나 불법적인 경우, 공익단체가 존재하지 않는 경우,
신탁목적을 달성하기에 자금이 부족한 경우48) 등이다. 결론적으로 근
사의 원칙을 적용하기 위해서는, ① 일정한 공익목적을 가지고 있고
불특정 공중에게 이익을 제공하는 공익신탁이 유효하게 성립할 것, ②
위탁자의 특정한 의도가 법률상 또는 사실상 완성될 수 없을 것, ③ 위
탁자에게 일반적인 공익의사가 존재할 것 등 세 가지 요건이 충족되어
야 한다(Trammell v. Elliott49)). 이 중에서 실제 사건에서 특히 문제가
되는 것이 일반적인 공익의사가 존재하는지 여부이다.

　어떠한 경우에 일반적인 공익의사가 인정되어 근사의 원칙을 적
용할 수 있는 것인지에 관한 교과서적인 사례가 바로 위 Trammell v.
Elliott 사건50)이다. 유언자인 Clem Boyd는 가난한 백인 소년과 소녀

---

47) 그런데 제3차 신탁법 리스테이트먼트에서는 '일반적인 공익의사' 요건에 관하
　여는 언급을 하지 않고 있다. 단지 "신탁조건에 반대 규정이 없는 한, 근사의 원
　칙을 적용할 수 있다"라고만 규정하고 있다[Restatement(Third) of Trust §67].
　가급적 공익신탁이 용이하게 설정될 수 있도록 하기 위한 조치라고 생각된다.
48) 희귀한 경우이기는 하지만 신탁목적을 달성하기에 자금이 지나치게 많은 경우
　에 그 잉여자금의 활용을 위해서 근사의 원칙을 적용한 예도 있다. U.S. on
　Behalf of U.S. Coast Guard v. Cerio, United States District Court, E. D.
　Virginia, 831 F.Supp. 530 (1993).
49) Supreme Court of Georgia, 199 S.E.2d 194 (1973).

들에게 장학금을 제공하기 위한 유언신탁을 설정하고, 조지아주에 소재한 세 개 대학을 수탁자로 지명했다. 조지아주 법무부장관은, 수탁자들이 인종차별적인 신탁의무를 수행할 수 없으므로 근사의 원칙에 따라 이 신탁을 모든 가난한 학생들에게 장학금을 제공하기 위한 신탁으로 전환해야 한다고 주장했다. 조지아주 대법원은, "Boyd는 왜 꼭 백인 학생들만 장학금을 받아야 하는지에 관하여 아무런 설명도 하고 있지 않다. 공익신탁이 오로지 백인 학생들에게만 배타적으로 장학금을 주는 방식으로 운용되기를 의도하는 어떠한 문구도 Boyd의 유언장에 포함되어 있지 않다. 뿐만 아니라 그녀의 유언장에는 장학기금이 그녀의 상속인들에게 되돌아가는 것을 원치 않는다고 명시되어 있다"라고 하면서 Boyd에게 '교육의 진흥'이라는 일반적인 공익의사가 있다고 판결했다. 결국 근사의 원칙에 따라 이 사건 신탁은 모든 가난한 학생들에게 장학금을 제공하는 신탁으로 전환되었다.[51]

근사의 원칙은 가급적 위탁자의 의사에 가깝게 신탁조건을 변경하는 것이므로 어떠한 신탁조건의 변경이 위탁자의 의사에 정면으로 배치되는 경우에는 이 원칙이 적용될 수 없다. 위탁자의 의사에 반해서 이 원칙을 적용할 수 없음을 선언한 대표적인 판결이 연방대법원의 Evans v. Abney 사건[52]이다. 조지아주의 Augustus O. Bacon 상원의원은 자신의 고향인 조지아주 Macon시에 사는 백인들만 배타적으로 이용할 수 있는 공원을 조성하기 위한 유언신탁을 설정하고 Macon시의 시장을 수탁자로 지명하여 공원부지 등의 재산을 유증했다. 그는 유언장에서 "백인과 흑인은 사회적 관계에 있어서 영원히 분리되어야 한다는 것이 나의 견해이다"라고 명시했고, 7명의 백인 관리자들에 의해 공원이 관리되어야 한다고 규정했다. Bacon 의원이 사망한 후

---

50) Supreme Court of Georgia, 199 S.E.2d 194 (1973).

51) 법원은 이 사건 유언장에 기재되어 있는 인종제한규정이 거의 표준문안이라는 사실에도 주목했다.

52) Supreme Court of the United States, 396 U.S. 435 (1970).

Macon시는 "공원은 공공시설이므로 인종차별적인 방식으로 관리될 수 없다"라는 이유로 공원을 때때로 흑인들에게도 개방했다. 그러자 공원의 관리자들이 "Macon시는 유언신탁조건을 제대로 수행하지 못했기 때문에 수탁자의 지위에서 제거되어야 하고 법원이 새로운 수탁자를 임명해야 한다"고 주장하며 Macon시를 상대로 이 사건 소를 제기했다. 그러자 Macon시에 사는 일부 흑인들이 "인종차별은 미국헌법과 공공정책에 위반되므로, 법원은 사인을 새로운 수탁자로 임명해서는 안 된다"고 주장하며 이 소송에 참가했고, Bacon 의원의 상속인들도 "신탁은 무효가 되었으므로 신탁재산은 상속재산으로 전환되어야 한다"고 주장하며 이 소송에 참가했다. Macon시와 소송에 참가한 흑인들은, "Macon시는 인종차별적인 유언신탁을 집행할 수 없기 때문에 근사의 원칙에 따라 이 사건 신탁을 '모든 시민들이 이용할 수 있는 공원을 조성하기 위한 신탁'으로 전환시켜야 한다"고 주장했다. 그러나 조지아주 대법원은 그러한 결과를 유언자가 용인하지 않았을 것이라고 하면서, "근사의 원칙은 이 사건에 적용시킬 수 없으므로, 결국 신탁은 무효가 되었고 신탁재산은 상속재산이 되어 상속인들에게 돌아가야 한다"고 판결했다. 연방대법원은 조지아주 대법원의 판결을 지지하면서 다음과 같이 판시했다.

> "공원은 인종차별적인 방식으로 유지, 관리될 수 없다. 백인들만이 배타적으로 이용할 수 있는 공원을 조성하기 위한 신탁에 재산을 유증한 유언자의 의사는 완성될 수 없다. 따라서 신탁은 무효가 되었고, 신탁재산은 유언자의 상속인들에게 돌아가게 되었다. 근사의 원칙을 이 사건 유언신탁에 적용하기를 거부한 조지아주 법원의 판결은 수정헌법상의 평등원칙이나 적법절차원칙에 위반되지 않는다. 따라서 흑인들의 권리를 침해하지도 않는다."[53]

---

53) 이 사건은 평등원칙 등 연방헌법상의 문제가 쟁점이 되었기 때문에 사건이 연

근사의 원칙이 적용될 수 없는 또 하나의 대표적인 경우는, 신탁 목적이 달성될 수 없게 되었을 때 그 '대안(alternative disposition)'을 위탁자가 미리 정해놓은 경우이다. Simmons v. Parsons College 사건[54] 에서, 유언자인 Lester Morgan Wells는 Drake University와 Parsons College의 가난한 대학생들의 교육을 위한 두 개의 유언신탁을 설정하고 각 학교를 수탁자로 지명하여 1/2씩 재산을 유증했다. 이 유언장은, 유증이 무효가 되면 그 기금은 상속인에게 돌아간다고 규정하고 있었다. 그런데 유언장이 작성되고 난 후 아직 유언자가 사망하기 전에 Parsons College가 파산했고 더 이상 교육기관으로서의 역할을 수행할 수 없게 되었다. 그리하여 Parsons College의 학생들을 위해 설정된 신탁은 무효가 되었다. 유언장의 해석을 위해 유언집행인인 Dorothy Simmons가 이 사건 소를 제기했고, Parsons College, Drake University, 그리고 유언자의 상속인들이 피고가 되었다. Drake University는 "Parsons College에게 한 유증은 불가능하게 되었으므로 근사의 원칙에 따라 Drake University가 모든 유증을 받아야 한다"고 주장했다. 그러나 법원은 "근사의 원칙은 유언자의 의사를 무산시키기 위해서가 아니라 완성시키기 위해 사용되는 해석 원칙이다. 유언자가 유증이 실패할 경우를 예상하여 그 대안을 미리 정해놓은 경우에는 근사의 원칙이 적용될 수 없다"고 판시했다. 결국 Parsons College에게 한 유증은 상속인들에게 돌아갔다.

방대법원까지 가게 된 것이다. 이 판결문은 Hugo Black 대법관이 작성했다. 그는 1937년에 프랭클린 루즈벨트 대통령에 의해 연방대법관으로 임명되었으며, 20세기 미국 연방대법원에서 가장 영향력 있는 대법관 중 한 사람으로 간주되고 있다. 그는 헌법해석에 있어서 충실한 '원문주의자(textualist)'였으며, 루즈벨트 대통령에 의해 추진되었던 뉴딜정책의 열렬한 지지자였다.

54) Supreme Court of Iowa, 256 N.W.2d 225 (1977).

2. 명예신탁(Honorary Trusts)

명예신탁은 살아 있는 사람이 아닌 것에게 이익을 주려는 의도로 설정된 것으로서 비공익적 목적을 가진 신탁이다. 명예신탁의 대표적인 것이 사자(死者)를 위한 명예신탁과 동물을 위한 명예신탁이다. 전자는 묘지와 비석의 유지 및 관리를 위해 설정된 신탁이고, 후자는 특정 애완동물의 보호 및 이익을 위한 신탁이다. 사자나 동물을 위한 신탁이더라도 전사자의 추모나 희귀동물의 보호와 같이 공익목적을 가진 것이라면 명예신탁이 아니라 공익신탁으로 처리된다.

Common law에서는 살아 있는 사람만이 재산권을 향유할 수 있기 때문에 사자나 동물은 재산상의 이익을 누릴 수 없고 따라서 신탁의 수익자가 될 수 없다. 결국 명예신탁은 이를 허용하는 실정법을 통해서만 그 정당성이 인정된다. 현재 많은 주에서 명예신탁에 관한 법령을 시행하고 있다. 예컨대 캘리포니아주에서는 '애완동물신탁(Pet Trust)' 제도를 규정하고 있고(California Probate Code §15212), UTC도 '동물의 보호를 위한 신탁'(§408)과 '확정가능한 수익자가 없는 비공익신탁'(§409)을 규정하고 있다.

즉 UTC에 따르면, 위탁자가 생존한 동안 살아 있는 동물의 보호를 위한 신탁을 설정할 수 있으며(§408), 수익자가 확정되지 않고 확정될 수도 없는 경우에 비공익적 목적을 위한 신탁을 설정할 수 있다(§409). 다만 후자의 경우에는 영구구속금지원칙에 따라 21년을 넘지 않는 기간 동안만 신탁이 집행될 수 있다. 전자의 경우에는 어차피 위탁자가 생존한 동안만 설정할 수 있는 것으로 규정했기 때문에 별도의 기간 제한을 두지 않은 것이다. 이러한 신탁의 재산은 오직 의도된 목적을 위해서만 사용되어야 한다. 그러나 신탁재산이 의도된 목적을 위해 필요한 양을 초과한다고 법원이 인정한 경우에는 그 잉여재산을 위탁자 또는 위탁자의 상속인들에게 분배해 주어야 한다[§408(3); §409(3)].

제3차 신탁법 리스테이트먼트도 명예신탁에 관하여 다음과 같이 규정하고 있다. "재산의 소유자가 특정한 비공익적 목적을 위해 재산을 신탁으로 이전시키고, 신탁의 수익자가 확정되지 않고 확정될 수도 없는 경우, 수탁자는 21년을 넘지 않는 범위 내에서 특정한 기간 또는 합리적인 기간 동안 신탁재산을 지정된 목적에 사용할 권한을 가진다"[§47(2)].

명예신탁과 복귀신탁의 의미를 동시에 파악할 수 있는 좋은 사례로서 Phillips v. Estate of Holzmann 사건[55]을 소개한다. 이 사건에서 Marie Holzmann은 자신의 개 두 마리를 돌보기 위해 2만 5천불을 친구인 Jo Ellen Phillips에게 유증했다. 그런데 Holzmann이 사망한 직후 개들은 건강상의 이유로 안락사를 당했다. 그러자 Holzmann의 부모는 개들을 위해 설정된 신탁재산은 상속재산으로 복귀되어야 한다고 주장했다. 법원은 이 주장을 받아들이면서 다음과 같이 판시했다.

"Holzmann은 유언으로 개들을 위한 명예신탁을 설정했다. 그러나 개들이 안락사를 당하면서 명예신탁은 잔여 상속재산의 수익자들을 위한 복귀신탁이 되었다. 따라서 수탁자인 Phillips는 신탁재산을 Holzmann의 상속재산으로 복귀시켜야 한다."

E. 신탁의 제한 : 수익자의 채권자

1. 낭비자신탁(Spendthrift Trust)

a. 의 의
신탁문서나 법령에 의한 제한이 없는 한, 신탁의 수익자는 원칙적

---

55) District Court of Appeal of Florida, 740 So.2d 1 (1998).

으로 자신이 신탁으로부터 받는 이익을 양도할 수 있다. 그러나 위탁자는, 수익자가 신탁으로부터 얻게 될 이익을 마음대로 양도하지 못하게 하거나 수익자의 채권자가 신탁재산에 접근하는 것을 막기를 원할 수 있다. 이러한 필요를 충족시키기 위해 만들어진 신탁 유형이 바로 '낭비자신탁(Spendthrift Trust)'이다. 수익자가 신탁재산을 낭비하는 것을 막기 위한 신탁이라는 의미에서 붙여진 이름으로서, 자신의 자녀가 경제적으로 무책임하다고 느끼는 부모에 의해 설정되는 것이 일반적이다.

미국의 거의 모든 주에서 위탁자는, 수익자가 신탁으로부터 얻게 될 이익을 양도하는 것을 제한할 수 있다. 낭비자신탁이 설정된 경우 수익자는 자발적 또는 비자발적으로 수익을 이전시킬 수 없게 된다. 또한 수익자의 채권자는 전체적으로 또는 부분적으로 신탁재산을 강제집행할 수 없게 된다. 신탁재산 그 자체 또는 신탁으로부터 얻게 될 이익은 어떠한 방식으로도 매매되거나 양도될 수 없고, 담보로 제공될 수 없으며, 수익자의 채권자가 이를 집행할 수도 없다. 결론적으로 낭비자신탁의 키워드는 '양도금지'와 '집행면제'이다. 그러나 일단 수익자가 낭비자신탁으로부터 이익을 분배받고 나면, 그 분배받은 이익은 이제 더 이상 낭비자신탁의 대상이 아니다. 따라서 그것은 수익자가 자유롭게 양도할 수도 있고 수익자의 채권자가 집행할 수도 있다[UTC §502(a); Restatement(Third) of Trusts §58].

어떤 신탁을 낭비자신탁으로 만들기 위해서는 자발적, 비자발적 재산의 이전을 명시적으로 금지하는 '낭비자조항(spendthrift clause)'을 신탁증서에 포함시켜야 한다. 낭비자조항의 예시를 하나 들면 다음과 같다.56)

---

56) 이 예시 조항은 Gordon Brown, supra 239에서 발췌한 것이다.

Every beneficiary of this trust is restrained from anticipating, assigning, transferring, selling or otherwise disposing of his or her interest in the trust estate, and every beneficiary is without power to anticipate, assign, transfer, sell or otherwise dispose of his or her interest in the trust estate. No such anticipation, assignment, transfer, sale or other disposition shall be recognized by the trustee, nor shall any attempted anticipation, assignment, transfer, sale or other disposition by a beneficiary of an interest in the trust estate pass any right, title or interest to the trust estate. No interest of the beneficiaries under the trust shall be subject to the claims of creditors or other persons, nor to any bankruptcy proceeding, nor to any other liabilities or obligations of any beneficiary.

b. 집행면제에 대한 예외

낭비자신탁에 있어서는 수익자의 채권자와의 이익형량의 문제가 필연적으로 발생한다. 그리하여 거의 모든 주에서는 법령 또는 판례로써 낭비자신탁의 집행면제에 대한 예외를 인정하고 있다. 낭비자신탁의 집행면제에 대한 예외로서 일반적으로 논의되는 것으로는 다음의 경우들이 있다.

(1) 자익신탁   위탁자가 스스로를 수익자로 지정하는 '자익신탁(Self-Settled trust)'의 경우까지 집행면제를 인정할 경우에는 위탁자가 채무면탈의 목적으로 낭비자신탁제도를 악용할 소지가 높기 때문에 자익신탁의 경우에는 낭비자조항의 효력을 부인하는 것이 일반적이다[UTC §505(a); Restatement(Third) of Trusts §58(2)].

(2) 부양료채권   부양료 또는 생계비에 관하여 수익자에 대한 판결이나 명령을 취득한 수익자의 자녀, 배우자 또는 전배우자에 대항하여서는 낭비자조항의 효력을 주장할 수 없다[UTC §503(b)(1); Restatement(Third) of Trusts §59(a)].

Shelley v. Shelley 사건57)에서 Grant Shelley는 낭비자신탁의 수익자였으나, 오리건주 대법원은 낭비자신탁이 그의 자녀들과 전처들(Grant는 두 번 혼인하고 두 번 이혼했다)의 부양료청구 및 이혼수당의 집행대상이 된다고 판결했다. 이처럼 미성년자녀와 전 배우자를 구별하지 않고 낭비자신탁의 집행면제에 대한 예외를 인정하는 것이 일반적이지만, 미성년자녀와 달리 전 배우자의 경우에는 낭비자신탁으로부터의 집행을 허용하지 않는 주도 있다(예컨대, 일리노이주).

(3) 수익자의 이익을 위해 제공한 서비스채권　신탁에 관한 수익자의 이익을 보호하기 위해 서비스를 제공하고 판결을 얻은 채권자에 대항하여서는 낭비자조항의 효력을 주장할 수 없다[UTC §503(b)(2); Restatement(Third) of Trusts §59(b)]. 이에 관한 대표적인 판결이 Schreiber v. Kellogg 사건58)이다. 이 사건에서 변호사인 Schreiber는 낭비자신탁의 수익자인 Kellog를 위해 법률자문을 해주고 주식매매를 통해 신탁재산을 증가시키는 등 서비스를 제공했으나 그 대가를 지급받지 못했다. 연방항소법원은, Schreiber가 신탁의 수익자를 위해 제공한 서비스가 수익자의 이익을 유지하거나 증가시키는 것이었다는 점이 입증되면 신탁으로부터 대가를 지급받을 수 있다고 판시하면서, 이러한 점에 대한 추가적인 사실확인을 위해 사건을 원심으로 환송했다.

(4) 연방정부 및 주정부 채권　연방법이나 주법에 근거규정이 있을 경우 수익자에 대해 채권을 가지는 연방정부 또는 주정부에 대항해서도 낭비자조항의 효력을 주장할 수 없다[UTC §503(b)(3)].

(5) 불법행위채권　불법행위의 피해자와 같은 비자발적 채권자도 낭비자신탁의 집행면제의 예외가 될 수 있는지, 즉 낭비자신탁의 수익자로부터 불법행위를 당한 피해자가 손해배상을 받기 위해 낭비

---

57) Supreme Court of Oregon, 354 P.2d 282 (1960).

58) United States Court of Appeals, Third Circuit, 50 F.3d 264 (1995).

자신탁으로부터 집행할 수 있는지가 문제된다.

Sligh v. First National Bank of Homes County 사건[59]에서, William Sligh는 1993년 1월에 Gene Lorance가 운전하는 자동차에 의해 사고를 당했는데, 당시 Gene은 무보험 운전자였을 뿐 아니라 약물에 중독된 상태였다. William은 척추손상으로 인해 전신마비가 되었고 두 다리를 사용할 수 없게 되었으며 모든 성기능을 상실했다. Lorance는 이 사고의 책임으로 10년 형을 선고받았다. William과 그의 아내인 Lucy는 Lorance를 상대로 불법행위로 인한 손해배상소송을 제기하여 500만불의 배상판결을 받아냈으나, Lorance에게는 이를 지불할 재산이 없었다. 다만 Lorance는 두 개의 낭비자신탁으로부터 이익을 얻고 있었는데, 이 신탁은 Lorance의 어머니가 사망하기 전에 1984년과 1988년에 아들을 위해 설정한 것이었다. 이 신탁의 수탁자가 바로 이 사건의 피고인 First National Bank of Homes County이다. 이 두 개의 신탁문서는 다음과 같은 규정을 두고 있었다. "ⓐ 수탁자는 나와 나의 아들 Gene의 이익을 위해 신탁재산을 사용할 모든 권한을 가진다. ⓑ 수탁자는 나 또는 Gene을 위해 최선의 이익이라고 생각하는 대로 나 또는 Gene에게 지급해야 한다. 이 신탁의 어떤 부분도 Gene의 채무에 대해 책임이 없으며, Gene의 채권자들의 집행대상이 되지 않는다. 또한 Gene은 신탁재산으로부터의 수익을 어떤 식으로도 매매, 양도, 이전하거나 담보로 제공할 수 없다." 그러나 이러한 신탁조항에도 불구하고 미시시피주 대법원은, 낭비자신탁의 효력을 유지하려는 정책적 이유가 비자발적인 불법행위의 채권자의 이익보다 중하지 않다고 하면서, 낭비자신탁으로부터 수익자가 받는 이익은 수익자의 고의 또는 중과실에 의한 불법행위의 채권자의 배상청구를 충족시키기 위한 압류로부터 면제될 수 없다고 판시했다.[60]

---

59) Supreme Court of Mississippi, 704 So.2d 1020 (1997).

60) 그러나 이 판결에 대하여는 법적 근거가 부족하다는 비판이 제기되었다. 특히 Prather 대법원장은, "낭비자신탁은 수익자에게 기초적인 부양을 제공하기 위해

그러나 불법행위의 피해자에 관한 예외를 인정하는 법령이 없는 한, 이러한 예외를 법원이 임의로 인정할 수 없다는 반론도 만만치 않다. 예컨대 Jackson v. Fidelity & Deposit Co. 사건[61]에서 버지니아주 대법원은 "낭비자신탁에 대한 예외는 법령이 특별히 열거하고 있기 때문에, 그러한 예외는 법령에 의해 허용되는 경우에 한해서만 인정될 수 있다"라고 판시하였으며, Scheffel v. Krueger 사건[62]에서 뉴햄프셔주 대법원도 법령에 의한 예외를 확대시킬 수 없다고 판시했다. 실제로 많은 법령들이 낭비자신탁에 대한 예외를 규정하면서 불법행위의 피해자를 여기에 포함시키지 않고 있는 것이 현실이다(예컨대 UTC §503).

2. 재량신탁(Discretionary Trust)

일반적으로 수탁자는 신탁문서에서 정해 놓은 기준에 따라 신탁수입과 원본을 수익자에게 분배해야 할 의무가 있다. 이를 '의무신탁(Mandatory Trust)'이라고 한다. 그런데 신탁재산으로부터의 이익을 분배할 것인지 말 것인지, 분배한다면 어떻게 분배할 것인지 등에 관하여 수탁자가 재량권을 가지는 경우가 있는데, 이를 '재량신탁(Discretionary Trust)'이라고 한다. 수익자나 수익자의 양수인 또는 채권자는 재량신탁의 수탁자에게 신탁재산의 분배에 관하여 강요할 수 없다[UTC §504; Restatement(Third) of Trusts §60].

재량신탁의 수탁자가 분배에 관한 재량권을 행사하기 전에는, 수

만들어진 수단으로서, 이러한 신탁 이익에 대한 집행면제는 수많은 위탁자와 수익자들을 부양해 왔다. 이 사건의 원고들이 비록 비극적인 일을 당했다 하더라도 낭비자신탁으로부터의 집행을 허용할 법적 근거가 없는 이상 낭비자신탁의 집행면제에 대한 예외를 인정할 수 없다"고 하면서 다수의견에 반대했다.

61) Supreme Court of Virginia, 608 S.E.2d 901 (2005).
62) Supreme Court of New Hampshire, 782 A.2d 410 (2001).

익자가 아직 분배되지 않은 신탁원본이나 신탁수입에 대하여 어떠한 재산권을 가지지 못한다. 따라서 수익자의 채권자는 아직 분배되지 않은 신탁원본이나 신탁수입을 집행할 수 없다. 분배되지 않은 신탁재산에 대해 수익자가 가지는 권리는 일종의 기대권으로서, 수익자가 수탁자에게 신탁상의 의무이행을 요구하거나 신탁의무를 위반하지 말 것을 요구할 수 있는 권한에 불과하다. 그리하여 United States v. O'Shaughnessy 사건63)에서, 연방정부는 재량신탁의 수익자인 O'Shaughnessy가 재량신탁으로부터 형평법상의 이익을 가진다고 주장하면서 O'Shaughnessy가 연체한 세금을 재량신탁으로부터 집행하고자 했으나, 미네소타주 대법원은 "채권의 만족을 위한 집행을 하기 위해서는 채무자가 어떤 재산권을 가지고 있어야 하는데, 재량신탁에 관하여 수익자가 가지는 형평법상의 이익은 수익자가 수탁자에게 신탁의무의 이행 또는 신탁의무위반의 금지를 소구할 수 있는 권한을 부여하는 것일 뿐 세금징수를 위한 재산권은 아니므로, 연방정부는 아직 분배되지 않은 신탁원본이나 수입을 집행할 수 없다"고 판시했다.

그러나 설사 위탁자가 수탁자에게 절대적인 재량권을 수여했다 하더라도, 재량권의 남용을 막기 위한 사법적 통제를 벗어날 수는 없다. 그리하여 일정한 경우에는 법원이 수탁자에게 특정한 분배를 명하거나 분배절차에 관한 지시를 할 수 있다. 따라서 일단 분배가 시작되면, 법원은 먼저 수익자의 채권자에게 이를 지급할 것을 명할 수 있다 [UTC §814; Restatement(Third) of Trusts §50(1)].

3. 자익신탁(Self-Settled Trust)

a. 의 의
위탁자가 신탁의 수익자로서의 이익을 누리는 신탁유형을 '자익

---

63) Supreme Court of Minnesota, 517 N.W.2d 574 (1994).

신탁(Self-Settled Trust)'이라고 한다. 위탁자는 자기 자신을 위해 신탁을 이용할 수 있기 때문에 원칙적으로 자익신탁은 금지되지 않는다. 자익신탁의 대표적인 예가 바로 생전신탁 중 철회가능신탁이다. 그러나 위에서 이미 살펴본 것처럼 자익신탁이 낭비자신탁과 결합할 경우에는 집행면제의 혜택이 제한된다. 이것을 허용하게 되면 채무면탈의 수단으로 이용될 위험이 높기 때문이다. 그리하여 UTC는 "설사 신탁이 낭비자조항을 포함하고 있다 하더라도, 철회가능신탁의 재산은 위탁자의 채권자의 집행대상이 된다"고 규정하고 있다[§505(a)]. 제3차 신탁법 리스테이트먼트도 이와 같은 규정을 두고 있다[§58(2)].

그런데 델라웨어, 알래스카, 네바다를 비롯한 일부 주에서는, 위탁자 자신의 채권자들의 일정한 청구에 대해서조차 낭비자신탁의 유효성을 인정하는 법령을 시행하고 있다. 이처럼 낭비자조항을 포함하는 자익신탁은, 변호사나 의사와 같은 전문가들이 미래에 발생할지도 모르는 '전문가 과실로 인한 손해배상책임(malpractice)'으로부터 현재의 재산을 지킬 수 있는 수단으로 이용되고 있다.[64] 이러한 보호막을 활용하기 위해서는 이를 허용하는 주에 거주하는 사람을 수탁자로 지명해야 할 것이다. 나아가 신탁의 목적물이 해당 주에 존재한다면 보다 확실하게 재산을 보호할 수 있을 것이다.

b. '설정수익자(settlor-beneficiary)'의 채권자의 권리

자익신탁, 특히 철회가능신탁의 위탁자[65]가 생존한 동안 자신의 재산을 신탁으로 이전시킨 후에 사망하면 그 신탁재산은 채권자의 청구로부터 벗어날 수 있는 것인지, 아니면 여전히 채권자가 그 재산으로부터 채권의 만족을 얻을 수 있는 것인지 여부는 매우 중요한 문제이

---

64) Elias Clark, supra 545.
65) 이 경우 위탁자는 신탁의 설정자이자 수익자이다. 미국법에서는 이러한 위탁자를 '설정자-수익자(settlor-beneficiary)'라고 부른다. 이를 '설정수익자'라고 칭하기로 한다.

다. 이 문제에 관한 교과서적인 해결책을 제시한 리딩케이스가 State Street Bank and Trust Company v. Reiser 사건66)이다.

　　이 사건에서 Wilfred Dunnebier는 1971년 9월에 철회가능한 생전신탁을 설정했다. 그리고 Dunnebier는 그가 생존한 동안 신탁원본과 신탁수입의 처분을 지시할 수 있는 권한을 유보했다. 한편 Dunnebier는 그의 잔여재산을 그가 설립한 신탁에 남긴다는 취지의 유언장을 작성했다. 그로부터 13개월 후 Dunnebier는 이 사건의 원고인 State Street Bank and Trust Company로부터 75,000불의 자금을 대출받았다. 이때 원고는 Dunnebier가 설정한 신탁재산의 가치를 고려하여 대출을 해주었다. 원고가 요구하면 Dunnebier는 언제든지 신탁재산으로 변제할 수 있었기 때문에 이것은 사기에 해당하지 않았다. 그런데 Dunnebier는 대출을 받은 후 4개월 후에 자동차 사고로 사망했고, Dunnebier의 상속재산만으로는 대출금을 변제하기에 부족했다. 원고는 신탁재산으로부터 대출금에 대한 변제를 받기 위해 수탁자인 Reiser를 상대로 이 사건 소를 제기했다. 이에 대해 메사추세츠주 항소법원은 원고가 상속재산으로 만족을 얻지 못하는 부분은 신탁재산으로부터 만족을 얻을 수 있다고 하면서 다음과 같은 유명한 판시를 남겼다.

　　① "설정자가 자기 자신을 수익자로 하는 낭비자신탁을 설정하거나 재량신탁을 설정한 경우, 이러한 설정자의 채권자는 수탁자가 신탁조건하에서 설정자의 이익을 위해 설정자에게 지급할 수 있는 한도까지는 신탁재산에 대한 권리를 주장할 수 있다. Dunnebier의 신탁조건하에서 모든 신탁원본과 신탁수입은 Dunnebier가 생존한 동안 그가 자유롭게 처분할 수 있었다. 그렇다면 Dunnebier가 생존한 동안 원고가 신탁재산으로부터 채권의 만족을 얻을 수 있었던 것은 분명하다. 그런데

---

66) Appeals Court of Massachusetts, 389 N.E.2d 768 (1979).

Dunnebier가 사망함으로써 그의 철회권과 신탁재산처분권도 소멸했다. 그러나 설정자가 자기 자신 또는 유언집행인에게 줄 수 있었던 재산은 설정자의 채무 변제를 위해 사용될 수 있었던 것이므로, 채권자는 그 재산으로부터 변제를 받을 수 있는 형평법상의 권리가 있다."

② "철회권 또는 신탁재산에 대한 처분권을 유보한 채 자익신탁을 설정한 경우, 그 설정자의 채권자는 설정자가 사망한 후 상속재산에 의해 만족을 얻지 못하는 부분에 한하여 신탁재산으로부터 채권의 만족을 얻을 수 있다. 이처럼 설정자의 채권자가 집행할 수 있는 신탁재산은, 설정자가 생존한 동안 자신의 이익을 위해 사용할 수 있는 등 지배권을 행사할 수 있었던 신탁재산에 한한다. 따라서 설정자가 생존한 동안 지배할 수 없었던 재산은 채권자의 집행대상이 되지 않는다."

위 판결은 현재 대부분의 주에서 법령으로 채택되어 시행되고 있다(예컨대 California Probate Code §19001). UTC도 §505(a)(3)에서 다음과 같이 규정하고 있다. "설정자가 자신의 채무를 변제하기 위해 신탁재산의 처분을 명할 수 있는 권리를 가지고 있을 것을 조건으로, 설정자가 사망한 후 철회가능신탁의 재산은 설정자의 채권자의 청구, 설정자의 상속재산의 관리비용, 설정자의 장례비, 법정수당의 대상이 된다. 다만 그것은 설정자의 검인대상재산이 부족한 부분까지만 허용된다."

c. 의료보장과의 관계

의료보장제도를 비롯한 공적 부조는 기본적으로 저소득층을 지원하기 위한 제도이다. 그런데 실질적으로는 저소득층이 아님에도 불구하고 법령이 요구하는 자격을 갖추기 위해 자익신탁제도를 악용하는 사례들이 있어 왔다. 즉 위탁자가 자신의 재산을 신탁재산으로 만들어놓은 후 의료보장을 신청하는 것이다. 이러한 탈법행위를 막기 위해서는 자익신탁의 위탁자가 의료보장의 혜택을 받을 자격이 있는지 여부를 판단함에 있어서 신탁재산 전체를 계산에 포함시켜야 한다(Shaak v. Pennsylvania Department of Public Welfare[67]).

　　Cohen v. Commissioner of Division of Medical Assistance 사건[68]에서, 원고인 Cohen은 1983년 6월에 'Mary Ann Cohen Trust'라는 철회불능신탁을 설립하면서 자신을 생존한 동안의 유일한 수익자로 지정했다. 그런데 이 신탁은 다음과 같이 규정하고 있었다. "수탁자는 수익자의 이익을 위해 신탁재산을 분배하고 사용할 재량권을 가진다. 그러나 수탁자가 수익자를 위해 어떤 지급을 함으로써 수익자로 하여금 공적 부조 내지 사회보장의 혜택을 받지 못하게 만드는 경우에는 이러한 지급을 할 권한이 없다. 신탁재산은 모든 공적 부조와 사회보장을 보충하기 위한 목적으로 사용되어야 한다." Cohen은 1993년 10월에 양로원으로 들어갔고, 같은 해 11월에 저소득층을 위한 의료보장을 신청했다. 그러나 피고인 Division of Medical Assistance는 이를 거절했다. 그러자 Cohen이 이 사건 소를 제기했고, 메사추세츠주 대법원은 원고의 청구를 기각하면서 다음과 같이 판시했다.

　　"이 사건 신탁의 수탁자는 위탁자이자 수익자인 원고에게 신탁원본과 신탁수입을 지급할 완전한 재량권을 가지고 있으면서도 오로지 공적 부조의 상실을 가져올 지급을 할 재량권만 없다. 그렇다면 이 사건 신탁은 의료보장의 혜택을 받을 수 있는 기준에 적합하지 않은 상태를 제거하기 위한 목적 이외에 다른 목적이 없다. 즉 이 사건 신탁의 유일한 목적은 의료보장에 관한 법령을 회피하는 것이다. 따라서 원고가 의료보장의 혜택을 받을 자격이 있는지 여부를 판단함에 있어서는 신탁재산 전체가 고려되어야 한다."

---

67) Supreme Court of Pennsylvania, 747 A.2d 883 (2000).
68) Supreme Judicial Court of Massachusetts, 668 N.E.2d 769 (1996).

F. 신탁의 종료

신탁은 일반적으로 신탁조건, 철회권의 행사, 신탁목적의 완성 내지 소멸 등으로 인해 종료된다. 또한 신탁목적이 공익에 반하거나 불법적이거나 완성이 불가능한 경우에도 신탁은 종료된다[UTC §410(a)]. 그리고 위탁자와 수익자들의 동의 내지 합의에 의해서도 종료될 수 있다.

1. 신탁조건에 따른 종료

a. 철회가능신탁의 추정

대부분의 신탁은 자체적으로 정한 조건에 따라 종료된다. 특히 위탁자가 철회권을 유보한 경우 그 철회권의 행사에 의해 신탁은 종료된다. 오늘날 미국에서 설정된 대부분의 신탁은 철회가능신탁으로서 위탁자의 철회로 인해 종료되고 있다. 다만 신탁조건에 철회여부에 관한 특별한 언급이 없는 경우에 그 신탁을 철회가능신탁으로 볼 것인지 아니면 철회불능신탁으로 볼 것인지에 관하여는 논쟁이 있어 왔다. 과거에는 신탁조건으로 철회권을 유보하지 않으면 위탁자가 신탁을 철회할 수 없는 것으로 보았다. 그러나 캘리포니아주에서는 오래 전부터 이와 반대되는 입장을 견지해왔다(California Probate Code §15400). 근래에는 많은 법령들이 이러한 '캘리포니아법(California Rule)'을 따라서 신탁조건으로 신탁이 철회불가능하다고 규정하지 않는 이상 위탁자는 신탁을 철회할 수 있는 것으로 보고 있다[UTC §602(a)]. 명확하지 않을 때는 철회가능신탁으로 추정하는 것이 위탁자의 의사에 부합하는 해석이라고 생각된다.

한편 "큰 것은 작은 것을 포함한다"는 법리에 따라 철회권은 수정권을 당연히 포함하고 있는 것으로 본다[Restatement(Third) of Trusts §63].

b. 철회의 형식

원칙적으로 신탁을 철회하기 위한 특별한 형식이 요구되지는 않는다. 다만 UTC에 따르면, 신탁조건으로 철회방식을 규정하지 않았거나 규정했더라도 그러한 규정이 명시적인 열거규정(배타적 제한규정)이 아닌 경우에는 명백하고 설득력있는 증거로 위탁자의 철회의사를 드러냄으로써 철회할 수 있다[§602(c)(2)].

만약 신탁조건으로 철회방식을 규정한 경우에는 그 방식 내지 그와 실질적으로 동일한 방식으로 철회해야 하고 그와 다른 방식으로 이루어진 철회는 유효한 철회로 인정되지 않는다[§602(c)(1)]. 따라서 신탁조건이 문서에 의해서만 철회할 수 있도록 규정한 경우에 처분조항이 담긴 신탁문서를 찢은 행위만으로는 그 조항을 철회한 것으로 인정되지 않으며(Salem United Methodist Church v. Bottorff[69]), 신탁조건이 문서에 의해서만 수정할 수 있도록 규정한 경우에 철회가능신탁 약정서 중 일부 페이지를 대체한 것만으로는 그 부분이 수정된 것으로 인정되지 않는다(In re Estate of Tosh[70]).

수정을 하기 위해서는 문서로써 해야 하고 수탁자의 권리 또는 의무를 변경하는 수정에 관하여는 수탁자의 동의를 얻어야 한다고 신탁조건이 규정하고 있는 경우에, 위탁자가 처분조항을 변경하기 위해 수정 문서를 작성했는데 수탁자가 이에 대한 동의를 거부한다면 수정은 효력이 없는 것일까? 이러한 신탁조건은 단지 수탁자의 보호를 위해 수탁자의 동의를 요구한 것일 뿐 수탁자에게 신탁의 처분조항에 관한 묵시적인 거부권을 수여한 것은 아니므로, 신탁의 처분조항의 변경에 관한 수정은 유효하다(In Godley v. Valley View State Bank[71]).

구두에 의한 철회도 신탁조건으로 이를 금지하지 않는 한 원칙적으로 가능하다. Barnette v. McNulty 사건[72]에서, Wilson Barnette은

---

69) Court of Appeals of Missouri, 138 S.W.3d 788 (2004).

70) Court of Appeals of Washington, 920 P.2d 1230 (1996).

71) Supreme Court of Kansas, 89 P.3d 595 (2004).

자신을 수탁자로 하고 아내인 Margaret Barnette을 수익자로 하는 철회가능신탁을 설정했다. 그러나 신탁재산으로 정해둔 주식의 명의를 신탁 앞으로 이전시키지는 않았다. 이 신탁문서는 철회의 증거로 간주되는 특정 행위들을 규정하면서 위탁자가 철회를 하기 위해서 수익자의 동의를 얻을 필요도 없고 수익자에 대한 고지를 할 필요도 없는 것으로 했다. 그 후 Wilson은 Margaret을 상대로 이혼소송을 제기하였으나 이혼이 완성되기 전에 사망했다. 그는 사망하기 전에 이 주식을 그의 아들에게 남긴다는 취지의 유언장을 작성했고, 그의 변호사인 James McNulty에게 신탁을 철회하고 싶다고 말했다. Wilson이 사망한 후 Margaret은 신탁이 유효하게 철회되지 않았기 때문에 자신이 유일한 수익자로서 신탁재산에 대한 권리를 가진다고 주장했다. 그러자 유언집행인으로 지명된 McNulty는 신탁재산이 아직 신탁 명의로 이전되지 않았기 때문에 신탁 자체가 유효하게 성립하지 않았다고 반박했다. 법원은, 신탁이 유효하게 성립했지만 유효하게 철회되었다고 하면서 Margaret의 청구를 기각했다. 판시요지는 다음과 같다.

"주식의 소유자는 수익자에게 어떤 문서를 인도하거나 명의개서를 하지 않고서도 신탁의 선언에 의해 스스로를 주식의 수탁자로 만들 수 있다. 즉 위탁자가 수탁자인 경우에는 선언에 의한 신탁설정이 가능하다. 따라서 Wilson은 유효하게 신탁을 설정했다. 그리고 신탁조항이 철회의 증거로 간주되는 행위들을 규정하고는 있지만 그것은 결코 배타적인 것이 아니고 위탁자는 수익자의 의사와 상관없이 신탁을 철회할 수 있으므로, 위탁자는 수탁자에게 철회의사를 밝힘으로써 신탁을 철회할 수 있다. 그런데 이 사건에서는 위탁자가 곧 수탁자이므로 위탁자가 신탁을 철회하고자 했다는 점만 확인되면 족하다. 위탁자가 유언장을 작성하기 전에 McNulty에게 했던 진술과 이혼소송에서 그의 변호사였던

---

72) Court of Appeals of Arizona, 516 P. 2d 583 (1973).

Fred Talmadge에게 했던 진술은 신탁을 철회하려는 그의 결정을 분명히 보여준다. 따라서 신탁은 유효하게 철회되었다."

위 사건에서 Wilson은 사망하기 전에 신탁재산인 주식을 아들에게 유증한다는 취지의 유언장을 작성했으므로 그 유언에 의해 신탁이 철회된 것으로 볼 수는 없을지 문제될 수 있다. 그러나 철회가능신탁은 위탁자가 생존한 동안에만 철회할 수 있는 것이고 위탁자가 작성한 유언장은 그가 생존한 동안에는 효력이 없으므로, 논리적으로 볼 때 신탁의 철회에 관한 유언조항을 근거로 철회를 인정할 수는 없다.[73] 실제로 대부분의 법역에서 유언에 의한 신탁의 철회를 인정하지 않고 있다. 다만 이러한 유언장의 존재는 위탁자의 철회의사를 입증하기 위한 증거가 될 수는 있을 것이다. 그런데 UTC는 유언에 의한 신탁의 철회를 명시적으로 인정하고 있다. 이에 따르면, 철회가능신탁을 설정한 후에 명시적으로 신탁을 언급하거나 신탁조건에 따라 이전될 재산을 특정하여 유증하는 내용의 유언장 또는 유언보충서를 작성함으로써 신탁을 철회할 수 있다[§602(c)(2)(A)].

2. 목적의 완성 등으로 인한 종료

신탁 설정의 목적이 완성되거나 소멸하면 그 신탁은 더 이상 존재 이유가 없기 때문에 소멸하는 것이 당연하다. 그래서 제3차 신탁법 리스테이트먼트도 "신탁의 목적이 전체적으로 또는 부분적으로 완성되면 그 신탁은 전체적으로 또는 부분적으로 종료한다"라고 규정하고 있고(§61), 뉴욕주법도 "명시신탁의 설정 목적이 종료하면, 신탁재산도 종료한다"라고 규정하고 있다(N.Y. EPTL §7-2.2).

---

73) Barnette v. McNulty 사건에서 피고는 신탁이 유언에 의해 철회되었다는 주장도 했으나, 법원은 위와 같은 이유로 이를 배척했다.

그러나 대부분의 신탁은 단지 한 개 또는 두 개의 간단한 목적만을 위해 설정되지 않고, 여러 개의 목적을 가지거나 때로는 매우 많은 목적을 가진다. 이들 목적들이 언제나 동등한 가치 내지 중요성을 가지는 것은 아니지만, 그렇다고 해서 보다 중요한 목적이 완성되었다고 하여 다른 부수적인 목적이 완성되지 않더라도 신탁이 종료된 것으로 볼 수는 없다(Work v. Central National Bank & Trust Co.[74]).

한편 신탁목적의 완성이 불가능한 경우에도 신탁은 종료되고, 신탁목적이 불법적이거나 목적달성을 위한 업무수행과정이 불법행위를 요구하는 경우에도 신탁은 종료된다[UTC §410(a)]. 다만 후자의 경우에는 신탁이 종료된다기보다는 원래부터 효력이 없는 것으로 보는 것이 타당할 것이다. 제3차 신탁법 리스테이트먼트도 목적의 불능은 신탁의 종료사유로 규정하고 있고(§30), 목적이 불법한 경우에는 무효사유로 규정하고 있다[§29(a)].

3. 합의에 의한 종료

a. 신탁목적과 합의에 의한 종료

철회가능신탁의 경우에는 위탁자가 철회권을 보유하고 있기 때문에 수익자들의 합의만으로 신탁을 수정하거나 종료시킬 수 없다. 그러나 철회불능신탁의 경우에는 모든 수익자들이 동의하면 신탁의 종료 또는 수정이 가능하다. 다만 그러한 종료나 수정이 중요한 신탁목적과 부합하지 않는 경우에는 위탁자의 동의(위탁자가 생존한 경우) 또는 법원의 승인(위탁자가 사망한 경우) 없이 신탁을 철회 내지 수정할 수 없다[UTC §411; Restatement(Third) of Trusts §26].

위탁자가 유언신탁을 설정하면서 수익자들이 모두 사망할 때까지

---

74) Supreme Court of Iowa, 151 N.W.2d 490 (1967). 이 사건에서 법원은, 부수적인 목적이 완성되지 않았다는 이유로 신탁의 종료를 부인했다.

신탁은 유지되는 것으로 정한 경우에, 생존 수익자들의 합의로 신탁을 종료시킬 수 있는지 여부가 문제된다. 위탁자의 신탁목적 내지 유언목적을 훼손하지 않고 당사자들(수익자들)의 이익에 아무런 침해가 발생하지 않는다면, 합의에 의한 신탁종료를 인정하지 못할 이유가 없다. 이에 관한 명시적인 판결이 In re Bayley Trust 사건75)이다.

이 사건에서 Charles Bayley는 유언신탁을 설정했다. 유언자는 잔여재산을 수탁자인 First National Bank of Boston에게 신탁으로 유증하였고, 수탁자로 하여금 신탁수입을 생존배우자인 Laura Bayley와 일부 친족들 및 4개의 자선단체(교회, 도서관, 묘지, 병원)에게 연금형태로 지급할 것을 지시했다. 유언장은 마지막 생존 수익자가 사망하면 신탁이 종료된다고 규정했다. 그리고 모든 수익자가 사망하여 신탁이 종료하면 신탁재산(원본)은 Museum of Fine Arts에 증여하여 그림을 구입하는 데 사용할 것을 규정했다. 그 후 유언자의 아내인 Laura도 사망하고 오직 두 명의 생존 수익자만 남게 되었다. 그 사이에 신탁재산은 엄청나게 증가했는데, 유언에 따라 생존 수익자들이 받게 될 연금수입은 여전히 그대로였다. 생존 수익자들은, 정해진 연금을 제공하기 위해 필요한 범위를 넘는 신탁재산에 관하여 신탁을 종료시킬 것에 합의하고 법원에 신탁종료신청을 했다. 이 약정은 수익자들에게 기존보다 많은 연금을 분배해 줄 것과, 이를 위해 충분한 자금을 미리 확보해 둘 것을 규정하고 있었다. 이 약정이 효력을 발생하게 되면 종료된 신탁재산 부분은 Museum of Fine Arts에 즉시 이전된다. 법원은 수익자들 간의 합의에 의한 신탁의 종료를 인정하면서 이 사건 신탁철회신청을 승인했다. 판시요지는 다음과 같다.

"이 사건 신탁은 낭비자신탁도 아니고, 수익자들의 철회에 관한 약정을 법원이 승인한다고 해서 유언의 목적이 방해받는다거나 무효화되지도

---

75) Supreme Court of Vermont, 250 A.2d 516 (1969).

않는다. 수익자들의 약정을 이행함으로써 실질적으로 모든 당사자들이 이익을 얻게 될 것이며, 특히 Museum of Fine Arts의 경우에 더욱 그러하다. 유언자가 사망한 후 지난 10년간 가치 있는 그림의 가격은 극도로 높아져 왔고, 앞으로 더욱 높아질 전망이다. 반면 유언자의 사망 이후 달러의 구매력은 실질적으로 감소되었다. 이 약정은 Museum of Fine Arts로 하여금 그림 가격이 더욱 높아지거나 시장에서 사라지기 전에 고가치의 그림을 시가로 구입할 수 있는 기회를 제공한다."76)

b. 유일한 수익자

신탁의 수익자가 오직 한 명뿐인 경우에는 그 유일한 수익자는 신탁의 종료가 신탁의 주요목적에 부합하지 않는 경우만 아니라면 임의로 신탁을 종료시킬 수 있다(Matter of Harbaugh's Estate77)). 다만 그 유일한 수익자는 미성년자나 무능력자가 아니어야 한다.

한편 자익신탁의 경우에 설정수익자는 신탁의 종료가 신탁의 주요목적에 부합하는지 여부와 상관없이 신탁을 종료시킬 수 있다. 예컨대 Phillips v. Lowe 사건78)에서, Mary Martha Phillips는 철회불능한 생전신탁을 설정하면서 자기 스스로를 수익자로 지정했다. 그 후 신탁을 종료시키고자 했으나 켄터키주 지방법원과 항소법원에서는 신탁의 종료가 Phillips에게 최선의 이익이 되지 않는다는 이유로 이를 승인하지 않았다. 그러나 켄터키주 대법원은, "생전신탁의 위탁자가 유일한 수익자인 경우에는 설사 그것이 철회불능신탁이라 하더라도 이를 철

---

76) 이 판결문은 James Stuart Holden 대법원장이 작성했다. 그는 버몬트주 대법관과 대법원장을 거쳐 닉슨 대통령의 지명으로 버몬트주 연방지방법원장을 역임했다(Wikipedia).

77) Supreme Court of Kansas, 646 P.2d 498 (1982). 이 사건 신탁은 유언신탁이었는데, 유일한 생존 수익자가 신탁을 종료시키고자 했다. 캔자스주 대법원은, "신탁의 종료를 인정하더라도 신탁의 주요목적이 좌절되지는 않기 때문에 신탁은 적절하게 종료되었다"고 판시했다.

78) Supreme Court of Kentucky, 639 S.W.2d 782 (1982).

회할 수 있다"라고 판시했다.

c. 합의를 할 수 없는 수익자

합의에 의해 신탁을 종료시키기 위해서는 모든 수익자들의 유효한 합의 내지 동의가 있어야 한다. 따라서 수익자들 중에 무능력자나 미성년자 또는 태아가 있거나 확인할 수 없는 수익자가 있는 경우에는 이들을 무시한 채 다른 수익자들의 합의만으로 신탁을 종료시킬 수 없다. 이러한 경우에는 유효한 동의를 할 수 없는 수익자들을 위해 법원이 대리인을 임명하여 그 대리인으로 하여금 동의를 하도록 하는 방법을 사용할 수 있을 것이다(Matter of Schroll[79]). UTC도 이를 위해 '법원에 의한 대리인 지명권(Appointment of Representative)'을 규정하고 있다(§305).

아직 태어나지 않았거나 확인할 수 없기 때문에 합의를 할 수 없는 수익자가 존재하는 경우 이들을 위한 법정 후견인의 임명을 통해서 신탁을 변경할 수 있음을 판시한 유명한 사건이 Hatch v. Riggs National Bank 사건[80]이다. Anna Hatch라는 여성은 자신을 수익자로 하는 철회불능의 낭비자신탁을 설정했다. 그리고 자신이 생존한 동안 수탁자인 Riggs National Bank가 자신에게 신탁수입을 지급할 것을 지시했다. 위탁자가 사망하면 수탁자는 위탁자가 유언으로 지시한 바에 따라 신탁재산을 처리해야 하며, 만약 위탁자가 지명권을 행사하지

---

79) Supreme Court of Minnesota, 297 N.W.2d 282 (1980). 이 사건 신탁은 철회불능한 생전신탁이었는데 위탁자와 모든 생존 수익자들이 신탁조항의 일부를 철회하고자 했다. 그러나 미네소타주 대법원은, "이 사건 신탁이 아직 태어나지 않은 수익자들에게도 이익을 수여하는 것으로 되어 있는 이상 그 태아를 무시해서는 안 되는데 이들의 이익을 위해 법원이 임명한 후견인이 철회에 동의하지 않았으므로 위탁자와 다른 수익자들의 합의만으로 신탁을 철회할 수 없다"고 판시했다.

80) United States Court of Appeals, District of Columbia Circuit, 361 F.2d 559 (1966).

않고 사망하면 상속인에게 주기로 되어 있었다. 위탁자에게는 신탁을 변경하거나 철회할 수 있는 권한이 부여되지 않았다. 그런데 나중에 Hatch는 신탁수입이 지나치게 부족하다는 것을 깨닫고 자신에게 지급될 수입을 증가시키는 내용으로 신탁조항을 변경하고자 했다. Hatch의 변호사는 "Hatch가 위탁자이자 신탁의 유일한 수익자이기 때문에 마음대로 신탁을 철회하거나 변경할 수 있다"고 주장했다. 그러나 연방항소법원은 이 주장을 배척하며 다음과 같이 판시했다.

"종신물권자인 Hatch 자신뿐 아니라 계승권자인 그녀의 상속인들도 이 사건 신탁의 수익자이다. 따라서 신탁을 변경하기 위해서는 상속인들의 동의를 얻어야 한다." 그러면서도 법원은 다음과 같은 판시를 통해 Hatch에게 다른 구제방법이 있음을 알려주었다. "법정상속인들의 신탁에 관한 이익은 불확정적이다. Hatch는 유언에 의한 지명권을 행사함으로써 상속인들의 이익을 제거할 수 있기 때문이다. (따라서 Hatch는 이 지명권을 이용하여 현재 생존한 추정상속인들이 변경에 동의하도록 만들 수 있다. 만약 유언으로 지명한 사람이 동의를 거절하면 다른 사람을 지명하면 된다.)[81] 그리고 아직 태어나지 않은 상속인들로부터 동의를 얻기 위해서는 이들을 위한 '법정 후견인(guardian ad litem)'을 지명하는 방법이 적절할 것이다."[82]

---

81) 괄호 부분은 판결문에 그와 같이 명시적으로 기재되어 있지는 않지만, 판결문의 전후맥락과 전체적인 취지상, 법원이 말하고자 한 본지는 괄호 부분의 내용과 같다고 생각되어 독자들의 이해를 돕고자 임의로 삽입했다.

82) 이 판결의 취지에 따라 Hatch는 아직 태어나지 않은 상속인들을 위한 법정 후견인을 지명받아서 그 후견인과 추정상속인들과의 합의를 통해 신탁을 변경했다. 이 판결에서 D.C.의 연방지방법원은 다음과 같이 판시했다. "수익자인 위탁자가 사망할 때까지 철회불능신탁의 모든 수익자들이 확인되지 않는 상태에서, 법원은 위탁자가 요구하는 대로 신탁을 변경하기 위해 아직 태어나지 않은 수익자들을 위한 후견인을 지명할 권한을 가진다."[United States District Court of District of Columbia, 284 F.Supp. 396 (1968)].

그러나 이러한 방법은 비용이 많이 들고 때때로 법정 대리인으로
부터 신탁종료에 대한 동의를 얻기 어려운 경우가 있다. 이런 문제들
을 해결하기 위한 방식이 바로 '사실상의 대리(Virtual Representation)'
이다. 이것은 합의를 할 수 없는 수익자를 대리해서 보호자가 적절하
게 동의를 하거나 거절을 하도록 하는 것이다. 그리하여 UTC는 재산
관리인이나 후견인이 피보호자 내지 피후견인을 대리하여 동의를 하
는 것을 허용하고 있고, 만약 합의를 할 수 없는 수익자를 위한 수탁자
가 없는 경우에는 부모가 그 수익자를 대신하여 동의를 할 수 있도록
하고 있다(§303). 한편 UTC는 실질적으로 동일한 이익을 가진 다른 수
익자가 합의를 할 수 없는 수익자를 대리해서 동의를 하는 것도 허용
하고 있다(§304). 이처럼 사실상의 대리를 허용하기 위한 대전제는 대
리인과 본인 사이에 이해관계의 충돌이 없어야 한다는 것이다.

Chapter 6

상속재산과 신탁의 관리
(Estates and Trusts Administration)

A. 수탁자의 지위

1. 수탁자의 지명과 임명

a. 지명과 수락

신탁문서는 '인격대표자(personal representative)' 또는 '수탁자 (trustee)'로 활동할 자연인 또는 법인을 지명해야 한다. 이들을 통칭하여 '수탁자(fiduciary)'라고 부른다. UPC에 따르면, 'fiduciary'라는 용어는 인격대표자, 수탁자, 재산관리인, 후견인을 포함하는 개념이다 [§1-201(15)]. 유언자는 수탁자로 지명한 사람이 수탁자로서의 의무를 이행할 수 없거나 이행하려고 하지 않을 때를 대비하여 승계수탁자를 지명해 두는 것이 바람직하다.

수탁자는 위탁자의 지명을 수락하거나 거절할 수 있다. 수탁자로 지명된 자는 신탁조건에 규정된 수락의 방식을 준수함으로써 지명을 수락할 수 있다. 만약 신탁조건이 수락의 방식을 규정하고 있지 않거나 수락의 방식을 규정하고 있더라도 그것이 명시적으로 배타적인 것이 아닌 경우에는, 신탁재산을 수령하거나 수탁자로서의 권한을 행사하거나 의무를 수행함으로써 지명을 수락할 수 있다[UTC §701(a)]. 수탁자로 지명된 자가 자신이 수탁자로 지명된 사실을 인식하고 난 후 합리적인 시간 내에 지명을 수락하지 않은 경우에는 지명을 거절한 것으로 간주된다[UTC §701(b)].

위탁자가 수탁자를 지명하지 않았거나 지명된 수탁자가 이를 거절하더라도 원칙적으로 신탁이 소멸하거나 설정되지 못하는 것은 아니다. 이러한 경우에는 법원이 필요하고 적당한 수탁자를 임명한다[Restatement(Third) of Trusts §31].

b. 법원에 의한 임명

법원은 통상적으로 상속에 있어서의 인격대표자나 유언신탁에 있어서의 수탁자를 임명해야 할 의무가 있다. 이때 특별한 사정이 없는 한 법원은 유언자가 지명한 사람을 거부할 수 없고 유언에 따라야 할 의무가 있는 것으로 인식되어 왔다(Rose v. O'Reilly[1]). 심지어 피상속인의 생존배우자와 자녀들의 반대에도 불구하고 피상속인의 내연녀를 피상속인의 유언에 따라 수탁자로 임명한 예도 있다(In re Nagle's Estate[2]).

수익자들이 유언자의 지명에 대해 거부권을 행사하는 것은, 그 지명된 자가 수탁자로서 행위할 수 있는 자격 내지 능력을 갖추고 있는한, 원칙적으로 허용되지 않는다. 이것은 유언자의 유언의사를 최대한 존중해야 한다는 관념의 표현이다. 그리하여 단순히 수탁자에게 지급해야 할 보수가 너무 많다는 이유로 유언에 의해 지명된 수탁자를 거부할 수는 없다. 예컨대 State ex rel. First National Bank & Trust Co. of Racine v. Skow 사건[3]에서 위스콘신주 대법원은, "유언에 의해 수탁자로 지명된 자가 수탁자로서 적합하지 않을 때에는 유언검인법원

---

1) Court of Appeals of Oregon, 841 P.2d 3 (1992). 이 사건에서 유언신탁의 수탁자가 사임하자 유언검인법원은, 유언자가 위탁자의 딸을 승계수탁자로 지명해 두었음에도 불구하고 다른 사람을 승계수탁자로 임명했다. 이에 대해 오리건주 항소법원은, 위탁자의 유언장에서 승계수탁자이자 수익자로 지정된 위탁자의 딸을 승계수탁자로 임명하지 않은 것은 부당하다고 판결했다.

2) Court of Appeals of Ohio, 317 N.E.2d 242 (1974). "Ms. Alice Williams가 유언자의 연인이었다거나 유언자에게 빚을 지고 있었다는 사정만으로 그녀를 수탁자로 임명하는 것을 거부할 수 없다."

3) Supreme Court of Wisconsin, 284 N.W.2d 74 (1979).

이 그 자에게서 수탁자의 자격을 박탈할 수 있지만, 수탁자로서 부적합하다는 것은 상속재산이나 신탁재산을 관리할 수 있는 능력의 결여를 말하는 것이므로, 수익자들이 보수를 주지 않아도 되는 다른 사람을 선호한다고 하여 유언에 의해 수탁자로 지명된 자를 부적합하다고 할 수는 없다"라고 판결했다.

그러나 만약 유언으로 수탁자를 지명하지 않았거나, 유언으로 지명한 수탁자들 중 아무도 수탁자가 될 수 없거나 되려고 하지 않을 경우에 법원은 법정 우선순위에 따라 수탁자를 임명한다. 보통 생존배우자, 자녀, 수증자, 상속인 등이 우선권을 가진다[UPC §3-203(a)].

c. 신탁법인과 공동수탁자

자연인뿐 아니라 법인도 수탁자가 될 수 있고, 최근에는 오히려 신탁법인이 수탁자가 되는 경우가 더욱 많아지고 있다. 신탁법인은 지속적이고 전문적으로 신탁을 관리해주는 장점은 있지만, 관리에 있어서 지나치게 방어적이고 보수적이며 개인적인 문제나 가족문제에 있어서 무감각하다는 비판을 받아 왔다.4)

유언자나 위탁자는 복수의 개인을 수탁자로 지명할 수도 있다. 실제로 많은 유언자나 위탁자들이 복수의 개인을 수탁자로 지명한다. 복수의 개인을 수탁자로 지명할 경우, 상호 감시와 협동을 통해 보다 투명하고 합리적인 관리가 가능할 수 있지만, 책임의 분산, 관리에 있어서의 의견 불일치, 수탁자의 보수에 대한 부담 등의 문제가 생길 수도 있다. 따라서 복수의 수탁자를 지명할 경우에는 유언장이나 신탁문서를 통해 책임 소재를 명확히 하고 정책 결정에 있어서 다수결에 의할 것인지 아니면 만장일치에 의할 것인지를 미리 정해 두어야 한다.5)

---

4) Sheldon G. Gilman, "Trustee Selection: Corporate vs. Individual," *Trusts and Estates* 29 (June/1984).

5) Elias Clark, supra 655-656.

2. 수탁자의 해임과 사임

수탁자가 신탁의무를 위반하거나 부정행위를 저지르거나 수탁자로서 부적합하다고 확인될 경우에는 법원이 수탁자를 해임시킬 수 있다(In re Estate of Jones[6]). 그러나 해임은 매우 극단적인 조치이기 때문에 법원은 보통 수탁자를 해임하는 것이 신탁재산이나 수익자의 보호를 위한 최선책일 경우에만 해임을 한다(UPC §3-611; UTC §706).

한편 수탁자는 관리가 종료되기 전에 스스로 사임할 수도 있다(UPC §3-610; UTC §705). 그러나 유언검인법원의 동의를 얻지 못하면 사임할 수 없다. 따라서 수탁자가 사임하기 위해서는 먼저 법원에 사임신청을 해야 하는데, 일반적으로 수탁자의 질병이나 수익자들과의 긴장관계 등이 사임을 위한 주된 사유들이다. 그러나 개인적인 불편함이나 업무 과중 등을 이유로 사임신청을 하는 경우에는 사임을 위한 정당한 사유가 아니라고 보아 종종 기각된다.[7] 수탁자가 사임할 수 있기 위해서는 수탁자의 임무를 승계할 승계수탁자가 임명되어 그에게 신탁재산이 이전되어야 한다. 따라서 승계수탁자가 될 사람이 아무도 없는 경우 사임은 효력이 없다. 즉 사임이 효력을 발하기 위해서는 승계수탁자의 임명과 신탁재산의 이전이 필요하다.[8]

승계수탁자의 존재와 사임의 효력발생 사이의 관계를 이해할 수 있는 좋은 사례가 In re Estate of Nelson 사건[9]이다. 이 사건의 유언자인 Ruth L. Nelson은 자신의 재정상담가인 Guy L. Robbins를 인격대표자로 지명했다. Robbins가 마지막 회계보고서를 법원에 제출한 후 상속인들 중 한 사람이 Robbins가 여러 건의 자기거래를 했다는 이유로 그를 고소하면서 인격대표자로서의 지위에서 해임시킬 것을 신청

---

6) Supreme Court of Washington, 93 P.3d 147 (2004).

7) Elias Clark, supra 658.

8) Gordon Brown, supra 304-305.

9) Supreme Court of Montana, 794 P.2d 677 (1990).

하자 Robbins는 인격대표자 '사직서(letter of resignation)'를 법원에 제출했다. 이에 대해 법원은 Robbins로부터 사직서를 받았음에도 불구하고 그를 인격대표자의 지위에서 해임했다. Robbins는 자신이 사직서를 제출한 이후에 해임하는 것은 부당하다며 상고했으나, 몬태나주 대법원은 상고를 기각했다. 인격대표자에 의한 자발적인 사임은 승계수탁자가 임명되고 그 승계수탁자에게 신탁재산이 이전되었을 때에만 유효한 것인데, 법원이 Robbins를 해임할 때까지 승계수탁자가 임명되지 않았기 때문에 Robbins의 사임은 효력이 없다는 것이 그 이유였다.

3. 수탁자의 보수

수탁자는 상속재산이나 신탁재산을 관리한 행위에 대해 보수를 받을 권리가 있다. 수탁자의 보수에 관하여는 주마다 각기 다른 방식으로 규정하고 있는데, UPC는 이에 관한 대표적인 하나의 예를 제시하고 있다. 이에 따르면, 인격대표자는 자신이 제공한 서비스에 대해 '합리적인(reasonable)' 보수를 받을 권리가 있다. 만약 유언장이 인격대표자의 보수에 관해 규정하고 있는데 이에 관하여 피상속인과 아무런 합의도 없었다면, 인격대표자는 임명되기 전에 유언 규정에 따른 보수를 포기하고 합리적인 보수를 요구할 수 있다. 인격대표자는 보수에 관한 권리의 전부 또는 일부를 포기할 수도 있다(UPC §3-719). 한편 UTC도 UPC와 마찬가지로 수탁자가 합리적인 보수를 받을 권리가 있다고 규정하고 있다. 어느 정도가 합리적인 보수인가는 수탁자의 업무량(시간)과 업무내용(난이도), 책임의 범위, 신탁재산의 규모, 수탁자의 활동에 의해 얻어지는 결과물 등을 종합적으로 고려하여 판단해야 할 문제로서 결국 법원이 이를 결정할 수밖에 없을 것이다.

한편 수탁자가 변호사인 경우 많은 주에서 신탁재산을 관리하는 변호사의 보수를 결정하는 '법정 요율표(statutory schedules)'를 마련하

고 있다. 수탁자가 변호사인 경우 과거에는 각 주의 변호사협회에서
만든 '최저 보수 요율표(minimum fee schedule)'에 따라 보수를 받는 것
이 관행이었다. 이것은 신탁재산의 가액에 기초하여 만든 것이었는데,
이처럼 최저 보수 요율표에 따라 정해진 보수를 받는 것이 「셔먼법
(Sherman Act)」[10] 위반이라는 연방대법원의 판결 이후 수탁자로서 활
동하는 변호사는 최저 보수 요율표에 따른 보수를 고수할 수 없게 되
었다(Goldfarb v. Virginia State Bar[11]). 그러나 이 판결이 변호사가 시간
당으로 보수를 청구하지 않고 신탁재산의 가액에 따라 개인적으로 '요
율표(fee schedule)'를 만들어 사용하는 것까지 금지하는 것은 아니다.
물론 이 요율표를 만드는 과정에서 다른 변호사들과 협력한 경우에는
역시 독점금지법 위반 문제가 생길 수 있을 것이다.[12]

B. 수탁자의 권한

'수탁자(trustee)'[13]의 관리권한은 원칙적으로 오로지 신탁을 설정
하는 문서로부터 기인한다. '수탁자(trustee)'에게는 기본적으로 '내재하
는(inherent)' 어떤 권한이라는 것이 본질적으로는 존재하지 않는다. 이
러한 점에서 수탁자는 유언집행인과 다르다. 유언집행인은 피상속인
의 재산을 인수하고, 채무를 변제하고, 수익자들에게 재산을 분배하는

---

10) 1890년에 미국 연방의회에서 각 주간(州間) 또는 국제 거래에서의 독점 및 거
래제한을 금지하기 위하여 제정된 법률로서 '셔먼 반트러스트법'이라고도 부른
다. 여덟 개 조문으로 이루어진 간단한 내용의 규정이지만 미국 반트러스트법
의 중요한 법원(法源)이며, 그 후에 제정된 클레이턴법이나 연방거래위원회법
과 함께 각국의 독점금지규제의 모델이 되었다(네이버 백과사전).
11) Supreme Court of the United States, 421 U.S. 773 (1975).
12) Elias Clark, supra 658-659.
13) 여기서의 '수탁자'는 인격대표자를 포함하는 광의의 '수탁자(fiduciary)'가 아니
라, 신탁의 '수탁자(trustee)'만을 의미한다.

권한을 내재적으로 가지고 있다. '수탁자(trustee)'의 임무는 단지 위탁자의 신탁의사를 수행하는 것으로서, 이는 신탁마다 다르다. 그러나 대다수의 주에서는 입법을 통해 '수탁자(trustee)'의 권한을 확대시키고 있다. 이러한 입법유형으로는 다음의 두 가지가 있다.[14)]

첫째, 법률에 수탁자의 권한을 열거해 놓고 위탁자가 그 열거된 권한의 전부 또는 일부를 신탁문서에 명시적으로 인용함으로써 이를 신탁조건과 결합시키는 것을 허용하는 입법례가 있다("Incorporate by express reference"). 이러한 입법례에 의할 경우, 신탁문서의 초안 작성자는 수탁자의 권한에 관하여 굳이 자세한 목록을 만들 필요 없이 법정 권한을 인용하기만 하면 된다.

둘째, 수탁자에게 기본적인 권한을 넓게 허용하는 입법례이다("Grant to trustees basic powers"). 이러한 입법례에 의할 경우, 신탁문서에 법정 권한을 명시적으로 인용할 필요가 없게 된다. 이러한 입법의 대표적인 예가 「통일수탁자권한법(Uniform Trustees' Power Act)」 §3이다.

UTC에 의하면, 수탁자는 법원의 허가 없이도, 신탁조건에 의해 수여된 권한 및 신탁조건으로 제한하지 않는 한 행위능력 있는 소유자가 단독으로 소유한 재산에 대하여 가지는 것과 같은 권한을 신탁재산에 대하여 가지며, 신탁재산에 관한 적절한 투자, 관리, 분배를 함에 있어서 필요한 다른 권한들을 가진다(UTC §815). 그리고 그 밖에도 UTC에 의해 수여된 권한들을 가지는데, UTC는 §816에서 그러한 권한들을 나열하고 있다. UTC의 공식 주석에 따르면, 이러한 규정을 둔 취지는 수탁자에게 가능한 최대한의 권한을 수여하기 위한 것이라고 한다.

한편 판례법 시스템을 취하는 미국에서는 수탁자의 권한이 판례에 의해서 인정될 수도 있기 때문에, 결국 오늘날 수탁자의 관리권한은 신탁문서, 법령, 판례로부터 도출된다고 볼 수 있다.

---

14) Jesse Dukeminier, supra 777.

C. 수탁자의 의무

1. 서 론

신탁관리에 있어서의 신속성과 융통성 등의 필요로 인해 현대 신탁법은 수탁자에게 광범위한 권한을 부여하는 방향으로 가고 있다. 그러나 그 대신에 수탁자에게 그에 상응하는 의무를 부과하는 것은 필수불가결하다. 즉 수탁자가 자신에게 허용된 권한을 적절히 행사하고 있는지 여부를 감시해야 할 필요가 있다. 이러한 의무는 기본적으로 수익자를 보호하기 위한 목적에서 나온 것이다.

수탁자는 신탁조건과 신탁목적에 부합하게, 그리고 수익자의 이익을 위해 '선의로(in good faith)' 신탁을 관리해야 할 의무가 있다(UTC §801). 이러한 일반적인 관리의무 이외에 수탁자에게는 여러 가지 구체적인 의무들이 있는데, 그 중 신탁의 근간이 되는 가장 중요한 의무가 바로 충실의무와 신중의무이다. 신중의무에서 다시 투자다각화의무, 신탁의무의 위임금지 등이 파생된다. 그 밖에 부수적인 의무로 수익자들을 공평하게 대우해야 할 의무(공정의무), 수익자들에게 합리적으로 신탁관리에 관한 정보를 제공할 의무(설명의무) 등이 있다.

수탁자가 복수로 지명되고 이들이 지명을 수락하면 이들은 '공동수탁자(Cotrustees)'가 된다. 공동수탁자들은 모두 수익자에 대해 신탁의무를 부담하며 다른 공동수탁자의 신탁의무위반에 대해서까지 함께 책임을 지는 것이 원칙이다. 전통적인 원칙에 의하면, 신탁문서에 반대 규정이 없는 한 공동수탁자들 중 일부가 단독으로 신탁재산을 처분할 수는 없으며 공동수탁자들은 만장일치에 따라 공동으로 행위해야 한다. 그렇기 때문에 공동수탁자는 다른 공동수탁자가 신탁의무를 위반하는 것을 알게 되었을 경우 이에 동조하거나 만연히 수수방관해서는 안 된다. 만약 그랬을 경우에는 공동수탁자는 다른 공동수탁자의

신탁의무위반행위에 대해 책임을 져야 한다. 15)

이처럼 공동수탁자들의 만장일치가 전통적인 원칙이었지만, 최근에 제정되는 법령들은 공동수탁자들이 어떠한 결정을 함에 있어서 만장일치에 이르지 못할 경우에는 다수결에 따라 결정할 수 있도록 하고 있다[UTC §703(a); Restatement(Third) of Trusts §39]. 만장일치가 요구되지 않을지라도 다른 공동수탁자의 심각한 신탁의무위반을 저지시켜야 할 의무는 그대로 남아 있다.

2. 충실의무(Duty of Loyalty)

a. 자기거래금지

충실의무의 핵심은 수탁자의 자기거래금지이다. 즉 수탁자는 신탁과 스스로 거래할 수 없다. 수탁자는 오로지 수익자의 이익을 위해서 신탁을 관리해야 하며 수익자의 이익에 앞서 자기 자신 또는 제3자의 이익을 우선시해서는 안 된다[UTC §802(a)]. 따라서 수탁자는 수익자와 이해관계가 충돌하는 행위를 해서는 안 된다. 이를 '유일한 이익의 원칙(Sole Benefit Rule)'이라고 부르기도 하는데, 이 원칙은 수탁자가 신탁재산을 유용한 경우에만 적용되는 것이 아니라 수탁자의 자기거래행위 내지 이익충돌행위로 인해 신탁이 아무런 손해도 입지 않은 경우 또는 오히려 신탁이 실질적으로 이익을 얻은 경우에도 적용된다.

이 원칙으로 인해 수탁자가 자신의 개인적인 계산으로 신탁재산에 관하여 체결한 계약은 그 자체로 무효가 될 수 있으며, 이를 위해 어떠한 추가적인 증거가 필요하지 않게 된다. 이를 '추가심리 불요의 원칙(No Further Inquiry Rule)'이라고 한다. 즉 법원은 수탁자의 이익충돌적인 자기거래를 그것이 신탁에 이익이 되는지 여부에 상관없이 무효로 만든다. 16) 유일한 이익의 원칙은 추가심리 불요의 원칙에 의해

---

15) Jesse Dukeminier, supra 790.

집행된다고 할 수 있다.

이러한 법원의 엄격한 태도는 뉴욕주 대법원의 Meinhard v. Salmon 판결17)로부터 많은 영향을 받은 것으로서, 현재까지도 대부분의 법원들이 이러한 태도를 견지하고 있다. 예컨대 In re Estate of Hines 사건18)에서 워싱턴 D.C.의 최고법원은, 인격대표자의 거래 조건이 공정한지 또는 가격이 적당한지 등과 상관없이 인격대표자가 신탁재산을 스스로 매수한 행위와 자신의 형제에게 매도한 행위를 무효화시켰다.

그러나 이러한 법원의 태도에 대해서는 "법원이 유일한 이익의 원칙을 적용함에 있어서 지나치게 융통성 없고 고집스러우며 유연하지 못한 것을 자랑해 왔다"라고 표현하며 비판하는 견해가 유력하다. 즉 John H. Langbein 교수는 다음과 같이 주장하고 있다. "유일한 이익의 원칙이 적용되는 충실의무의 근본 목적은 수익자의 최선의 이익을 증진시키는 것이다. 따라서 수탁자가 수익자의 최선의 이익을 증진시키기 위해 '신중하게(prudently)' 계약을 체결했다면 그것은 충실의무의 목적에 부합하기 때문에, 설사 이해관계의 충돌이 있을지라도 수탁자가 그와 같은 사실(수익자의 최선의 이익을 증진시키기 위해 신중하게 체결한 계약이라는 점)을 입증할 수만 있다면 그 계약은 유지되어야 한다."19)

그리하여 UTC는 이 문제에 관해 융통성을 보여주고 있다. 이에

---

16) John H. Langbein, "Questioning the trust law duty of loyalty: sole interest or best interest?," 114 *Yale Law Journal* 929 (2005).

17) Court of Appeals of New York, 164 N.E. 545 (1928). 이 판결문은 Benjamin N. Cardozo 당시 뉴욕주 대법원장이 작성한 것으로서, 향후 수탁자의 충실의무에 관한 중요한 지침이 되었다.

18) District of Columbia Court of Appeals, 715 A.2d 116 (1998). 워싱턴 D.C.의 법원시스템은 Superior Court와 Court of Appeals로 이루어져 있다. Court of Appeals가 D.C.의 최고법원으로서 다른 주 대법원과 대등한 지위를 가진다 (Wikipedia).

19) John H. Langbein, supra 931-934.

따르면, 수탁자가 자신과 가까운 친족(배우자, 직계비속, 부모, 형제자매 등)이나 자신의 변호사와 신탁재산에 관하여 거래를 한 경우, 그 거래는 이익충돌에 의해 영향을 받은 것으로 추정된다[§802(c)]. 즉 이러한 거래는 절대적으로 금지되는 것은 아니고 추정적으로 무효가 된다. 따라서 이러한 거래를 한 수탁자는 이익충돌에 의해 영향을 받지 않았다는 점, 구체적으로 말하면 그 거래가 객관적으로 공정하고 합리적이라는 점을 입증할 경우 충실의무위반으로 인한 책임으로부터 벗어날 수 있다.[20]

b. 충실의무위반의 효과

충실의무위반의 효과는 계약의 취소(또는 무효)와 이익의 반환, 그리고 손해배상이다. 수탁자의 충실의무위반으로 인해 신탁재산이 이미 제3자에게 양도된 경우에는, 그 양수인이 선의인지 악의인지 여부 및 양수대가를 지급했는지 여부에 따라 구제방법이 달라지게 된다. 양수인이 악의이거나 선의이더라도 대가를 지급하지 않은 경우에는 양수인은 그 재산을 보유할 수 없고 신탁재산으로 반환해야 한다[Restatement(Second) of Trusts §§288, 289]. 만약 양수인이 선의이고 대가를 지급한 경우에는 양수인은 그 재산을 보유할 수 있고, 결국 수탁자에 대해서만 책임을 추궁할 수밖에 없다. 이 경우 수탁자가 신탁재산을 처분한 대가로 다른 재산을 얻었다면, 수익자는 그 대가물에 대하여 의제신탁을 주장함으로써 그것을 신탁재산의 일부로 처리할 수 있다[Restatement(Second) of Trusts §§202, 284(1)]. 그러고도 남는 손해에 대해서는 수탁자에게 배상을 청구할 수 있을 것이다.

수탁자의 충실의무 및 그 위반의 효과(배상책임의 범위)에 관한 교과서적인 판례를 만들어낸 유명한 사건이 바로 현대 추상화의 거장인 마크 로스코(Mark Rothko)의 상속재산에 관한 사건이다(Matter of Estate

---

20) Jesse Dukeminier, supra 782.

of Rothko[21]). 위대한 추상표현주의 화가로 세계적인 명성을 얻은 로스코는 1970년 2월 25일에 사망하면서 엄청난 가치를 지닌 그림 798점을 상속재산으로 남겼다. 그리고 그는 세 명의 공동유언집행인을 지명했는데, 말보로 갤러리(Marlborough Gallery)의 관리자인 Bernard Reis 와 동료 화가였던 Theodoros Stamos, 그리고 교수인 Morton Levine 이 그들이었다. 로스코의 유언장은 1970년 4월에 검인이 승인되었고, 유언집행장이 위 유언집행인들에게 발부되었다. 그런데 이들은 그로부터 3주 만에 로스코의 모든 그림을 처분해 버렸다. 즉 유언집행인들은 로스코의 그림 중 가장 우수한 100점을 말보로 갤러리에게 180만불에 매매하면서 이자 없이 12년에 걸쳐서 대금을 지급하는 것에 동의하였다. 말보로 갤러리에 매매한 그림의 당시 시가는 9,000만불이 넘는 것이었다. 그리고 나머지 그림들의 판매마저도 말보로 갤러리에게 위탁했는데, 계약에 따르면 각 그림을 판매할 때마다 50%의 수수료를 말보로 갤러리가 받는 것으로 되어 있었다. 로스코가 사망하기 전인 1969년에 말보로 갤러리와 체결했던 계약에 의하면, 말보로 갤러리는 10%의 수수료를 받도록 되어 있었다. 그러자 로스코의 딸인 Kate Rothko와 아들인 Christopher Rothko는 유언집행인들에 대한 해임, 말보로 갤러리가 그림을 처분하는 것에 대한 금지, 유언집행인들과 말보로 갤러리 사이의 계약의 해지, 그리고 말보로 갤러리가 아직 가지고 있는 그림들의 반환 및 손해배상을 구하는 이 사건 소를 제기했다.

뉴욕주 법원은 증거에 의해 다음과 같은 사실을 밝혀냈다. ①

---

21) Court of Appeals of New York, 372 N.E. 2d 291 (1977). 마크 로스코는 러시아 출신의 미국화가로서 1903년에 출생하여 1970년에 뉴욕에서 사망하였다. 1940 년대에 들어서면서 초현실주의의 영향을 받은 후 '추상표현주의(abstract expressionist)' 작품에 도달하였다. 1947년경부터 큰 화면에 2개 또는 3개의 색면(色面)을 수평으로 배열한 작품을 제작했다. 주요 작품으로 뉴욕근대미술관(MOMA)에 소장되어 있는 '작품 10번'과 '작품 22번' 등이 있다(네이버 백과사전).

Reis는 이해관계가 심각하게 충돌하는 두 개의 지위(로스코의 신탁재산의 수탁자로서의 지위와 말보로 갤러리의 리자로서의 지위)를 가지고 있었다. ② Stamos는 Reis의 이익충돌 문제를 알면서도 예술가로서 성공하지 못하여 재정적으로 어려운 상황 속에서 말보로 갤러리의 비위를 맞춰서 자신의 평판을 높이는 등 개인적인 이익을 취하기 위해 부주의하게 행동했을 뿐 아니라,22) 그 자신도 말보로 갤러리와 거래를 하고 있었다. ③ Levine은 자기 자신의 이익을 위해 행동하거나 악의를 가지고 행동하지는 않았지만, Reis의 이익충돌 상황을 인식하고 있었고 Stamos가 개인적인 이익을 추구하고 있다는 것을 알고 있었음에도 불구하고 사실관계에 관한 조사나 이해관계 없는 다른 감정인으로부터의 자문도 구하지 않고 다른 공동유언집행인들의 의견에 만연히 따름으로써 그에게 부과된 신탁의무를 통상적인 신중함을 가지고 수행하는 데 실패했다. 그리하여 결국 세 명의 유언집행인들이 모두 신탁의무를 위반했으므로 그림의 매매가격과 매매당시의 시장가격 사이의 차액에 대해서 책임을 져야 하고, 특히 Reis와 Stamos는 매매 이후의 가치상승분에 대해서까지 책임을 져야 한다고 판결했다. 이 판결에서 수탁자의 충실의무와 관련된 핵심적인 판시사항을 요약하면 다음과 같다.

"수탁자에게 부과되는 충실의무는 수탁자가 신탁과 사업상의 거래를 하고 있는 제3자에게 고용되는 것을 금지한다. 신탁을 관리하는 동안 수탁자는 자신의 이익이 수익자들의 이익과 충돌하는 상황을 만들어서는 안 된다. 그런데 Reis는 로스코의 신탁과 거래를 하는 제3자인 말보로 갤러리에게 고용된 상태였고, Stamos 역시 이익충돌의 상황에서 자신의 이익을 추구했다. 수탁자가 신탁의무를 위반하여 신탁재산을 악

---

22) 실제로 말보로 갤러리는 이 사건 로스코의 그림들에 관한 매매계약 무렵에 Stamos의 그림을 제3자로부터 4천불에 구입했다.

의의 제3자에게 양도한 후 그 제3자가 그 재산을 처분해버렸다면 그 재산은 반환될 수 없으므로, 수탁자에게 법원의 판결 당시의 시가에 대한 배상책임, 즉 가치상승으로 인한 손해배상책임을 지우는 것이 합당하다. 왜냐하면 신탁의무위반행위가 없었더라면 그 재산은 신탁재산의 일부로 남아 있었을 것이기 때문이다. 이것은 징벌적 손해배상이 아니라 신탁재산을 손해가 없는 완전한 상태로 만들기 위한 배상이다. 따라서 Reis와 Stamo는 Levine이 부담해야 하는 '부주의(negligence)'로 인한 책임을 함께 져야 할 뿐 아니라, 이들은 이익충돌의 위치에 있었으므로 그림의 가치 상승으로 인한 손해에 대해서까지 배상해야 할 책임이 있다. 그러나 Levine은 이익충돌의 위치에 있지 않았고 그 자신의 이익을 위해서 행동하지 않았기 때문에 말보로 갤러리에게 판매된 그림의 매매당시 실제 가격에 대해서만 배상책임이 있다."[23]

c. 예 외

유일한 이익의 원칙과 추가심리 불요의 원칙은 절대적인 것이 아니다. 입법부와 사법부는 이 원칙에 대한 예외를 발전시켜 왔다. 예를 들어 대부분의 주에서는 수탁자로 활동하는 은행이 신탁재산을 자신의 은행부서에 입금시키는 것을 허용하고 있으며, '기관수탁자(institutional trustee)'가 신탁재산을 그 기관이 운용하고 있는 펀드에 투자하는 것을 허용하고 있다[UTC §§802(f), 802(h)(4)]. 이러한 예외를 인정하는 이유는, 이것을 자기거래라 하여 금지할 경우 발생하게 될 비

---

23) 이처럼 수탁자와 갤러리에게 그림의 가치 상승으로 인한 손해까지 배상하라고 요구하는 것은 부당하고, 그림의 매매와 재매매로 인해 갤러리가 얻은 이익과 그 이자로 배상책임을 제한하는 것이 옳다는 견해로는, Richard V. Wellman, "Punitive Surcharges Against Disloyal Fiduciaries-Is Rothko Right?," 77 *Michigan Law Review* 95 (1978). Wellman 교수는 "수탁자가 신탁재산을 매매할 권한이 있는 경우와 그러한 권한이 없는 경우는 구별해야 한다. 전자의 경우에까지 가치상승으로 인한 손해를 배상시켜서는 안 된다"라고 주장했다. Wellman, supra 113.

효율을 막기 위해서이다.24)

수탁자가 자신의 개인적인 계산으로 신탁재산에 관하여 체결한 계약 또는 신탁의 이익과 수탁자 개인의 이익 사이에 충돌이 발생하는 계약은 원칙적으로 충실의무위반으로서 무효가 될 수 있다. 그러나 다음과 같은 경우에 해당될 때에는 예외적으로 무효가 되지 않는다[UTC §802(b)].

① 그 거래가 신탁조건에 의해 허용된 경우

② 그 거래가 법원에 의해 승인된 경우

③ 수익자가 제소기간(§1005) 내에 사법절차를 개시하지 않은 경우

④ 수익자가 수탁자의 행위에 동의하거나 거래를 비준하거나 수탁자를 신탁의무위반의 책임으로부터 해방시켜 준 경우

⑤ 수탁자가 되기 전 또는 수탁자로 고려되기 전에 체결된 계약과 관련된 거래인 경우

이러한 경우에 해당될 때에는 비록 수탁자가 이익충돌적인 거래를 하더라도 그 거래는 유효하고 수탁자는 그에 대해 책임을 지지 않게 된다. 그러나 이처럼 자기거래가 허용되는 경우라 하더라도 수탁자는 선의로 행위해야 하고, 그 거래는 객관적으로 공정하고 합리적이어야 한다[Restatement(Second) of Trusts §§170(2), 216(3)].

특히 이 중에서 현실적으로 많이 이용되는 것이 ①의 경우이다. 즉 위탁자는 신탁문서에 '책임면제조항(exculpatory clauses)'을 명시함으로써 수탁자를 충실의무위반으로 인한 책임으로부터 면제시켜 줄 수 있다. 책임면제조항은 수탁자의 자기거래로 인한 책임으로부터 수탁자를 면제시켜준다. 그리하여 수탁자는 신탁조건에 의해 허용되는 한, 자기 자신의 이익을 위해 수탁자로서의 권한을 사용할 수도 있다. 그러나 책임면제조항에도 불구하고 수탁자가 악의, 중과실, 사기 등으로

---

24) Jesse Dukeminier, supra 781.

충실의무를 위반한 경우에는 책임이 면제되지 않는다고 보는 것이 일반적이다(Texas Commerce Bank v. Grizzle[25]; Schildberg v. Schildbg[26]).

한편 명시적인 책임면제조항이 없을지라도 위탁자가 수탁자를 이익충돌 상황에 처하게 만든 경우에는 수탁자에게 충실의무위반에 대한 책임을 면제시켜주는 경우가 있다. 예컨대 유언자가 어떤 비공개회사의 이사들을 인격대표자로 지명하면서 상속재산과 관련된 비용을 그 비공개회사의 주식을 처분하여 지급하도록 지시한 경우, 인격대표자들이 유언을 따르기 위해 상속재산으로부터 그 비공개회사에게로 주식을 매도함으로써 이익충돌이 일어날지라도 그러한 사실만으로는 인격대표자들이 충실의무에 위반했다고 볼 수 없다(Goldman v. Rubin[27]).

3. 신중의무(Duty of Prudence)

a. 주의의무(Duty of Care)

신중의무는 신중하게 신탁을 관리해야 할 의무를 말한다. 이것은 충실의무와 함께 수탁자의 가장 기본적인 의무이다. 신중하게 신탁을 관리하기 위해서 반드시 필요한 것이 '주의의무(Duty of Care)'이다. 그리하여 신중의무는 수탁자에게 객관적인 주의의무를 부과한다. 제2차 신탁법 리스테이트먼트는 수탁자가 부담하는 주의의무의 기준에 관한 전통적인 설명방식을 취하고 있다. 이에 따르면 수탁자는 수익자에 대

---

25) Supreme Court of Texas, 96 S.W.3d 240 (2002). "책임면제조항은 수탁자가 자기거래를 하는 것에 대한 책임을 면제시켜 주는데, 이 사건 수탁자의 행위는 신탁문서하에서 책임을 추궁할 만한 중과실, 악의, 사기에까지 이르지는 않았다."

26) Supreme Court of Iowa, 461 N.W.2d 186 (1990). "수탁자가 자신의 이익을 증진시키기 위해 수탁자로서의 권한을 행사한 것은, 신탁조건에 의해 허용된 것으로서 악의의 입증이 없는 이상 해임사유가 될 수 없다."

27) Court of Appeals of Maryland, 441 A.2d 713 (1982).

하여 보통의 신중함을 가진 사람이 자기 자신의 재산을 처리하는 데 있어서 기울이는 정도의 주의를 기울여서 신탁을 관리해야 할 의무를 부담한다(§174). UTC는 이러한 설명을 다음과 같이 현대화시켰다. "수탁자는 신탁의 목적, 조건, 분배요건, 기타 사정들을 고려함으로써 신중한 사람이 하듯이 신탁을 관리해야 한다. 이러한 기준을 만족시키기 위하여 수탁자는 '합리적인 주의(reasonable care)'를 기울여야 한다"(§804).

b. 신중한 사람의 원칙(Prudent Man Rule)

신중의무가 빛을 발하는 것은 신탁재산의 투자에 관한 영역에서 이다. 이에 관한 전통적이고 지배적인 원칙은 '신중한 사람의 원칙(Prudent Man Rule)'이었다. 메사추세츠주 대법원이 1830년 Harvard College v. Amory 사건28)에서 이 원칙을 제시한 이후로 최근까지 미국의 모든 주에서 이 원칙을 따랐다. 수탁자가 신탁투자를 함에 있어서는, 신중하고 총명한 사람이 투기에 관해서가 아니라 투자하는 자본의 안전성과 개연성 있는 수익을 고려하여 자기 자금의 영구적인 처분에 관해서 행동하는 것처럼 스스로 '충실하게(faithfully)' 행동해야 하고 '건전한 재량(sound discretion)'을 행사해야 한다는 것이 이 판결의 취지였다. 즉 수탁자가 신탁투자를 할 때에는 신중하고 총명한 사람이 자기 재산을 처분할 때처럼 충실하고 신중하게 투자를 해야 하며, 투자 원금의 안전성과 수익의 개연성이 낮은 투기를 해서는 안 된다는 것이다.

이 판결의 뒤를 이어 뉴욕주 대법원은 1869년 King v. Talbot 사건29)에서 메사추세츠주 판결을 보다 구체화시켰고 수탁자의 투자영역과 재량을 더욱 좁혔다. 그 판시내용은 다음과 같다.

---

28) Supreme Judicial Court of Massachusetts, 26 Mass. 446 (1830).
29) Court of Appeals of New York, 40 N.Y. 76 (1869).

"수탁자는 신중하고 총명한 사람이 일반적으로 자기 자신의 문제를 처리함에 있어서 기울이는 주의와 신중함, 그리고 근면함을 가지고 신탁투자를 해야 한다. 이러한 요구는 필연적으로 모든 투기와 불확실하고 의심스러운 모든 투자를 배제시킬 뿐 아니라 신탁의 본질과 목적을 고려하지 않은 모든 것을 배제시킨다."[30]

1959년 제2차 신탁법 리스테이트먼트도 이 원칙을 채택했다 (§227). 이에 따르면, 수탁자는 신탁재산을 투자함에 있어서 신중한 사람이 자신의 재산을 투자하는 것과 같이 투자해야 한다.[31] 이 원칙은 수탁자의 위험한 투자, 즉 투기행위를 금지한다. 그런데 만약 수탁자가 투기적인 투자를 함으로써 손해가 발생한 경우에는 수탁자가 개인적으로 책임을 져야 하며, 수탁자가 설사 다른 투자를 통해 이익을 얻었다 할지라도 이것이 투기행위로 인한 손실을 상쇄시키지는 못하는 것으로 인식되어 왔다. 즉 법원은 수탁자의 신중의무를 분석함에 있어서 투자 포트폴리오를 전체적으로 보지 않고 개별 투자들을 따로 격리시켜서 각 투자마다 신중의무위반 여부를 판단했다.[32]

1970년대까지 거의 모든 주가 이 원칙을 채택했지만, 이 원칙에 관해서는 지속적으로 강한 비판이 제기되어 왔다. 왜냐하면 이 원칙은 수탁자로 하여금 신탁투자를 함에 있어서 책임을 두려워하여 극도로 조심스럽고 소극적으로 대응하도록 만들었기 때문이었다. 특히 수탁자가 법인이거나 변호사로부터 적절히 조언을 받은 경우에는 더욱 그

---

30) 이 판결은, 허용되는 투자의 유형을 법으로 열거해 놓는 이른바 '법정목록 접근방식(Legal List Approach)'의 시발점으로 작용했다는 점에서 메사추세츠주 판결과 차이점이 있다는 견해로는, Elias Clark, supra 694.

31) 이처럼 원래 이 원칙은 신중한 사람이 '자기 자신'의 문제를 처리하는 경우를 상정하고 있지만, UPC는 이것을 신중한 사람이 '다른 사람'의 문제를 처리하는 것과 같이 해야 하는 것으로 변형시켰다(§7-302).

32) Elias Clark, supra 693-695.

러했다. 그들은 신탁원본을 지키기 위해 오로지 안전한 투자만으로 투자에 관한 포트폴리오를 구성하고 원본의 증가에 관해서는 별로 관심을 기울이지 않은 채 작은 모험조차도 회피하기에 이르렀다. 이것은 결국 신탁재산이 처음의 금전가치만을 유지한 채 실질적인 가치상승은 전혀 이루어지지 않는 결과를 가져오게 된다.[33]

이 원칙의 문제점을 극명하게 드러낸 대표적인 사건이 In re Chamberlain's Estate 사건[34]이다. 이 사건 당시(1929년 8월경) 주식시장의 상황이 매우 불건전하고 주식 가치가 지나치게 부풀려졌으며 주식시장의 붕괴가 곧 일어날 것이 거의 확실하다는 사실은 전문가들뿐 아니라 일반대중들에게도 상식이었다. 그럼에도 불구하고 위 사건에서 유언집행인은 '신중한 사람의 원칙'을 고지식하게 준수하여 상속재산인 주식을 즉시 팔지 않았고, 그 결과 상속재산에 커다란 손해를 초래했다.

c. 신중한 투자자의 원칙(Prudent Investor Rule)

이러한 문제점과 비판을 수용하여 1992년 제3차 신탁법 리스테이트먼트는 '신중한 사람의 원칙'을 대신하는 신탁투자에 관한 새로운 원칙을 도입했다. 그것이 바로 '신중한 투자자의 원칙(Prudent Investor Rule)'이다. 그리고 그 뒤를 이어 '통일법위원회(Uniform Law Commission)'가 1994년에 「통일신중투자자법(Uniform Prudent Investor Act)」을 제정했는데, 현재 거의 모든 주에서 이 법률을 채택하고 있다.

이 법률은 제2조에서 신중한 투자자의 원칙에 관하여 규정하고 있는데 이에 따르면, 수탁자는 신탁의 목적, 조건, 분배요건 기타 사정들을 고려함으로써 신중한 투자자가 하듯이 신탁 자산을 투자하고 관리해야 한다. 이 기준을 만족시키기 위해 수탁자는 '합리적인 주의

---

33) Jeffrey N. Gordon, "The Puzzling Persistence of The Constrained Prudent Rule Man," 62 *New York University Law Review* 52 (1987).

34) Prerogative Court of New Jersey, 156 A. 42 (1931).

(reasonable care)'를 기울이고 '기술(skill)'과 '조심성(caution)'을 발휘해
야 한다[(a)]. 그리고 수탁자가 신탁 자산을 투자하고 관리함에 있어서
는, 일반적인 경제상황, 인플레이션 또는 디플레이션의 영향, 세금, 각
각의 투자가 종합적인 신탁 포트폴리오 안에서 수행하는 역할, 자본의
가치상승과 수입으로부터 예상되는 전체 수익, 수익자들의 다른 재원,
수입의 유동성과 규칙성, 자본의 보존과 가치상승, 신탁목적과 자산의
특별한 관계 또는 특별한 가치 등의 요소들을 고려해야 한다[(c)]. 수탁
자가 할 수 있는 투자의 유형에는 제한이 없으며 이 법률의 기준에 부
합하는 어떠한 종류의 투자라도 할 수 있다[(e)]. 개별 자산에 관한 수
탁자의 투자 및 관리 결정은 개별적으로 따로 평가되어서는 안 되고
신탁 포트폴리오의 문맥에 따라 전체적으로, 그리고 신탁에 맞는 수익
목표와 위험성을 함께 가지는 종합적인 투자전략의 한 부분으로 평가
되어야 한다[(b)].

　　수탁자가 이러한 원칙에 부합하게 신탁재산을 관리하고 투자했는
지 여부는, 투자결정이 행해진 때를 기준으로 판단해야 하는 것이지
투자결정이 있고 난 이후에 일어난 상황변화를 고려하거나 사후에 얻
어진 이익을 고려하여 판단해서는 안 된다. 즉 신탁의무위반이 있는지
여부는 수탁자가 신중하게 행동했는지에 달린 것이지 투자결정의 종
국적 결과에 달린 것이 아니다. 수탁자는 신탁투자의 보증인이 아니기
때문이다.35)

　　John H. Langbein 교수는 신중한 투자자의 원칙을 천명한 통일신
중투자자법에 관하여 다음과 같이 의미를 부여하고 있다. "이 법률은
수탁자가 투자할 수 있는 범주를 유형별로 나누어 제한하는 구시대적
인 접근을 철폐했으며, 투자로 인한 수익이 위험과 상호 밀접하게 연
관되어 있다는 점을 인정했다. 이 법률은 투기를 피해야 한다는 낡은
집착으로부터 수탁자를 해방시키고자 했다. 그러나 그렇다고 하여 수

---

35) Restatement(Third) of Trusts §227에 관한 공식 주석의 설명이다.

탁자가 터무니없이 사행적인 투기를 할 것이라고 걱정할 필요는 없다. 대부분의 신탁에 있어서 위험/수익 분배의 한계는 과거와 다르지 않을 것이다. 새로운 원칙이 가져온 변화는, 수탁자가 각각의 특정한 신탁의 위험에 대한 수인한도를 조사하고 그에 따라 신탁투자에 관한 방침을 세울 수 있다는 것이다."36)

제3차 신탁법 리스테이트먼트와 통일신중투자자법이 만들어지기 전에 이미 신중한 투자자의 원칙에 따른 선도적인 판결이 있었다. 바로 Estate of Collins 사건37)에 관한 1977년 캘리포니아주 항소법원의 판결이다. 이 사건은 유언신탁의 수탁자들이 신탁원본의 2/3를 특정 부동산에만 투자하는 등 신탁재산을 부적절하게 투자하였다는 이유로 수익자들(유언자인 Collins의 아내와 자녀들 및 부모)이 소송을 제기한 사건이다. 이 사건에서 1심 법원은 전통적인 이론에 기초하여 수탁자들이 신중의무를 위반하지 않았다고 판결했다. 그러나 캘리포니아주 항소법원은, 수탁자들이 투자에 관한 적절한 조사도 없이 신탁원본의 2/3를 특정 부동산에만 투자한 것은 유언신탁의 관리에 관하여 '신중한 투자자(prudent investor)'의 기준을 지키지 않은 것이라고 하면서 1심 판결을 취소했다. 그러면서 수탁자들이 책임을 져야 하는 이유는, 그들이 장래에 일어날 일에 관한 통찰력을 결핍했기 때문이 아니라 투자 당시 일어나고 있었던 일에 관한 정보를 결핍하고 무시했기 때문이라고 부연설명했다.38) 다른 모든 법원들이 신중한 사람의 원칙에 따라 판결을 하고 있던 당시에 새로운 기준을 적용한 파격적이고 획기적인 판결이라고 하지 않을 수 없다.

---

36) John H. Langbein, "The Uniform Prudent Investor Act and The Future of Trust Investing," 81 *Iowa Law Review* 641, 650 (1996).

37) Court of Appeals of California, 139 Cal.Rptr. 644 (1977).

38) 이 판결은 뒤에서 살펴볼 투자다각화의무의 관점에서 이해될 수도 있을 것이다. 실제로 이 사건에서 캘리포니아주 항소법원은, 수탁자들이 투자를 다각화하지 못했음을 지적했다.

신중한 투자자의 원칙은 다음에서 살펴볼 투자다각화의무와 위임 금지원칙에 관한 인식의 전환에도 직접적인 영향을 미쳤다. 따라서 투자다각화의무와 신탁의무의 위임 문제는 신중의무의 일환으로 설명하는 것이 논리적이겠으나, 논의의 편의를 위해 병렬적인 새로운 항으로 나누어 설명한다.

d. 유언집행인의 투자의무

전통적으로 유언집행인에게는 상속재산을 투자해야 할 의무가 없었다. 그들의 주요 임무는, 피상속인의 재산을 인도받아 피상속인의 채무를 변제하고 그 나머지를 유언 또는 무유언상속법에 따라 분배하는 것이었다. 그러나 안전하면서도 현금화하기 쉬운 유동성 자산이 증가함에 따라, 유언집행인이 상속재산을 관리하는 동안 그 재산을 그냥 놀리지 않고 최소한의 투자 활동을 할 것이 요구되고 있다. 그리하여 펜실베이니아주 법원은 유언집행인이 적절한 시기에 상속재산을 처분하거나 투자하지 않고 장기간 그대로 방치한 경우에는 그것에 대해 책임을 져야 한다는 취지로 판결했다(In re Estate of McCrea[39]; Estate of Bruner[40]).

4. 투자다각화의무(Duty of Diversification)

a. 신중한 사람의 원칙하에서의 투자다각화의무

투자다각화의무는 마치 그것이 신중한 투자자의 원칙으로 인해 탄생한 새로운 의무인 것처럼 인식되기도 하지만, 사실 신중한 사람의 원칙이 지배하던 시대에도 손실의 위험을 최소화하기 위하여 수탁자는 투자를 다각화해야 할 의무가 있는 것으로 이해되어 왔다. 다만 모

---

39) Supreme Court of Pennsylvania, 380 A.2d 773 (1977).
40) Superior Court of Pennsylvania, 691 A.2d 530 (1997).

든 법역에서 투자다각화의무를 독립된 별개의 의무로 인정한 것은 아
니었고, 투자를 다각화하지 않았다는 사정을 단지 신중한 투자였는지
여부를 결정하는 하나의 요소로 파악하는 법역도 있었다(신중의무위반
의 판단요소). 투자다각화의무를 독립된 의무로 인정하는 법역에서도
수탁자가 특정한 상황에서 신중한 사람의 원칙을 위반했는지 여부를
결정하는 정해진 공식은 존재하지 않았으며, 그것은 각 사안의 사실관
계와 제반 사정들에 관한 검토에 달려 있었다. 신중한 사람의 원칙하
에서 수탁자는 적절한 투자결정을 하기 위하여 다양한 요소들을 고려
해야 하는데, 신탁재산의 가액, 수익자들의 상황, 가격의 동향, 생활비
용, 인플레이션과 디플레이션에 관한 전망, 투자의 시장성, 세금 등이
그것이다(In re Estate of Janes[41]).

위 In re Estate of Janes 사건은 신중한 사람의 원칙하에서의 투
자다각화의무에 관한 중요한 판결이다. 이 사건의 유언자인 Rodney
B. Janes는 상원의원을 지냈던 사업가였는데 1973년 5월에 사망했다.
그의 유일한 상속인은 아내인 Cynthia W. Janes뿐이었다. 유언자는
350만불의 상속재산을 남겼는데, 그 중 250만불이 주식이었고, 그 주
식 중 71%는 코닥회사의 보통주 13,232주였다. 유언자가 사망할 당시
그 코닥주식은 한 주당 135불의 가치가 있었다. 유언장에 따르면, 상
속재산의 50%로 이루어진 '부부공제신탁(Marital Deduction Trust)'[42]을
설정하여 아내가 사망할 때까지 신탁수익을 아내에게 지급하도록 했
고, 나머지 상속재산으로 공익신탁을 설정했다. 유언자는 Cynthia와
Lincoln Rochester Trust Company를 공동유언집행인으로 지명했으
나, Cynthia는 어떠한 사업경험이나 고용경험도 없는 평범한 주부였기
때문에 상속재산의 관리는 사실상 신탁회사가 주도적으로 담당했다
(이하 신탁회사를 '유언집행인'이라고 칭한다). 그런데 유언자가 사망한 이

---

41) Court of Appeals of New York, 681 N.E. 2d 332 (1997).

42) 부부 사이의 상속에 관한 세금을 공제해주는 신탁제도로서 '상속계획(Estate
   Planning)'의 주요한 방법 중 하나이다.

후 코닥주식은 지속적으로 가치가 떨어져서 1973년 말에는 한 주당 109불이 되었고, 1년 후에는 63불, 1977년 말에는 51불, 1978년 3월에는 40불이 되었다. 유언집행인은 1980년 2월에 처음으로 회계장부를 제출했으나, 이에 대해 먼저 Cynthia가 이의를 제기했고, 그 후 공익신탁의 수익자들을 대신하여 법무부장관이 이의를 제기했다. 이의제기자들은, 유언집행인이 1973년 7월부터 1980년 2월까지―이 기간 동안 코닥주식의 가치는 유언자의 사망당시에 비해 1/3로 떨어졌다―신탁을 관리하면서 신탁재산 중 코닥주식의 비율을 지나치게 높게 유지한 것은 N.Y. EPTL이 요구하는 신중한 사람의 원칙을 위반한 것이라고 주장했다.[43] 이에 대해 뉴욕주 대법원은, 유언집행인은 하나의 유가증권에만 지나치게 집중된 신탁재산(코닥주식)을 처분하여 현금화해야 할 의무가 있는데도 불구하고 하나의 유가증권에만 집중된 투자를 그대로 유지한 것은 신중의무를 위반한 것이라고 판결했다. 이 판결에서 뉴욕주 대법원은 신중한 사람의 원칙하에서의 투자다각화의무에 관하여 자세한 설시를 남겼다. 그 내용을 요약하면 다음과 같다.

"신탁재산이 코닥주식에 지나치게 집중된 상태를 그대로 유지한 것은, 신중한 사람의 원칙하에서 투자결정을 함에 있어서 수탁자의 중대한 의무를 위반한 것이다. 첫째, 유언집행인은 코닥주식에 대한 투자를 신탁재산의 전체적인 포트폴리오와 관련하여 고려하지 못했다. 둘째, 유언자의 생존배우자는 72세의 노인으로서 생활비용과 의료비용이 점차 많이 필요하게 될 것이라는 점과 이에 따라 많은 현금이 필요하게 될 것이라는 점이 충분히 예상되었고, 이 사건 유언신탁은 바로 그러한 필요를 위해 설정되었다. 그럼에도 불구하고 유언집행인은 신탁재산의 주식 중 코닥주식이 71%를 차지하는 투자 포트폴리오를 유지함에 있어서 생

---

43) 유언집행인이 이 사건 신탁을 관리하던 1973년부터 1980년에는 뉴욕주가 신탁 투자에 관하여 신중한 사람의 원칙을 따르고 있었다(N.Y. EPTL 11-2.2).

존배우자를 위한 충분한 주의를 기울이지 않았다. 셋째, 신탁투자를 함에 있어서 유언집행인은 '법인수탁자(corporate fiduciary)'로서 마땅히 가져야 할 기술과 적절한 주의를 기울이지 않았다. 즉 유언집행인은 신탁재산을 정식으로 분석하여 유언자의 주된 목적에 부합하는 투자계획을 세우지 않았다. 그리고 법인 내부에서 제시한 투자 포트폴리오의 집중에 관한 충고도 따르지 않았다. 게다가 코닥주식의 가치가 지속적으로 감소한 7년 동안 투자대안을 고려하지 않았다. 따라서 유언집행인은 신중의무를 위반했다."[44]

b. 신중한 투자자의 원칙하에서의 투자다각화의무

신중한 사람의 원칙하에서는 신탁재산의 손실을 최소화하기 위하여 일반적으로 신중의무의 해석을 통해 수탁자에게 투자다각화의무를 부과하였다. 그러나 통일신중투자자법은 신중한 투자자의 원칙을 천명하면서 명시적으로 수탁자에게 투자다각화의무를 부과하고 있다. 즉 이에 따르면, 특별한 상황으로 인해 투자를 다각화하지 않는 것이 신탁의 목적 수행에 보다 적합하다고 합리적으로 판단되지 않는 한,

---

44) 이 사건에서 유언집행인이 신중의무를 위반했다는 점에 관하여는 1심, 항소심, 대법원의 견해가 모두 일치했다. 다만 유언집행인이 책임을 져야 하는 손해의 범위에 관해서는 1심과 항소심의 견해가 엇갈렸다. 즉 1심은 '잃어버린 이익(lost profit)' 내지는 '시장지수(market index)' 이론에 근거하여, 코닥주식이 적절히 투자되고 다각화되었더라면 산출해 낼 수 있었던 이익이 손해라고 판결했다. 그러나 항소심은 '잃어버린 자본의 가치(the value of the capital that was lost)'가 바로 손해라고 하면서, 유언집행인은 주식을 매도했었어야 할 당시의 주식가치와 실제로 매도한 때의 가치 사이의 차액에 대해서만 책임을 지면 된다고 판결했다. 뉴욕주 대법원은 항소심의 견해를 지지했다. 그 이유에 관하여 뉴욕주 대법원은 다음과 같이 설시했다. "이 사건 유언집행인은 임의로 자기거래를 했다거나 충실의무에 위반하여 신탁재산을 이전시킨 것이 아니라 단지 매도했었어야 할 주식을 '부주의하게 보유(negligent retention)'하고 있었을 뿐이다. 따라서 1심이 손해액을 산정함에 있어서 충실의무위반에 관한 Matter of Rothko 사건을 참고한 것은 잘못이다."

수탁자는 신탁투자를 다각화해야 할 의무가 있다(§3).

신중한 투자자의 원칙하에서 투자다각화의무는 단순히 손실을 피하는 것 이상의 역할을 수행하는 것으로 이해되고 있다. 현대 신탁법이 투자의 다각화를 요구하는 이유는, 단순히 수탁자가 과도한 위험을 인수하지 말 것을 충고하거나 신탁목적에 적합하지 않은 고도의 위험을 인수하지 말 것을 충고하는 것에만 있는 것이 아니다. 투자다각화의 일반적인 의무는, 수탁자가 적절한 주의와 기술을 사용해야 할 의무에 입각하여 수탁자에게 불량한 위험—보증되지 않은 손실의 위험 또는 상응하는 이익획득의 기회가 없는 위험—을 인수하지 말도록 경고한다. 수탁자가 위험을 인수하는 것이 현실적으로 금지된다거나 어떤 임의적인 상한에 따라야 하는 것은 아니지만, 그러한 위험인수는 신중하게 행해져야 할 것이 요구된다. 그러한 신중의무의 가장 중요한 점은, 보상되지 않는 위험을 투자다각화를 통해 감소시키는 것이다.45)

그러나 투자다각화의무는 충실의무와 같은 절대적인 가치를 지니는 의무가 아니다(In re Trust Created by Inman46)). 투자다각화는 그 자체가 목적이 아니라 신탁의 목적을 효과적으로 달성하기 위한 수단일 뿐이다. 비록 투자를 다각화하는 것이 신탁과 수익자를 위해 일반적으로는 바람직한 일이지만, 투자를 다각화했다고 해서 언제나 그로 인한

---

45) Restatement(Third) of Trusts §227(Prudent Investor Rule)에 관한 공식 주석의 설명이다.

46) Supreme Court of Nebraska, 693 N.W.2d 514 (2005). 이 사건의 수탁자는 신탁 부동산의 일부를 자기 자신에게 매도하기 위해 법원에 그 승인을 신청했다. 그러면서 수탁자가 제시한 논거가 바로 투자다각화의무였다. 즉 수탁자는 「네브라스카주 통일신중투자자법(Nebraska Uniform Prudent Investor Act)」에 따라 신탁재산의 투자를 다각화하기 위하여 신탁 부동산의 일부를 (자신에게) 매매하려고 하는 것이라고 주장했다. 이에 대해 네브라스카주 대법원은 수탁자의 신청을 기각하며 다음과 같이 판시했다. "수탁자가 제안한 매매를 법원이 승인하도록 강요하는 식의 절대적인 투자다각화의무는 존재하지 않는다. 수탁자는 자신이 제안한 매매가 오로지 수익자의 이익을 위해 신탁을 관리해야 하는 자신의 의무와 부합한다는 점을 입증하지 못했다."

책임으로부터 벗어날 수 있는 것은 아니다. 결국 중요한 것은 수탁자가 얼마나 신중하게 신탁을 관리했느냐이다.

예컨대 In re Scheidmantel 사건[47]을 보면, 위탁자가 설정한 생전신탁은 수익자가 사망하면 종료하는 것으로 되어 있었다. 그럼에도 불구하고 수익자가 사망하기 직전에—수익자의 신체적, 정신적 건강상태가 급격하게 악화되고 있던 상황에서—신탁회사는 공격적인 투자다각화 프로그램에 착수했고, 그것은 수익자가 사망한 이후까지 계속되었다. 이에 대해 법원은, 수탁자가 신중하지 못하게 행위했다고 하면서 투자다각화로 인해 초래된 손실에 대하여 수탁자가 책임을 져야 한다고 판결했다. 그러면서 다음과 같은 판시를 남겼다.

"우리는 투자다각화가 일반적으로 '좋은 생각(good idea)'이라는 점에 관해서는 수탁자와 견해를 달리하지는 않는다. 그러나 투자다각화는 그 자체로 목적이 될 수 없다. 투자다각화는 단지 그것이 적절하고 신중하게 이루어질 경우 신탁의 목적을 효과적으로 달성시켜 주는 수단을 제공하는 도구이다."

c. 투자다각화의무의 면제

신탁법은 계약법과 마찬가지로 기본적으로 임의규정이기 때문에 위탁자는 신탁법의 규정을 변경하거나 무효화할 수 있다. 따라서 신탁조건으로 수탁자의 투자다각화의무를 변경하거나 면제시킬 수 있다.[48] 그리하여 위탁자가 유언으로 특정 주식의 보유를 지시하고 그로

---

47) Superior Court of Pennsylvania, 868 A.2d 464 (2005).

48) 이처럼 신탁의무를 단순한 임의규정으로 보는 일반적인 견해에 반대하는 입장으로는, Melanie Leslie, "Trusting Trustees : Fiduciary Duties and The Limits of Default Rules," 94 *Georgetown Law Journal* 67-70 (2005). Leslie 교수는, 신탁의 당사자들이 위탁자의 목적을 용이하게 하기 위해 수탁자의 신탁의무를 어느 정도 조정할 수는 있을지라도, 신탁의무는 결코 완전히 포기될 수 없는 것

인해 발생할 수 있는 어떤 손해에 대해 수탁자의 책임을 면제시키면서 투자다각화가 아닌 다른 중대한 사유가 있는 경우에만 그 주식의 처분을 허용했다면, 설사 신탁재산 중에 그 특정 주식의 비율이 지나치게 높았고 그 주식의 가치가 계속 떨어지고 있었더라도 그러한 사정만으로는 주식의 처분이 허용되는 중대한 사유가 될 수 없고, 따라서 수탁자가 그 특정 주식을 처분하지 않고 그대로 보유하고 있었던 것은 신중의무를 위반한 것이 아니다(In re Chase Manhattan Bank[49]).

이러한 결론은 신중한 사람의 원칙을 채택하든 아니면 신중한 투자자의 원칙을 채택하든 간에 차이가 없다. 즉 신중한 투자자의 원칙에 관한 통일신중투자자법의 규정도 임의규정이기 때문에 신탁조항에 의해 확대될 수도 있고 제한될 수도 있으며 제거되거나 변경될 수도 있다. 그리하여 수탁자는 이러한 신탁조항에 합리적으로 의존하여 행위한 것으로 인해 수익자에 대해 책임을 지지 않는다[통일신중투자자법 §1(b)].

신중한 투자자의 원칙하에서의 투자다각화의무 면제에 관한 유명한 사건이 McGinley v. Bank of America 사건[50]이다. 이 사건의 원고인 Marie McGinley는 철회가능신탁을 설정하고 피고인 Bank of America를 수탁자로 지명했다. 원고는 피고에게 투자를 지시할 권한을 유보해두고, 피고가 Enron의 주식을 보유할 것을 지시하는 편지에 서명했다. 그 편지에 따르면, 피고는 주식을 분석하고 감시할 책임으로부터 면제되었고, 그 주식을 보유함으로 인하여 발생하는 어떠한 손

이라고 주장한다. 그녀는 현재 뉴욕 예시바대학교(Yeshiva University)의 로스쿨 교수로 재직하고 있다.

49) Supreme Court of New York, Appellate Division, 809 N.Y.S.2d 360 (2006). 이 사건의 원심인 Monroe County의 유언검인법원은, 신탁재산이 단일한 주식에 집중됨으로 인해 야기된 위험과 결부된 낮은 수익률은 주식을 처분해야 하는 중대한 사유라고 보아 수탁자가 신중의무를 위반했다고 판단했었다.

50) Supreme Court of Kansas, 109 P.3d 1146 (2005).

실에 대한 책임으로부터도 면제되었다. 그 편지와 신탁문서는 원고 자
신의 변호사가 작성한 것이었다. 그런데 신탁재산에 속해있던 Enron
주식의 가치는 2001년에 80만불에서 5천불 이하로 급락했고, 그로 인
해 신탁재산 전체 가치의 3/4이 사라졌다. 그러자 원고는 피고가 신탁
재산 중 Enron 주식을 처분하지 않은 것에 대하여 책임을 져야 한다고
주장했다. 그러나 캔자스주 대법원은, 주식을 보유하라는 위탁자의 문
서에 의한 지시를 따라야 할 의무와 권한이 수탁자에게 있다고 하면서
피고는 책임이 없다고 판결했다. 그러면서 수탁자로 하여금 주식을 보
유하도록 지시한 위탁자의 편지는, 신중한 투자자의 원칙으로부터 수
탁자를 면제시켜주는 법적 효력을 가지며, 수탁자는 포트폴리오를 다
각화시켜야 할 의무가 없다고 판시했다.[51]

　　그러나 수탁자가 주식을 보유하도록 '명령(direction)'을 받은 것이
아니라 '권한(authorization)'을 받은 것이고, 특히 수탁자가 일반 사인이
아닌 전문적인 신탁회사인 경우에는, 수탁자가 해당 주식을 보유하면
서 투자를 다각화하지 않는 것이 재량의 남용이 될 수 있을 것이다
(Stevens v. National City Bank[52]; Wood v. U.S. Bank[53]). 연방항소법원

---

51) 그러나 이러한 결론에 대하여는 강한 비판이 제기되고 있다. 즉, 신탁법의 규정
　　들이 대부분 임의규정이라고 하더라도, 신탁이 수익자의 이익을 위해 관리되어
　　야 한다는 '수익자 이익의 원칙(the benefit-the beneficiaries rule)'은 강행규정
　　이므로[UTC §105(b)(2); Restatement(Third) of Trusts §27], 신탁재산의 가치를
　　감소시킴으로써 결과적으로 수익자의 이익을 해하는 위탁자의 투자에 관한 지
　　시 또는 재량은 제한되어야 한다는 것이다. John H. Langbein, "Mandatory
　　Rules in The Law of Trusts," 98 *Northwestern University Law Review* 1105
　　(2004).
52) Supreme Court of Ohio, 544 N.E.2d 612 (1989). "신탁문서에 의해 수탁자가
　　투자를 보유하도록 명령을 받은 것이 아니라 권한을 받은 것이라면, 수탁자는
　　그것을 보유한 것이 재량의 남용이 아닌 경우에 한해서만 그것을 보유한 것에
　　대해 책임을 지지 않는다."
53) Court of Appeals of Ohio, 828 N.E.2d 1072 (2005). "주식을 보유하도록 권한
　　을 부여한 것이 신탁회사의 투자다각화의무를 부인하는 것은 아니다."

도 이러한 견해의 연장선상에서 "투자를 보유할 수 있는 권한을 부여하는 것은 수탁자의 재량을 높이기는 하지만, 그렇다고 하여 이것이 신탁재산을 보유하는 권한을 행사하는 것에 대한 책임으로부터 수탁자를 면제시키는 것은 아니다"라는 판결을 내놓았다(Robertson v. Central Jersey Bank & Trust Co.[54]).

위탁자가 수탁자에게 투자 또는 보유를 허락했다는 사실만으로 신탁재산을 신중하게 관리해야 할 수탁자의 기본적인 의무가 면제되는 것은 아니므로, 수탁자는 투자 또는 보유를 결정함에 있어서 여전히 주의와 기술을 발휘해야 한다. 신탁문서의 허용조항은 수탁자의 신중의무를 제거하는 것이 아니며 투자의 다각화는 신중한 위험 관리에 있어서 기본이기 때문에, 수탁자의 투자다각화의무를 면제하기 위한 신탁조항의 해석은 엄격하게 이루어져야 한다.[55]

5. 신탁의무의 위임(Delegation of Fiduciary Obligations)

a. 위임금지의 원칙

전통적으로 수탁자는 위탁자로부터 부여받은 임무를 자기 스스로 처리해야 하며 이를 다른 사람에게 재위임해서는 안 되는 것으로 인식되었다. 제2차 신탁법 리스테이트먼트도 이러한 신탁의무 위임금지의 원칙을 채택했다. 이에 따르면 수탁자는 스스로 수행하도록 합리적으

---

54) United States Court of Appeals, Third Circuit, 47 F.3d 1268 (1995). 이 사건의 수탁자는 신탁회사였는데, 신탁재산의 95%를 자기 회사의 주식으로 보유했다. 신탁회사가 비록 그와 같이 보유할 수 있는 권한을 부여받기는 했지만, 뉴저지 주의 「신중투자법(Prudent Investment Law)」은 신탁회사가 자기 회사의 주식을 보유할 것인지 여부를 결정함에 있어서 '상당한 주의(due diligence)'를 기울일 것을 요구하고 있기 때문에, 신탁회사가 신탁재산의 95%를 자기 회사의 주식으로 보유한 것이 신탁의무를 위반한 것인지 여부는 '사실문제(fact question)'라는 것이 연방항소법원의 결론이었다.

55) Restatement(Third) of Trusts §228에 관한 공식 주석의 설명이다.

로 요구되는 행위를 다른 사람에게 위임하지 말아야 할 의무를 진다 (§171). 따라서 수탁자는 투자를 선별할 권한을 다른 사람에게 위임할 수 없다.

이러한 전통적인 위임금지 원칙을 적용한 대표적인 판결이 Shriners Hospitals for Crippled Children v. Gardiner 사건56)이다. 이 사건의 위탁자인 Laurabel Gardiner는, 자신의 딸인 Mary Jane(피고) 과 손자들인 Charles, Robert에게 수익을 지급하고 잔여재산은 Shriners Hospitals(원고)에게 교부하도록 하는 신탁을 설정했다. Laurabel은 Mary를 수탁자로 지명하였고, Charles를 제1 '대체수탁자 (alternate trustee)'로, Robert를 제2 대체수탁자로 지명했다. 그러나 Mary는 투자에 관한 경험이 없었기 때문에 투자에 관한 모든 결정을 투자상담사이자 주식중개인이었던 Charles에게 맡겼다. 그런데 그 후 Charles는 신탁으로부터 31만 7천불을 횡령했다. 그러자 Shriners Hospitals는 Mary가 부당하게 Charles에게 투자권한을 위임했다는 이유로 Mary를 상대로 이 돈의 부담을 요구하는 소송을 제기했다. 그러자 Mary는, 자신은 투자에 관한 경험이 없었기 때문에 전문가인 Charles에게 투자권한을 위임한 것은 정당하다고 항변했다. 이에 대해 법원은, 수탁자는 신탁의무를 직접 신중하게 수행해야 할 의무가 있는데 Mary는 이러한 위임금지의무를 위반했다고 판단했다. 이에 관한 구체적인 판시사항은 다음과 같다.

"투자 경험이 부족한 수탁자는 전문가의 조력을 얻어야 한다. 그러나 전문가의 조언에 따랐다고 하여 수탁자가 정당화되는 것은 아니고, 수 탁자는 자기 자신의 판단으로 투자를 결정해야 한다. 신중한 투자자라 면 틀림없이 어느 정도까지는 투자결정에 직접 참여할 것이다. 그런데 Mary는 Charles의 조언을 감정하지 않았고 스스로 결정하지도 않았다.

---

56) Supreme Court of Arizona, 733 P.2d 1110 (1987).

즉 신탁재산을 실제로 관리한 것은 Mary가 아니라 Charles였고, Charles가 수탁자로서 기능했다. Charles가 대체수탁자로 지명되었다는 사실은 중요하지 않다. 수탁자는 자신의 의무를 공동수탁자에게 위임하는 것이 허용되지 않는다. 따라서 수탁자가 부적절하게 대체수탁자에게 투자에 관한 권한과 책임을 위임한 경우 수탁자는 그에 대해 책임을 져야 한다."57)

b. 위임의 허용

위임금지원칙에도 불구하고 위임의 필요성이 현실적으로 높았기 때문에 많은 수탁자들이 변호사, 회계사, 투자상담사 등을 고용하여 그들에게 신탁을 대리하여 업무를 수행하도록 해왔다. 그래서 위임금지원칙이 고수되던 시절에도 그것이 지나치게 비현실적이라는 비판이 제기되곤 했다.58) 사실 위임금지원칙을 적용하여 수탁자에게 책임을 추궁한 판례의 대부분은, 수탁자가 믿을 수 없는 대리인을 고용하여 그에게 신탁관리를 맡기고 나서 거의 감독을 하지 않은 경우였다. 이러한 경우에 법원은 종종 수탁자에게 전체 손해에 대한 책임을 부담시키면서 신탁의무를 위임한 것에 대해 수탁자를 비난했다. 그러나 실제로 수탁자가 범한 잘못은 책임을 위임한 것이 아니라 부주의하게 대리인을 선정하고 부적절하게 감독한 것이었다.59)

---

57) 다만 애리조나주 대법원은, Mary의 신탁의무위반과 신탁이 입은 손해 사이에 인과관계가 존재하는지 여부에 관하여 의문이 있다는 이유로, 이 사건을 원심으로 환송시켰다. 만약 재위임을 받은 사람의 잘못된 투자로 인해 신탁이 손해를 입은 것이었다면 투자권한을 재위임한 행위가 신탁의 손해와 인과관계가 있다는 것은 의문의 여지가 없겠지만, 이 사건처럼 Charles가 신탁재산을 유용한 것과 Mary의 의무위반 사이의 인과관계는 Mary가 Charles에게 신탁재산에 대한 지배권을 수여함으로써 자금의 유용을 허용했는지 여부에 따라 달라질 수 있는 것이므로 이 점에 관한 사실확인이 필요하다고 보았다.

58) William L. Cary / Craig B. Bright, "The Delegation of Investment Responsibility for Endowment Funds," 74 *Columbia Law Review* 207 (1974).

그리하여 제3차 신탁법 리스테이트먼트(신중한 투자자의 원칙)와 통일신중투자자법은 위임금지원칙을 폐기하고, 투자와 관리기능의 위임을 명시적으로 허용했다. 이에 따르면 수탁자는 자신과 비슷한 기술을 가진 신중한 수탁자가 적절히 위임할 수 있는 '투자와 관리기능'을 위임할 수 있다. 다만 수탁자는 ① 대리인을 선정하고 ② 신탁의 목적과 조건에 부합하도록 위임의 범위와 조건을 정하며 ③ 대리인의 활동을 정기적으로 감독함에 있어서 합리적인 주의와 기술을 발휘해야 한다. 이와 같은 요건을 준수한 수탁자는 대리인의 결정 또는 활동으로 인해 수익자 또는 신탁에 대해 책임을 부담하지 않는다. 반면 대리인은 위임받은 기능을 수행함에 있어서 위임 조건에 부합하도록 합리적인 주의를 기울여야 할 의무를 신탁에 대해 부담한다(통일신중투자자법 §9).

이러한 시대적 흐름에 따라 UTC도 위임금지원칙을 폐기하면서 위임의 허용범위를 신탁관리에 관한 모든 측면으로 확대했다. 이에 따르면 수탁자는 자신과 비슷한 기술을 가진 신중한 수탁자가 적절히 위임할 수 있는 '의무와 권한'을 위임할 수 있다(UTC §807).

제3차 리스테이트먼트와 통일신중투자자법, 그리고 UTC는 위임금지원칙을 폐기하면서 모두 수탁자에게 일정한 주의의무를 부과하고 있다. 그 주의의무의 내용은, 대리인의 선정, 위임조건의 설정, 대리인의 활동에 대한 정기적인 감독에 관하여 주의와 기술을 발휘해야 한다는 것이다. 결국 위임금지는 '선정(selection)', '지시(instruction)', '감독(monitoring)'에 관한 주의의무로 대체되었다고 할 수 있다. 권한을 위임함에 있어서 이러한 세 가지 핵심 원칙을 충실히 지킨 수탁자는 대리인의 행위로 인해 수익자나 신탁에 대해 책임을 지지 않는다.[60] 그리하여 지금은 수탁자가 개인이든 회사이든 간에 투자전략을 계획하

---

59) Elias Clark, supra 737.

60) Jesse Dukeminier, supra, 821

는 데 있어 외부 전문가로부터 도움을 구하는 것이 일반적인 관행이
되고 있다.

6. 공정의무(Duty of Impartiality)

a. 의 의

공정의무라 함은, 수익자들을 공평하게 대우해야 할 의무를 말한
다. 즉 수탁자는 수익자들 각자의 이익을 위해 수익자들 사이에서 '상
당한 배려(due regard)'를 하며 공평한 균형을 유지해야 한다. 수탁자의
의무 가운데 가장 자주 소송화되는 것이 바로 이 공정의무이다. UTC
와 통일신중투자자법에 따르면, 신탁이 둘 이상의 수익자를 가지는 경
우 수탁자는 수익자들의 서로 다른 이해관계에 상당한 배려를 하고 신
탁재산을 투자하고 관리함에 있어서 공정하게 행동해야 한다(UTC
§809; 통일신중투자자법 §6).

이러한 공정의무는 절차적인 부분에서도 문제가 될 수 있다. 예컨
대 수탁자가 수익자들 중 일부에 대해서만 수익에 관한 정보를 제공하
고 다른 수익자에게는 그와 같은 정보를 제공하지 않았다면 공정의무
를 위반한 것이 된다(McNiel v. McNiel[61]).

공정의무는 신중의무와는 다른 것이다. 수탁자가 신탁의 이익을
최대한 확대시키기 위해 아무리 신중하게 투자를 하였다 하더라도 그
것이 수익자들 중 일부만을 편애한 것이어서 공평하지 못한 것이라면
역시 신탁의무를 위반한 것이 된다. 즉 수탁자가 신중의무를 위반하지
않았더라도 공정의무를 위반한 것이 될 수 있다. 예컨대 어떤 농지의
수탁자가 오랜 기간 동안 그 농지에 지나치게 많은 농작물을 재배한다
면, 단기간에 많은 수익을 얻을 수는 있겠지만, 결국 토양은 황폐화되
고 농지는 가치 없게 될 것이다. 이 경우 신탁재산으로부터 수입을 얻

---

61) Supreme Court of Delaware, 798 A.2d 503 (2002).

는 '수입수익자(income beneficiaries)'는 많은 이익을 얻을 수 있겠지만, 나중에 신탁원본을 가지게 될 '원본수익자(principal beneficiaries)' 내지는 '잔여권자(remaindermen 또는 remainder beneficiaries)'는 쓸모없는 땅을 갖게 될 것이다.[62]

b. 신탁원본과 수입 사이의 이익충돌

공정의무가 주로 문제되는 것은, 바로 위에서 든 예에서처럼, 신탁원본으로부터 종신토록 수입을 얻는 '종신물권자(life tenant)'와 종신물권자가 사망하고 나면 신탁원본을 받게 될 잔여권자 사이의 이익충돌의 경우이다. 신탁수입(Income)을 확대시키는 것과 신탁원본(Principal)을 보존하는 것 사이에 때때로 충돌의 문제가 생길 수 있기 때문이다. 그러한 대표적인 예가 연방항소법원의 Dennis v. Rhode Island Hospital Trust Co. 사건[63]이다.

이 사건에서 Alice M. Sullivan은 1920년에 유언신탁을 설정했는데, 이에 따르면 신탁이 존속하는 동안 Alice의 생존 자손에게 모든 신탁수입을 분배하고 신탁원본은 신탁이 종료하는 1991년에 생존해 있는 자손에게 교부하는 것으로 되어 있었다.[64] 원고는 Alice의 증손자인데, 원고의 어머니(Alice의 손녀)가 사망한 이후부터는 원고가 Alice의 유일한 생존 자손으로서, 그는 1991년까지는 신탁수입을 받을 권리가 있고 그 후에는 잔여권자로서 신탁원본을 받을 권리가 있었다. 신탁재산 중 가장 중요한 것은 다운타운에 소재한 세 개의 상가건물들이었다. 이 건물들은 모두 20세기 이전에 지어진 것으로서, 건물들이 소

---

62) 이 농지 수탁자의 예는, 바로 다음에서 살펴볼 Dennis v. Rhode Island Hospital Trust Co. 사건에서 연방항소법원이 판결문에서 예로 든 것이다.

63) United States Court of Appeals, First Circuit, 744 F.2d 893 (1984).

64) 1991년에 신탁이 종료하게 되는 이유는, Alice의 마지막 생존 자녀가 1970년에 사망했으므로 영구구속금지원칙에 따라 그로부터 21년이 지난 후에는 유언신탁이 존속할 수 없기 때문이다.

재한 다운타운 지역은 최근 30년 동안 재산적 가치가 현저하게 감소되었다. 신탁회사인 피고는 수탁자로서 신탁부동산을 매매할 수 있는 권한을 유언에 의해 부여받았다. 그런데 피고는 건물을 보수하거나 매도하지 않고 모두 임대하여 임대료 수입을 전부 종신물권자들에게 분배해 주었다. 그로 인해 신탁원본의 잔존가치는 현저히 떨어지게 되었다.[65] 그러자 원고는 피고의 잘못된 신탁관리로 인해 신탁원본에 커다란 손해가 발생했다고 주장했다. 이에 대해 피고는 다음과 같이 항변했다. "수탁자는 건전한 판단으로 신중하게 신탁투자를 하면 되는 것이지, 장래에 일어날 일을 미리 예상해야 할 의무는 없다. 따라서 수탁자가 신중하게 판단하여 신탁원본을 매도하지 않고 보유하기로 결정한 것이라면 그로 인한 손해에 대해 책임을 지지 않는다. 높은 임대료를 지속적으로 지급할 수 있는 임차인들을 확보해서 그들에게 건물을 장기간 임대하여 임대료 수입을 얻는 것은 건물을 매도하는 것보다 신탁에게 이익이 되는 것이었다." 그러나 연방항소법원은, 수탁자가 잔여권자보다 수입수익자에게 보다 우호적인 태도를 취함으로써 양자를 공평하게 대우하지 않았고 그와 같이 행동함으로 인해 신탁재산의 가치를 감소시켰다고 판단했다. 구체적인 판시내용을 요약하면 다음과 같다.

"법은 수탁자가 수입수익자와 잔여권자 양자의 각자의 이익을 위해 '상당한 배려(due regard)'를 하면서 공평하게 대우할 것을 요구한다. 수탁자는 수입수익자에 대한 부적절한 편애를 회피하기 위하여 적어도 1950년까지는 신탁부동산을 매도하고 그 매매대금을 다른 곳에 재투자

---

65) 이 건물들은 많은 임차인들에게 임대되어 있었는데, 신탁이 종신물권자들에게 분배한 수익은 매년 평균적으로 3만 4천불 이상이었다. 1920년 신탁이 설정될 당시, 세 건물의 가치는 30만불 이상이었다. 피고는 위 세 건물을 각각 1945년, 1970년, 1979년에 매도했는데, 그것은 건물들의 가치가 가장 낮을 때였다. 세 건물의 매매대금은 총 18만 5천불이었다.

했었어야 했다. 1950년까지 다운타운의 성격이 변함에 따라 다운타운에 소재한 건물의 가치가 떨어지기 시작했고, 그 건물을 보유하는 것이 잔존권자에게 불리하게 작용할 것이라는 점을 수탁자는 알았거나 알 수 있었다. 그럼에도 불구하고 수탁자는 건물을 그대로 보유하면서 임대료 수입을 최대한 창출시켰을 뿐만 아니라 그 수입을 건물의 유지 또는 보수를 위해서는 전혀 사용하지 않고 수입수익자들에게 분배해 주었다. 수탁자의 이러한 활동은 신탁이 존속하는 동안 더욱 큰 신탁수입을 수입수익자들에게 지급하는 것을 가능하게 만들었지만, 이러한 지급의 크기는 신탁원본의 점진적인 가치하락에 대한 수탁자의 묵인을 반영한다. 어떤 의미에서 신탁수입의 지급은 신탁자본을 조금씩 잠식했다고 할 수 있다. 이 사건에서 수탁자가 책임을 져야 하는 이유는, 수탁자가 신중하지 못하게 행동했기 때문이 아니라 수입수익자와 잔여권자 사이에서 공정하지 못하게 행동했기 때문이다."66)

수탁자가 신탁재산을 투자함에 있어서 공정의무와 신중의무를 동시에 위반할 수도 있다. 예컨대 Matter of Estate of Cooper 사건67)에서, Anne Cooper는 1978년 3월에 사망하면서 '공동재산(community property)'의 1/2(약 80만불)에 대한 유언신탁을 설정했는데, 그에 따르면 남편인 Fermore Cooper는 사망할 때까지 신탁수입을 받을 수 있으며 Fermore가 사망하고 나면 신탁재산을 두 자녀인 Joyce와 Richard에게 넘겨주도록 되어 있었다(따라서 Fermore는 종신물권자이자 수입수

66) 이 사건의 판결문은 Stephen Breyer 판사가 작성했다. Breyer는 클린턴 대통령의 지명으로 1994년 연방대법관에 임명되었다. 그는 1980년 연방항소법원 판사로 임명되기 전에 하버드대학교 로스쿨 교수로 재직하며 행정법 전문가로 이름을 날렸고, 1973년에는 워터게이트 사건의 특별검사로도 활동했다. 그는 현재 연방대법원에서 진보진영에 서 있는 인물로서 헌법에 관한 실용적이고 목적론적인 접근으로 유명하다.
67) Court of Appeals of Washington, 913 P.2d 393 (1996).

익자가 되었고, Joyc와 Richard는 잔여권자가 되었다). 그리고 Fermore는 유언에 의해 신탁의 수탁자이자 상속재산의 유언집행인으로 지명되었다. 개별재산이 없었던 Fermore는 공동재산 전체의 관리를 지속했다. 그러면서 그는 고정 수입을 얻기 위하여 원본을 훼손시키면서 '확정금리부증권(fixed-income securities)'에만 전체 포트폴리오의 87%를 투자했다. 이에 대해 법원은 Fermore가 수탁자로서 불공평하게 수입수익자인 자기 자신의 이익을 우선하였으며, 이러한 투자전략은 신중한 투자자의 원칙을 위반한 것이라고 판단했다.[68]

7. 신탁재산보존의무(Duty to Conserve Trust Property)

a. 의 의

수탁자는 신탁재산을 관리하고 보존하기 위해 합리적인 조치를 취해야 한다(UTC §809). 이러한 신탁재산보존의무의 일환으로서, 수탁자는 종전 수탁자로부터 신탁재산을 인도받기 위한 합리적인 조치 및 종전 수탁자가 범한 신탁의무위반을 시정하기 위한 합리적인 조치를 취해야 할 의무가 있다(UTC §812). 여기서 종전 수탁자에는 유언집행인도 포함되는데, 실제로 많이 문제가 되는 것도 바로 유언집행인과의 관계일 것이다. 따라서 유언신탁이 설정되면 수탁자는 가능한 한 즉시 유언집행인으로부터 신탁재산을 인도받아야 하며, 자신이 인도받아야 할 재산이 맞는지를 확인하기 위해 유언집행인이 제공한 재산을 조사해야 한다.[69] 만약 유언집행인이 상속세를 과잉 지급했는데 수탁자가 그에 대해 이의를 제기하지 않았다면, 수탁자는 수익자들에게 책임을 져야 한다(In re First National Bank of Mansfield[70]).

---

68) 이 판결에 대해서는 상고가 제기되었지만 기각되었다. Supreme Court of Washington, 928 P.2d 414 (1996).

69) Jesse Dukeminier, supra 830.

70) Supreme Court of Ohio, 307 N.E.2d 23 (1974). 이 사건에서 First National

b. 위탁자의 투자제한지시와 신탁재산의 보존

수탁자에게 신탁재산보존의무를 부과하는 이유는, 신탁원본을 보존하고자 하는 위탁자의 궁극적인 신탁의도를 달성하고 수익자를 보호하기 위해서이다.[71] 특히 위탁자의 의도와 관련하여 자주 문제가 되는 것이, 위탁자가 스스로 신탁재산의 투자에 관한 지시를 한 경우이다. 예컨대 위탁자가 수탁자에게 주식투자를 금지시켰는데, 인플레이션 등으로 인한 경제환경의 변화로 인해 주식에 투자하지 않는 것이 오히려 신탁원본에 손실을 초래하게 되는 경우에 수탁자로 하여금 투자제한조항으로부터 벗어나는 것을 허용할 수 있는지 여부는, 결국 신탁재산보존의무와 직결된 문제이다.

In re Trusteeship Agreement with Mayo 사건[72]에서, 위탁자인 Dr. Charles H. Mayo는 신탁을 설정하면서 수탁자로 하여금 부동산과 회사주식에는 절대로 투자하지 말 것을 지시했다. Dr. Mayo가 1939년 5월에 사망하자, 그의 딸이자 신탁의 수익자인 Esther Mayo Hartzell은 신탁의 투자제한을 벗어나 부동산과 회사주식에도 투자할 수 있는 권한을 수탁자에게 부여하는 법원의 명령을 신청했다. Esther는, 위탁자의 궁극적인 의도는 신탁재산의 가치를 보존하는 것인데 만약 수탁

Bank는 유언집행인으로서의 역할과 수탁자로서의 역할을 모두 수행했다. 그런데 First National Bank가 유언집행인으로서 상속세를 과잉 지급하자, 오하이오주 대법원은 First National Bank가 수탁자로서 수익자들에게 책임을 져야 한다고 판결했다.

71) John H. Langbein 교수는 신탁재산보존의무의 근거로 위탁자의 의도보다 수익자의 이익을 더 중시한다. 그리하여 위탁자가 명시적인 투자지시와 함께 그러한 지시가 설사 신탁재산의 보존에 방해가 되더라도 자신의 지시를 따라야 한다는 신탁조건을 규정했다 하더라도, 그 지시가 신탁재산에 피해를 입혀서 수익자의 이익을 침해하는 어리석은 것이라면, 법원이 수탁자에게 그 지시에 반하여 투자를 할 수 있도록 허용해야 한다고 주장한다. John H. Langbein, "The Uniform Prudent Investor Act and The Future of Trust Investing," 81 *Iowa Law Review* 663-665 (1996).

72) Supreme Court of Minnesota, 105 N.W. 2d 900 (1960).

자가 회사주식에 전혀 투자를 할 수 없다면 인플레이션에 대항하여 신
탁재산을 보존할 수 없게 되어 결국 위탁자의 의도를 달성하지 못하게
된다고 주장했다. 이에 대해 수탁자는, 신탁문서에 표현된 위탁자의
명확한 의사는 존중되어야 한다고 반박했다. 이에 대해 미네소타주 대
법원은 다음과 같이 판결했다.

"만약 신탁의 투자제한으로부터 벗어나지 못하게 한다면 신탁원본의
손실을 막으려는 위탁자의 가장 중요한 의도는 좌절될 것이다. 신탁이
설정된 이후의 인플레이션으로 인한 환경의 변화 때문에, 만약 투자제
한으로부터 벗어나는 것을 허용하지 않는다면 아마 20년 이내에 신탁
재산의 가치가 위탁자의 사망당시의 재산 가치의 1/4 이하로 떨어지게
될 것이다. 따라서 신탁의 투자제한조항으로부터 수탁자를 벗어나게
하여 합리적인 범위 내의 신탁재산을 건전한 우량 주식에 투자할 수 있
도록 허용해야 할 것이다."[73)]

8. 분별의무(Duty to Earmark)와 혼합금지의무(Duty not to Commingle)

수탁자는 신탁재산을 자기의 재산이 아닌 신탁의 재산으로 지정
하여 분별해 두어야 할 의무가 있다. 이를 '분별의무(Duty to Earmark)'
라고 한다. 나아가 수탁자는 자기 자신의 재산과 신탁재산을 혼합하지
않을 의무가 있다. 이를 '혼합금지의무(Duty not to Commingle)'라고 한
다. UTC는 "수탁자는 신탁재산을 수탁자 자신의 재산으로부터 분리해
두어야 할 의무가 있다"라고 규정하고 있다[§810(b)]. 따라서 수탁자는
신탁자금을 자기 개인 은행 계좌에 예금해서는 안 된다. 혼합금지의무

---

73) 이 사건의 원심은, 부동산과 회사주식에 투자하지 못하게 하려는 위탁자의 의
　　사가 신탁문서에 명확하게 표현되어 있을 뿐만 아니라 위탁자가 신탁을 설정한
　　후 20년 동안 살아 있으면서 한 번도 위와 같은 투자제한조항을 수정하거나 철
　　회한 적이 없다는 점을 근거로 Esther의 신청을 기각했다.

는 또한 별개의 신탁재산을 서로 혼합하지 않을 의무도 포함한다.

이와 같이 신탁재산을 수탁자 자신의 재산과 분별하는 이유는, 나중에 투자로부터 이익을 얻었을 경우에는 그 투자가 수탁자 자신의 투자라고 주장하고 반대로 손실을 입었을 경우에는 그 투자는 신탁의 투자라고 주장할 위험성을 막기 위해서이다. 한편 신탁재산과 수탁자의 개인재산을 혼합하지 않는 이유는, 수탁자의 채권자는 신탁재산을 집행할 수 없다는 것이 신탁법의 중요한 특징인데 신탁재산을 수탁자의 개인재산과 혼합할 경우 수탁자의 채권자들이 혼합된 신탁재산을 집행할 위험이 있기 때문이다.[74]

그러나 최근에는 신탁회사로 하여금 '공동투자신탁(common trust fund)'에 투자하고 이를 보유할 수 있도록 하기 위해 거의 모든 법역에서 혼합금지의무가 부분적으로 폐지되고 있다. 이러한 유행에 발맞추어 UTC도, 수탁자가 두 개 이상의 분리된 신탁의 재산을 공동으로 투자하는 것을 허용하고 있다. 다만 이 경우 수탁자는 각 신탁의 이익을 명확하게 기록해 두어야 한다[§810(d)].

9. 정보제공의무(Duty to Inform)와 회계보고의무(Duty to Account)

a. 정보제공의무

수익자가 신탁에 관한 정보를 얻지 못한다면 신탁에 관한 자신의 이익을 알 수도 없고 지킬 수도 없을 것이다. 수탁자가 신탁의무를 제대로 수행하고 있는지에 관한 감독은 기본적으로 수익자들이 신탁에 관한 정보를 제대로 제공받고 있음을 전제로 한다. 이와 같이 수탁자의 정보제공의무는 신탁의 건전한 운영에 필수적인 요소이다. 그리하여 UTC는 수탁자의 정보제공의무에 관하여 상세한 규정을 두고 있다.

---

74) Jesse Dukeminier, supra, 830-831; Henry Hansmann / Reinier Kraakman, "The Essential Role of Organizational Law," 110 *Yale Law Journal* 387, 416 (2000).

즉 이에 따르면 수탁자는, 수익자들이 자신들의 이익을 보호하기 위해 필요한 중요한 사실과 신탁관리에 관한 정보를 합리적으로 수익자들에게 제공해야 할 의무가 있다. 특별한 사정이 없는 한 수탁자는 신탁관리에 관한 수익자의 정보제공요구에 즉시 응해야 한다[§813(a)].

이러한 정보제공의무의 일환으로 수탁자는 다음과 같은 의무를 지닌다[§813(b)].

① 수익자의 요구가 있는 경우 신탁문서의 사본을 즉시 수익자에게 제공해야 한다.

② 수탁자로서의 지위를 수락한 날로부터 60일 이내에 그러한 수락사실과 수탁자의 이름, 주소, 전화번호를 수익자들에게 통지해야 한다.

③ 수탁자가 철회불능신탁의 설정 사실을 인식한 날로부터 60일 이내에 또는 철회가능신탁이 철회불능신탁으로 된 사실을 인식한 날로부터 60일 이내에, 위탁자의 신원과 신탁문서의 사본을 요구할 수 있는 권리, 그리고 수탁자의 보고를 받을 권리가 있음을 수익자들에게 통지해야 한다.[75]

④ 수탁자의 보수에 관한 지급방법이나 액수에 변화가 있는 경우 미리 수익자들에게 그러한 사실을 통지해야 한다.

수탁자가 신탁재산의 일상적인 거래를 할 때마다 미리 수익자들에게 그에 관한 고지를 할 필요는 없겠으나, 신탁의 가치에 중요한 부분을 구성하는 신탁재산의 거래인 경우에는 사전에 수익자들에게 그 사실을 고지할 필요가 있다. 즉 수탁자는 신탁재산과 수익자들의 이익에 중대하게 영향을 미치는 일상적이지 않은 거래에 관한 중요한 사실을 수익자들에게 고지해야 할 의무가 있다(Allard v. Pacific National

---

75) 철회가능신탁은 위탁자가 사망함으로써 철회불능신탁이 된다. 따라서 수탁자는 철회가능신탁의 위탁자가 사망하면 신탁문서의 사본을 요구하는 모든 수익자 또는 상속인에게 그 사본을 제공해야 한다(California Probate Code §16061.5).

Bank[76]).

　수탁자의 정보제공의무에 관한 교과서적인 판시사항을 담고 있는 판결인 Fletcher v. Fletcher 사건[77]을 소개한다. Mrs. Fletcher는 1985년 12월에 신탁약정서를 작성하여 철회가능한 생전신탁을 설정하고 그녀의 모든 재산을 신탁으로 이전시키고 그녀 자신을 수탁자로 지명했다. 그녀는 1993년 8월에 신탁약정서를 수정하면서 그녀가 사망한 후 아들인 James를 수익자로 하는 신탁을 설정하도록 했고, 또 다른 아들인 Henry를 자신이 사망한 후의 승계수탁자로 지명했다. 위탁자가 사망한 후 수익자는 승계수탁자에게 신탁문서 전체의 사본과 신탁재산목록("Schedule A")을 제공할 것을 요구했다. 그러나 승계수탁자는 신탁문서에 대한 수익자의 검토를 회피하려고 했고, 위탁자가 신탁으로 이전시킨 현금과 유가증권의 목록인 "Schedule A"를 검토하는 것도 막으려고 했다. 이에 대해 법원은, 수익자는 수탁자가 신탁의무를 제대로 수행하고 있는지 여부를 평가하기 위하여 정보를 제공받을 권리가 있다고 판결했다. 정보제공의무에 관한 핵심적인 판시내용은 다음과 같다.

　"신탁문서에 접근할 수 없다면 수익자는 수탁자의 신탁투자에 관한 결정을 면밀히 검토할 수 있는 근거를 가지지 못하게 되고, 수탁자가 신탁재산을 관리하기 위해 합리적인 주의와 기술을 발휘해야 할 의무를 이행했는지 여부를 평가할 수 없게 된다. 또한 수익자는 수탁자가 신탁문서에 의해 부과된 제한과 조건 내에서 모든 수익자들을 공정하게 대우

---

76) Supreme Court of Washington, 663 P.2d 104 (1983). 이 사건에서 수탁자는, 신탁의 유일한 재산인 부동산을 매도하면서도 양수인으로부터 제시받은 매매가격을 미리 수익자들에게 고지하지 않았고, 보다 높은 매매대금을 받기 위한 아무런 시도도 하지 않았다. 이에 대해 워싱턴주 대법원은, 수탁자가 신탁의무를 위반했다고 판결했다.

77) Supreme Court of Virginia, 480 S.E.2d 488 (1997).

해야 할 의무를 이행하고 있는지 여부를 확인하기 위해 신탁문서 전체
를 검토할 권리가 있다."

b. 회계보고의무

신탁이 종료하거나 상속재산관리의 목적이 달성된 경우, 일반적
으로 수탁자는 법원에 회계보고서를 제출해야 한다. 회계보고서는 신
탁을 관리하는 동안의 수탁자의 행위에 관한 상세한 요약서이다. 여기
에는 수탁자가 인도받은 재산, 벌어들인 수익, 지출, 관리비용, 잔여재
산의 분배 등의 상세한 항목들이 포함된다. 신탁이나 상속재산에 관하
여 이해관계를 가지는 사람은 누구나 이러한 보고를 받아야 하고 그에
대해 이의를 제기할 수 있다. 법원이 이러한 이의제기를 받아들일 경
우, 보고된 회계처리내역 중 승인되지 못한 금액 상당을 수탁자가 반
환해야 할 수도 있다. 최종 회계보고서가 승인되면, 수탁자는 잔여재
산을 수익자들에게 분배하고 수탁자의 지위에서 벗어나게 된다.[78]

UTC에 따르면, 수탁자는 수익자들에게 적어도 1년에 한 번씩은
신탁재산, 부채, 지출, 영수증에 관한 보고서를 보내주어야 한다. 신탁
이 종료할 때에도 마찬가지이다. 수탁자가 사망하거나 무능력자가 된
경우 인격대표자나 후견인은 그 수탁자를 대신하여 수익자들에게 보
고서를 보낼 수 있다[§813(c)].

수탁자가 제출한 회계보고서가 법원에 의해 승인되었다 하더라도
수탁자가 정확히 인지할 수 있었던 사실에 관한 수탁자의 잘못된 진술
에 기초하여 승인이 이루어진 경우에는, 그 회계보고서를 재심사해야
한다. National Academy of Sciences v. Cambridge Trust Co. 사건[79]
에서, 유언자인 Leonard Troland는 그의 모든 재산을 신탁에 남기면
서 그의 아내인 Florence가 재혼하지 않고 생존한 동안 그녀에게 신탁

---

78) Elias Clark, supra 756.

79) Supreme Judicial Court of Massachusetts, 346 N.E.2d 879 (1976).

수익을 지급하도록 했다. 그리고 피고 Cambridge Trust Co.를 수탁자로 지명하면서 아내가 사망하거나 재혼하면 신탁재산을 원고인 National Academy of Sciences에게 이전시키도록 지시했다. Troland는 1932년에 사망했다. 피고는 Florence가 1967년에 사망할 때까지 그녀에게 신탁수익을 지급했다. 그러나 그녀는 1945년 2월에 Edward Flinn과 재혼했고, 그 사실을 피고에게 알리지 않았다. 피고는 그녀가 사망한 후에야 비로소 그녀의 재혼사실을 알았다. 피고는 Florence가 재혼한 때로부터 사망할 때까지 사이의 기간을 포함하는 회계보고서를 법원에 제출하였다. 그러나 원고 역시 Florence의 재혼사실을 몰랐기 때문에 그 회계보고서에 대해서 아무런 이의도 제기하지 않았고, 결국 그 회계보고서는 승인되었다. Florence의 재혼사실을 알고 난 후 원고는 피고의 회계보고서를 승인한 법원 결정의 철회 및 Florence가 재혼한 이후 그녀에게 부적절하게 분배된 신탁재산의 회복을 신청했다. 이에 대해 메사추세츠주 대법원은 다음과 같이 판시했다.

> "Florence의 혼인상태는 정확히 인지할 수 있는 사실이었는데 수탁자는 유언신탁을 관리하는 동안 Florence가 재혼했는지 여부를 확인하기 위한 어떠한 노력도 하지 않았다. 피고는 회계보고서를 제출하면서 Florence의 혼인상태가 변하지 않았다고 잘못 진술하였으므로 과거에 이미 승인된 수탁자의 회계보고서는 재심사되어야 하고, 수탁자는 Florence에게 잘못 지급한 신탁재산을 회복시킬 책임이 있다."

c. 권리의 포기 및 의무의 면제

수익자는 수탁자로부터 위와 같은 보고 또는 기타 정보를 받을 권리를 포기할 수도 있고, 장래의 보고에 관한 한 이미 포기한 것을 철회할 수도 있다[UTC §813(d)]. 그러나 수탁자의 보고의무를 면제하거나 특정 수익자에 대해서만 보고를 하도록 하고 다른 수익자에 대한 보고의무는 면제하는 내용의 신탁조항은 공익에 반하여 무효가 될 수 있다. 즉 수탁자의 회계보고의무를 면제시키는 신탁문서의 조항은, 그것이 법원의 사법심사권을 박탈하고 수익자에게 회계보고를 요구할 수 있는 권리를 박탈하는 것이라면 공익에 반하여 무효이다(Briggs v. Crowley[80])).

그리고 철회가능신탁의 경우에 수탁자가 오직 수입수익자들에게만 회계보고를 하도록 규정한 신탁조항은, 위탁자가 생존한 동안에는 유효하지만 그가 사망한 후에는 효력이 없다. 따라서 잔여권자는 위탁자가 사망한 후 수탁자의 회계보고에 대해 이의를 제기할 수 있다.

예컨대 In re Trust of Malasky 사건[81])에서, 피상속인인 Harry Malasky는 그의 두 번째 아내인 Marion과 함께 철회가능한 생전신탁을 설정했다. 그러면서 수탁자가 수입수익자에게만 회계보고를 해도 되는 것으로 신탁문서에 규정했다. Malasky가 사망한 후 그의 첫 번째 아내와의 사이에서 낳은 자녀들이 잔여권자로서 수탁자의 회계보고에 대해 이의를 제기했다. 이에 대해 뉴욕주 항소법원은 다음과 같이 판시했다.

"자녀들은 피상속인이 사망할 때까지는 신탁에 관해 금전적인 이해관계를 가지지 않기 때문에 피상속인이 생존한 기간 동안의 신탁관리에 관한 회계보고에 대해서는 이의를 제기할 신청인 적격이 없다. 그러나 수익자들 중 일부에게만 회계보고를 하도록 하는 신탁조항은 공익에 반하기 때문에 피상속인이 사망한 이후의 기간 동안의 회계보고에 대해서는 이의를 제기할 신청인 적격을 가진다."

---

80) Supreme Judicial Court of Massachusetts, 224 N.E.2d 417 (1967).
81) Supreme Court of New York, Appellate Division, 736 N.Y.S.2d 151 (2002).

D. 신탁수익의 분배

1. 원본과 수입의 할당(Allocation)

수탁자는 신탁조건에 따라 수익자에게 신탁수익을 분배해 주어야 한다. 신탁수익은 원본과 수입으로 구분된다. 갑(종신물권자, 수입수익자)에게 평생 동안 신탁수입을 지급하고 갑이 사망하고 나면 을(잔여권자, 원본수익자)에게 잔여재산(신탁원본)을 교부하도록 위탁자가 수탁자에게 지시했다면, 수탁자는 신탁재산을 수익자들에게 분배하기 위해 어떤 재산이 원본인지 수입인지 여부를 결정해야 한다.

일반적으로 원본은 위탁자가 신탁에 교부한 재산 또는 피상속인이 남긴 상속재산을 의미하고, 수입은 임대료, 이자, 배당금 기타 원본의 투자로부터 나온 수익을 의미한다. 즉 원본은 '자본(capital)' 그 자체이고, 수입은 자본의 '산물(product)'이다.[82] 주식을 예로 들면 이렇다. 위탁자가 100불을 신탁에 이전시키면 그 돈은 원본이다. 원본을 매도하여 취득한 재산(대가물)은 원본이므로, 수탁자가 위 돈으로 주식에 투자를 하면 그 주식은 역시 원본이다. 이 주식의 가치가 110불로 상승하면 원본이 110불로 증가한 것이 되고, 이 주식에 대해 1불의 배당금이 나오면 그 1불은 수입이 된다.

1962년 「통일원본수입법(Uniform Principal and Income Act)」은 신탁원본과 수입의 할당에 관한 전통적인 입장에 충실했다. 즉 임대료, 이자, 주식에 대한 '현금 배당금(cash dividend)', 사업이윤 또는 경작이윤은 수입으로 할당시켰고, 신탁재산의 매매대금, 신탁재산에 대한 보험금, 분할된 주식 또는 '주식 배당금(stock dividend)', 인수 또는 합병으로 인한 분배, 채권 원금의 지급은 원본에 할당시켰다.[83] 한편 '고정

---

82) Dennis R. Hower, supra 16.

자산매각소득(capital gain)'을 원본과 수입 중 어디에 할당시켜야 하는지에 관하여 메사추세츠주 대법원은 1962년 통일원본수입법의 입장과 궤를 같이하여 뮤추얼펀드의 고정자산매각소득은 원본에 할당해야 한다고 판결했다(Tait v. Peck[84]).

2. 형평법적 조정(Equitable Adjustment)

그러나 이처럼 수익의 형태에 따라 원본과 수입을 일률적으로 할당하는 것은 여러 가지 문제점을 발생시켰다. 특히 수탁자가 현대 포트폴리오 이론에 따라 '투자총수익(total return)'을 극대화할 수 있는 어떤 투자를 감행하려고 할 때, 그 투자가 원본과 수입 중 어느 한쪽에 유리한 결과를 가져올 경우 공정의무위반의 문제가 불거질 수 있고 원본수익자와 수입수익자 사이에 분쟁이 야기될 수 있었다. 이처럼 최고의 투자총수익을 얻기 위해 신탁투자를 하는 것과, 투자총수익을 원본수익자와 수입수익자에게 할당하는 것 사이의 긴장관계를 해결하기 위하여 1997년 통일원본수입법은 '형평법적 조정(Equitable Adjustment)'이라는 새로운 제도를 도입했다.

1997년 통일원본수입법도 기본적으로 수익의 형태가 수익자의

---

83) 특허권 또는 저작권 사용료는 비율을 나누어서 할당시켰다. 즉 재고평가액의 5%까지는 수입에, 5%의 초과분은 원본에 할당시켰다.

84) Supreme Judicial Court of Massachusetts, 194 N.E.2d 707 (1963). 이 사건의 위탁자는 아내인 Letitia M. Tait가 생존한 동안 그녀에게 신탁수입을 지급하고 원본은 다른 사람에게 교부하는 내용의 신탁을 설정했다. 신탁재산으로 주식이 있었는데 위탁자가 사망한 후 수탁자는 투자다각화 조치의 일환으로서 그 주식을 '뮤추얼펀드(mutual fund)'로 교환했다. 그 후 수탁자는, 뮤추얼펀드의 배당금은 수입에 할당하고 고정자산매각소득은 원본에 할당했다. 그러자 수입수익자인 Letitia는, 뮤추얼펀드에 의해 현실화된 고정자산매각소득은 배당금으로 지급되는 것이므로 수입으로 고려되어야 한다고 주장했다. 이에 대해 잔여권자와 수탁자는, 고정자산매각소득은 자본수익이므로 원본에 할당시켜야 한다고 반박했다.

수익을 결정한다는 전통적인 접근방법을 유지하고 있다. 즉 '독립체 (entity)'85)로부터 분배받은 금전은 원칙적으로 수입이고, 금전 이외의 재산, 청산자금, 뮤추얼펀드의 고정자산매각소득은 원본에 할당시킨 다(§401). 그러나 수탁자가 자유롭게 투자총수익을 위한 포트폴리오를 설계할 수 있도록 하기 위해 원본 또는 수입에의 할당을 조정할 수 있는 권한을 수탁자에게 부여하고 있다(§104). 즉 투자총수익을 높일 수 있는 현명한 투자가 원본-수입 할당 원칙하에서 어떤 수익자에게 불공정한 결과를 가져온다고 수탁자가 판단한 경우, 수탁자는 수령물을 원본 또는 수입에 재할당할 수 있다. 이것을 '형평법적 조정'이라고 부른다.86) 이처럼 원본과 수입 사이의 조정을 통해 수탁자가 원본과 수입에 관한 전통적인 관념으로부터 벗어나 신중한 투자자의 원칙에 따라 투자를 할 수 있게 되었다. 현재 40개 이상의 주에서 1997년 통일원본수입법을 채택하고 있다.

수탁자가 원본과 수입을 조정하기 위해서는, 신탁의 목적과 성질 및 예상되는 기간, 위탁자의 의도, 수익자의 상황, 자산유동화의 필요성, 수익의 정기성, 자본의 보존과 가치상승, 신탁의 자산, 인플레이션과 디플레이션 등 경제사정, 조정 결과 예상되는 세금 등의 여러 가지 요소들을 종합적으로 고려해야 한다[§104(b)].

3. 유니트러스트(Unitrust)

원본과 수입 사이의 공정한 할당을 위한 또 다른 해결방법으로 '유니트러스트(Unitrust)' 제도가 있다. 유니트러스트란, 수익자가 전(全)

---

85) 여기서 독립체라 함은, 법인, 조합, 유한회사, 레귤레이티드 투자회사, 부동산 투자신탁, 공동투자신탁자금 기타 수탁자가 이자를 얻는 조직체를 의미한다[통일원본수입법 §401(a)].

86) 이것은 임의규정이기 때문에 위탁자가 수탁자에게 이러한 조정권한을 부여하지 않을 수도 있다. Jesse Dukeminier, supra 828-829.

자산의 공평한 시장가격의 일정률을 매년 받는 신탁을 말한다. 즉 수입수익자에게 매년 지급되어야 하는 신탁 원본 가치의 일정 비율을 위탁자가 설정해 두는 것이다. 신탁원본은 매년 새롭게 재평가된다. 따라서 원본이 증가하면 그에 따라 수입도 증가하게 되고 원본이 감소하면 역시 수입도 비율적으로 감소하게 된다. 수탁자는 수익의 형태와 상관없이 투자총수익을 극대화시킬 수 있다.[87] 이로써 원본수익자와 수입수익자 간의 할당으로 인한 긴장관계는, 투자총수익을 증가시켜야 한다는 공통의 목적 앞에서 해소될 수 있는 가능성이 열렸다.

형평법적 조정과 유니트러스트 제도는 투자총수익이 증가할수록 모든 수익자들에게 이익이 된다는 공통점이 있다. 다만 유니트러스트에서의 수탁자가 형평법적 조정권을 가진 수탁자에 비해 재량권이 적다는 차이점이 있다. 이러한 차이점으로 인해 형평법적 조정제도가 원본수익자와 수입수익자 간의 이해관계를 조정하는 데 있어서 보다 우월하다는 주장도 있다. 그러나 반면 형평법적 조정 제도하에서는 대리인 비용이 증가할 가능성이 높다는 단점도 제기된다.[88] 두 제도 중 어느 것이 보다 우월한지는 아직 분명하지 않다. 실무처리예가 쌓이면서 실증적으로 확인될 부분이다.

---

87) Jesse Dukeminier, supra 829.

88) Robert H. Sitkoff, "An Agency Costs Theory of Trust Law," 89 *Cornell Law Review* 621, 654 (2004).

판 례 색 인

| M |

| N |

320

322

사항색인〈국문〉

326

328

사항색인 〈영문〉

332

334

〈저자 약력〉

_ 학력
고려대학교 법과대학 졸업
고려대학교 대학원 법학과(석사과정) 졸업(법학석사)
고려대학교 대학원 법학과(박사과정) 졸업(법학박사)
미국 서던캘리포니아대학교(USC) 로스쿨 졸업(LL.M.)

_ 경력
제43회 사법시험 합격
사법연수원 제33기 수료
대한법률구조공단 법무관
현재 법무법인 바른 변호사

미국상속법 —AMERICAN WILLS AND TRUSTS

2012년 12월 20일 초판 인쇄
2012년 12월 30일 초판 발행

저 자 | 김상훈
발행인 | 이방원
발행처 | 세창출판사
      서울 서대문구 냉천동 182 냉천빌딩 4층
      전화 723 · 8660   팩스 720 · 4579
      e · mail: sc1992@empal.com
      http://www.sechangpub.co.kr
      신고번호 제300-1990-63호

잘못 만들어진 책은 바꾸어 드립니다.

정가 27,000원

ISBN 978-89-8411-356-5 93360